RECEVOIR
EN TOUTES OCCASIONS

Conception graphique : Élisabeth MARÉCHAL

© HACHETTE LIVRE (LITTÉRATURE GÉNÉRALE) : Livres Pratiques, 1993

Raymonde et Perrine
CHARLON

RECEVOIR
EN TOUTES OCCASIONS

Photographies
Patrick BOURDET

Sommaire

L'art d'inviter — 8
Le choix des invités — 8
Les invitations — 9
La gestion des réceptions — 9

Un menu adapté — 10
Quel menu pour quels invités ? — 10
Quelques pièges à éviter — 10
À chaque occasion, son menu — 11

La marche à suivre — 12
On y a songé pour vous — 12
La marche à suivre — 13

L'art de la table — 14
À chaque menu, son style — 14
La fiche déco — 14
Pour tous les goûts et toutes les bourses — 14
Faire vivre la maison — 14
L'accord parfait — 14

Dresser la table — 16
La disposition du couvert — 16
La place des convives — 17
Les marque-place — 17

Les couverts — 18
L'art de les choisir — 18
L'art de les mélanger — 18
Les porte-couteaux — 19

Les assiettes — 20
Le plastique — 20
L'art de la mise en scène — 20
Le carton — 20
Les dessous d'assiettes — 21
L'art de les mélanger — 21
Les assiettes pour le pain — 21

Les verres — 22
L'art de les utiliser — 22
L'art de les choisir — 22
L'art de les accessoiriser — 23
L'art de les mélanger — 23

Les nappes — 24
Nappes improvisées — 24
Nappes éphémères — 25
Les sets de table — 27

Les serviettes — 28
Le choix des serviettes — 28
La préparation des serviettes — 28

Les centres de table — 30
Quelques règles à respecter — 30
Les couronnes — 32
Variantes — 33

L'éclairage — 36
Quel type d'éclairage — 36

Variations sur un service — 38
Service blanc — 38
Service à fleurs — 40
Service design — 42

Les lois de la table — 44
Ce qu'il ne faut pas faire — 45
Ce qu'il faut faire — 45

Les apéritifs et digestifs — 46
L'apéritif — 46
L'heure du café
et des gourmandises — 47
Les digestifs — 47

Le vin — 48
Le choix du vin — 48
Accord entre les mets et les vins — 49

Le fromage — 50
Le plateau de fromages — 50
L'art de la coupe — 50

Les tours de mains — 52
Farcir et brider une volaille — 52
Découper une volaille crue — 52
Découper une volaille cuite — 53
Découper une côte de bœuf — 53
Découper un gigot — 54
Décortiquer un homard cuit — 54
Monter une mayonnaise — 55
Réaliser des chapatis — 55

Menus à deux — 56
Dîner aux chandelles
(Séduction) — 58
Souper d'après spectacle
(Entracte) — 62
Dîner au coin du feu
(Tendresse) — 66
Dîner en terrasse
(Plaisir d'été) — 70
Brunch du dimanche
(Indolence) — 74

Menus à quatre — 78
Déjeuner au jardin
(Dans un jardin) — 80
Dîner de copains
(Entre amis) — 84
Recevoir ses beaux-parents
(Page blanche) — 88
Dîner de dernière minute
(Venez dîner ce soir) — 92
Dîner professionnel
(Signature) — 96

Menus à six — 100
Déjeuner de dames
(Parenthèse) — 102
Recevoir des étrangers
(Le goût de la France) — 106
Dîner de famille
(Parfums d'enfance) — 110
Week-end à la campagne
(Feuilles mortes) — 114

Menus à huit, dix — 130
Déjeuner raffiné
(Dimanche) — 132
Noël traditionnel
(Noël-Noël) — 136
Noël original
(Joyeux Noël) — 142
Déjeuner de Noël
(Noël de givre) — 148

Réveillon du 31 décembre — 154

Garden-party — 168

Baptême — 180

Communion — 190

Fiançailles — 196

Mariage — 200

Avant-propos

Né de la réflexion conjointe d'une mère et de sa fille, ce livre allie le savoir-faire et l'expérience aux exigences et aux attentes d'aujourd'hui.

Il est dédié à toutes les femmes qui tiennent une maison, un foyer, tout en assumant une vie professionnelle, et qui cependant aiment recevoir et, par-là même, plaire et séduire.

À toutes celles qui aiment avoir une jolie table, proposer une cuisine originale et raffinée, être belles et détendues au moment d'accueillir leurs invités, à toutes celles qui aimeraient tout cela mais sont jeunes et ne savent pas très bien comment s'y prendre, et à toutes celles qui n'ont jamais les bougies assorties à la nappe, qui font toujours trop cuire ou pas assez et qui trouvent que décidément c'est bien compliqué.

A toutes ces femmes, jeunes et moins jeunes, douées et moins douées, qui de toute manière aiment s'entendre dire " Ton dîner était parfait", à toutes celles-là nous dédions ce livre.

RECEVOIR EN TOUTES OCCASIONS

L'art d'inviter

Les différents guides de convenances que nos grands-mères se voyaient offrir à leur mariage comportaient, en général, autant de pages sur "les diverses règles à observer pour les invitations" que sur "la manière de composer un repas". Pendant de nombreuses années, les règles de l'art d'inviter ont été fort contraignantes, car elles obéissaient à une série d'exigences strictement définies et incontournables sous peine de scandale !
Ainsi pouvait-on lire :
"On ne doit inviter à dîner que des personnes avec lesquelles on se trouve en rapport car, en invitant un étranger, on pourrait s'exposer à un refus formel. Un homme de fortune modeste ou de condition sociale inférieure n'invite pas une personne plus haut placée que lui. S'il a été invité le premier, il n'est nullement tenu à la réciproque…"
"On ne doit pas inviter à la même table des personnes que l'on sait d'opinions dissemblables ou de sentiments absolument différents…"
Rassurez-vous, on invite aujourd'hui avec beaucoup plus de simplicité. Et si l'on oublie peu à peu le protocole pour lui préférer le simple plaisir d'être bien ensemble, il n'en reste pas moins vrai que certains aspects ne peuvent être négligés.

Le choix des invités

Un dîner réussi est avant tout une question d'ambiance. Aussi, laissez-vous guider par le plaisir que vous aurez à recevoir telle ou telle personne, en sachant que l'essentiel est de réunir des gens susceptibles d'avoir des affinités. Veillez toutefois à ne pas tomber dans l'excès inverse et à rassembler des gens de caractère et de personnalité suffisamment différents pour avoir des sujets de conversation intéressants. Rien de plus décevant, en effet, qu'un dîner entre amis qui prend la tournure d'un repas d'affaires…

L'ART D'INVITER

Les invitations

L'essentiel est de les lancer assez tôt si l'on veut se donner la chance de réunir toutes les personnes à qui l'on tient : trois ou quatre jours à l'avance pour les petits dîners intimes, huit à quinze jours pour les grands. Aujourd'hui, les invitations se font la plupart du temps par téléphone. La coutume veut cependant que l'on réserve aux grands dîners l'invitation traditionnelle sur carton qui s'expédie quinze jours à l'avance. Mais rien ne vous empêche de le faire de temps à autre pour des occasions de toutes sortes.
Vous trouverez dans le commerce des cartons de tous les styles, du plus classique au plus fantaisie, mais vous pouvez aussi les fabriquer vous-même : blancs sur lesquels vous appliquerez des fleurs séchées, de simples motifs autocollants ou que vous borderez d'une petite frise de tissu, de dentelle, de broderie anglaise, de dessin, de collages…
Pensez aussi parfois à utiliser pour vos invitations des photos en guise de support : collez-les sur un Bristol blanc ou de couleur au dos duquel vous inscrirez votre texte. Ainsi, à l'occasion d'un repas de famille, vous pouvez envoyer à tous les convives une photo de famille ; pour un dîner de retour de vacances, choisissez une photo-souvenir symbolique ; pour une pendaison de crémaillère, celle de votre nouveau logis…

La gestion des réceptions

Il importe certes de savoir organiser une réception avec brio, mais il est tout aussi important d'être capable de renouveler une expérience réussie sans pour autant recommencer le même scénario à chaque fois ! De plus, quelle preuve d'attention que de pouvoir se rappeler que Jérome raffole de la marquise au chocolat, que François est un inconditionnel de la choucroute, que Monsieur de Beaumont a particulièrement apprécié vos gourmandises au foie gras frais, que votre soufflé glacé aux noix a fait l'unanimité lors d'un repas d'affaires. Un "Livre d'or" a été prévu à cet effet en fin d'ouvrage : vous y noterez tous ces renseignements, véritables aide-mémoire : le menu que vous avez servi à telle réception, les vins qui l'accompagnaient, la robe que vous portiez, la nappe choisie, la décoration réalisée, les mets appréciés ou non par l'un ou l'autre, les affinités qui se sont créées… Bref, tous ces petits trucs qui feront de vous une hôtesse toujours plus sûre d'elle-même, toujours plus épatante, plus extraordinaire !

RECEVOIR EN TOUTES OCCASIONS

Un menu adapté

Chacun sait qu'un menu bien élaboré, choisi en fonction de la circonstance, adapté au style des invités et à leur nombre, en un mot, établi avec finesse et perspicacité, est la clé d'une réception réussie. Facile à dire ! Moins facile à faire cependant !

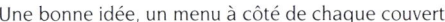

Original, accrocher le menu à la porte d'entrée.

Une bonne idée, un menu à côté de chaque couvert.

Quel menu pour quels invités ?

"Mais que vais-je leur faire à dîner ? Nous serons huit, impossible de servir ma petite tourte maison, il n'y en aurait jamais assez…" ; pas question de servir à nouveau de la blanquette aux Durand…; "Tiens ! je ferais bien un rôti de bœuf en croûte… Mais que faire alors en entrée ?" Je pourrais essayer un chili con carne ? Non, ça c'est bon pour des copains, pas pour un dîner d'affaires…"; "La semaine prochaine, c'est notre anniversaire de rencontre… Si je lui faisais un canard à l'orange, son plat préféré… Oui, mais un canard pour deux, ce n'est pas très séducteur…"

Que de temps perdu à tergiverser…

Que d'inquiétudes inutiles !
Ce livre est là pour répondre à toutes ces questions et vous donner les clés du bien-recevoir en toutes occasions. Tous les menus proposés ont été conçus pour s'adapter à des circonstances bien précises que chaque maîtresse de maison peut avoir à affronter. Ainsi chacun tient-il compte du style des invités, de leur nombre, de leur âge même !

Quelques pièges à éviter

Certaines règles s'imposent d'elles-mêmes : mieux vaut éviter de servir au cours d'un même repas une tarte au saumon en entrée et une tarte tatin en dessert ! Ou bien deux plats en sauce comme des soles à la crème et un bœuf bourguignon.

Sans aller jusque-là, il importe d'équilibrer son menu et d'assortir aussi bien l'entrée au plat principal qu'au dessert, en respectant le style du repas. Des tomates farcies entre un foie gras frais poêlé au miel et un soufflé glacé aux noix constitueraient une véritable fausse note !
Car pour être réussi, un repas doit être tout en harmonie : harmonie des goûts et des couleurs, harmonie des plats entre eux, harmonie du menu et des convives.
D'autres petites fausses notes sont encore à éviter : ainsi, mieux vaut s'abstenir de servir à des gens que vous recevez pour la première fois des plats qui risqueraient de ne pas faire l'unanimité : les abats, les plats trop épicés, les mélanges salés-sucrés, certains fruits de mer…

UN MENU ADAPTÉ

Par ailleurs, mieux vaut respecter certains accords : à invités classiques, dîner classique ; à invités originaux, dîner fantaisie…

À chaque occasion, son menu

La liste des menus retenus est loin d'être exhaustive. Voilà pourquoi un tableau récapitulatif vous montre comment les adapter selon les circonstances et, par conséquent, comment réutiliser vos acquis. Quel plaisir, en effet, d'avoir le sentiment de maîtriser de A à Z la réalisation d'un menu et de pouvoir se faire confiance !

MENU	En amoureux	À deux	En famille	Avec enfants	Avec amis	Professionnel	Imprévu	Fête ou grand nombre	Lendemain de fête	Week-end à la campagne
Séduction	❖	❖						❖		
Tendresse	❖	❖	❖	❖	❖					
Entracte			❖	❖	❖					
Plaisir d'été	❖	❖	❖		❖	❖		❖		
Indolence	❖	❖		❖						
Entre amis				❖	❖					❖
Dans un jardin			❖	❖						❖
Page blanche				❖	❖			❖		
Venez dîner ce soir			❖	❖	❖		❖			
Signature					❖	❖		❖		
Parenthèse			❖		❖					
Le goût de la France			❖		❖	❖		❖		
Parfums d'enfance			❖	❖	❖			❖		
Sans façon				❖	❖					❖
Campagnard			❖	❖	❖					❖
Veillée d'automne			❖	❖	❖					❖
Brunch du dimanche				❖	❖					❖
Noël Noël			❖					❖		
Jojeux Noël			❖		❖			❖		
Noël de givre			❖		❖			❖		
Au gui l'An neuf										
Dimanche			❖		❖	❖		❖		
Summertime								❖		❖
Baptême (buffet)								❖		
Communion								❖		

RECEVOIR EN TOUTES OCCASIONS

La marche à suivre

Plus de panique de dernière minute ! Les menus proposés prennent tout en compte : de la liste des courses et des préparatifs, point par point, à la petite heure de répit qui vous laissera le temps d'aller vous préparer afin d'être fraîche, jolie et détendue pour accueillir vos premiers invités.

On y a songé pour vous

Tout est prévu pour que, une fois vos invités arrivés, vous passiez le minimum de temps dans votre cuisine et le maximum de temps en leur compagnie.
Aussi a-t-on pensé :
- à tout ce que vous pourrez préparer à l'avance (la veille ou l'avant-veille) ;
- à tout ce que vous pourrez congeler (plats en sauce, desserts, gâteaux, coulis…) ;
- à tout ce que vous pourrez réchauffer et qui n'en sera que meilleur… N'oubliez pas, en effet, qu'un dîner réussi est une harmonie parfaite de goûts, de couleurs, mais aussi d'odeurs. Ces dernières, qui envahissent la maison, sont en quelque sorte le prélude de la soirée ;
- à prévoir dès le début ce qui ne pourra être fait qu'à la dernière minute (garniture rapide par exemple) ;
- à utiliser des surgelés (purées de légumes, herbes, glaces, sauces…) qui seront ensuite accommodées ;
- à vous réserver la possibilité d'acheter parfois, chez un bon traiteur, terrine, feuilleté, tourte, glace ou gâteau tout prêts, ce qui vous permettra de gagner du temps.

La marche à suivre

La répartition des tâches est organisée de façon à vous permettre d'étaler le travail sur plusieurs heures, voire plusieurs jours, afin de ne pas vous laisser submerger.

Ainsi chaque menu comporte :

une liste des courses en trois points :
ce que vous pouvez acheter à l'avance ou éventuellement avoir déjà dans vos réserves ; ce que vous devez acheter la veille ou l'avant-veille ; ce que vous devez acheter le jour même.

un compte à rebours, point par point :
afin que tout soit prêt au moment voulu, pour éviter toute surcharge de dernière minute, parer à tout oubli, les différentes étapes de la réalisation vous sont consignées. Vous pouvez donc faire totalement confiance au compte à rebours proposé.
Chaque menu possède ainsi un décompte heure par heure de temps de préparation (la veille - le jour même - 3 h à l'avance, 2 h 30 à l'avance, 2 h à l'avance, 1 h 30 à l'avance, temps libre pour vous préparer, 30 mn à l'avance).

Les provisions de base

Alcools :
cognac
armagnac
porto
kirsch
rhum blanc
rhum brun
whisky
cointreau ou Grand Marnier
vin blanc

Épices :
quatre-épices
cannelle en poudre et en bâton
noix muscade
extrait de vanille
poivre à steak
clous de girofle
poivre rose
safran
cumin
paprika doux
curry
baies de genièvre

Herbes (sèches ou surgelées) :
cerfeuil
persil
thym
laurier
sarriette
basilic
estragon

Ingrédients du placard :
tabasco
ketchup
mayonnaise
moutarde
fond de veau déshydraté
tablettes de bouillon de bœuf et de volaille
concentré de tomate
crème fraîche liquide UHT
chapelure
huile d'olive
huile de tournesol
Maïzena
chocolat noir à croquer
eau de fleur d'oranger
gélatine
raisins secs
levure chimique
sucre semoule
sucre glace
sucre vanillé
sucre roux
miel

RECEVOIR EN TOUTES OCCASIONS

L'art de la table

*H*armonise, harmonisons, harmonisez de A à Z… !
L'harmonie est la règle d'or dans l'art de recevoir :
harmonie de la circonstance et du menu, du menu
et des vins, des vins et des verres, des verres et
du couvert, du couvert et de la table, de la table et
de votre robe, de votre robe et de la circonstance,
et la boucle est bouclée … !

À chaque menu, son style

Si l'on conçoit aisément que l'on ne sert ni un dîner foie gras-champagne dans du carton ni du hachis parmentier dans de l'argenterie, il n'est cependant pas toujours évident de trouver la décoration la mieux appropriée au menu. Or celle-ci joue un grand rôle dans la réussite d'un repas. Elle vous aide à créer l'ambiance, le bien-être de vos invités. Voilà pourquoi tous les menus proposés s'accompagnent d'une fiche déco qui vous donne tous les conseils nécessaires.

La fiche déco

Réussir son décor est une question d'audace, d'intuition, d'art de vivre, mais aussi de temps et d'organisation. Aussi chaque fiche est-elle conçue pour vous donner un maximum d'idées réalisables en un minimum de temps. Pas question ici de savoir-faire particulier, mais bien plutôt de ruse, d'ingéniosité, d'idée, de savoir-vivre !
Chacune est donc suivie, comme pour les menus, d'un compte à rebours qui vous aidera à gérer votre temps, afin de pouvoir tout réaliser sans stress, sans panique, sans inquiétude : déroulement en plusieurs étapes (ce que vous pouvez faire à l'avance, la veille, le jour même), idées d'aménagement d'emploi du temps pour les personnes qui travaillent (mettre le couvert tôt le matin par exemple…), liste éventuelle des courses.

Pour tous les goûts et toutes les bourses

Avec un soupçon d'audace et une foule d'idées, on peut réaliser des décors tout à fait surprenants qui étonneront les uns, séduiront les autres, époustoufleront les derniers ! Les conseils et astuces des pages suivantes vous aideront à oser, tout en vous apprenant à surprendre avec un rien, à séduire ou ensorceler en toute occasion !

Faire vivre la maison

Vous verrez ainsi votre coin repas se transformer au fil de vos dîners en un univers de rêve, de charme, de transparence, de romantisme, d'or et d'argent ou peuplé de souvenirs…

Ambiance marine pour ce retour de vacances.

Vous disposez maintenant de toutes les notes, à vous de jouer la mélodie ! Et n'oubliez jamais la touche finale : assortir votre tenue au décor tant par son style que par ses couleurs.

L'accord parfait

Se parfaire dans l'art de la mise en scène et s'amuser à changer de décor, il n'y a rien de meilleur pour le moral !
Certaines personnes changent leur décor au fil des saisons, il convient ici de le faire au gré des occasions. Il suffit pour cela de choisir un thème qui conviendra à votre menu (cf. fiche déco) et de le décliner dans toute la pièce.
En voici quelques exemples.

L'ART DE LA TABLE

Symphonie en bleu

Le secret de la réussite : une seule couleur donne le ton. Ainsi jouez votre décor tout en bleu (ou d'une autre couleur au choix, bien sûr) : du bouquet de l'entrée au cocktail bleu de l'apéritif (à base de curaçao), aux rideaux doublés pour l'occasion de tissu (dans un camaïeu de bleu) chiné chez un soldeur, de la nappe aux couverts (dessous d'assiettes en carton, plastique ou émail bleu) et verres bleus ou à pieds bleus (même s'ils ne sont ni tous identiques ni de la même teinte), jusqu'aux bougies flottant dans une coupe en verre remplie d'eau colorée en bleu. Poussez la coquetterie jusqu'à vous habiller vous-même en bleu… Vous pouvez également débarrasser une étagère et rechercher dans votre intérieur tous les objets bleus que vous pourrez mettre. Pensez de même à réquisitionner tous les morceaux de tissu pouvant faire l'affaire (foulards, paréos, nappes…) et à en orner vos fauteuils ou votre canapé ! Ce décor peut aussi être décliné en deux couleurs : bleu et jaune, bleu et blanc, rouge et or, vert et rose, noir et or, argent et bleu…

Retour de vacances

Cette fois, misez tout sur l'ambiance qui tentera de reproduire l'atmosphère du pays d'où vous revenez

Sur le même principe que la symphonie en bleu, amusez-vous à créer une symphonie en jaune.

et accompagnera gaiement le menu. À saveur locale, couleur typique ! N'hésitez pas à jouer l'ambiance terroir, ou exotique, ou marine, ou nordique, voire soleïado… Donnez le ton en accrochant dans l'entrée un grand pêle-mêle de vos photos de vacances…

Pour une ambiance terroir, recherchez des grès, des étains, des objets en paille, bois, émail, des vieux jouets ; donnez la préférence aux couleurs terre, ocre, rouille, jaune, vert, bistre, aux tapis de paille, aux bouquets de feuillages ou de fleurs séchées, dispersez des pots-pourris dans la maison, choisissez une vaisselle rustique, des cotonnades à carreaux ou des satinettes fermières…

Pour une ambiance exotique, tapissez les murs de paréos, chapeaux de paille et foulards colorés ; choisissez des couleurs gaies qui rappellent le soleil, préparez un apéritif dépaysant (punch, sangria…), disposez un peu partout des coupes de fruits exotiques qui parfumeront et décoreront la maison. Osez les grands bouquets (lis, arums, becs de perroquets, feuilles de palmiers ou de bananiers…). Enfin, n'oubliez pas de prévoir digestifs et infusions (mangue-coco, citron-passion…) !

Nappe à carreaux et terre cuite, ambiance terroir assurée.

RECEVOIR EN TOUTES OCCASIONS

Dresser la table

LE CHOIX DE LA TABLE

Il importe avant tout de bien choisir ce qui conviendra le mieux à votre réception. N'hésitez pas à utiliser un guéridon (idéal pour un dîner intime à deux), une table à jeux, une table basse (amusante pour un repas exotique), un bureau, une table de jardin (pratique quand les convives sont nombreux). Reste ensuite à déterminer l'endroit où vous allez dresser votre table. Si la salle à manger reste le lieu de prédilection, vous pouvez cependant vous amuser à créer une nouvelle salle à manger pour un soir : devant une cheminée ou une fenêtre, ou dans un petit salon, un jardin d'hiver ou même une chambre que vous vous serez ingénié à entièrement redécorer spécialement, ou plus simplement en déplaçant la table dans un autre angle du salon. Rappelez-vous, en effet, que la salle à manger est une invention bourgeoise du XIXe siècle. Auparavant, on faisait dresser la table dans des endroits aussi divers qu'un boudoir, un balcon, une charmille, une bibliothèque ou une entrée...

La *disposition du couvert*

Pour une question de confort, il est bon que les assiettes ne soient pas à moins de quarante centimètres les unes des autres.
L'usage de grandes sous-assiettes ou assiettes de présentation, qui évitent que la table ne soit dégarnie entre deux services, passe pour être très raffiné.
Vous pouvez disposer une assiette à pain à la gauche de chaque convive. À gauche de l'assiette seront posées les fourchettes, dents contre la nappe, et alignées de gauche à droite dans l'ordre de leur emploi ; à droite seront placés le couteau (tranchant tourné du côté de l'assiette), le couteau à poisson, la fourchette à huîtres ou la pince à escargots ou la cuillère à potage. Quant aux couverts à dessert et au couteau à fromage, il est désormais admis de les mettre entre l'assiette et les verres, manche vers la droite, le tranchant du couteau tourné vers l'assiette et le côté bombé de la cuillère vers le haut.

La place des convives

En principe, le maître et la maîtresse de maison se placent au milieu de la table, l'un en face de l'autre.
Les places d'honneur sont à la droite du maître de maison pour une femme, et à la droite de l'hôtesse pour un homme. Les places à leur gauche sont réservées aux invités qu'il importe d'honorer en second.
Viennent ensuite les autres invités, par ordre d'importance et en respectant toujours l'alternance homme-femme.
S'il est vrai que dans les réceptions privées ou dîners entre copains les bienséances n'ont plus qu'une importance relative, il n'en demeure pas moins vrai que, souvent, elles peuvent reprendre leurs droits. Il convient donc, lors de réceptions raffinées, de préparer un plan de table et de poser devant la place qui revient à chaque invité un petit carton mentionnant son nom.

Les marque-place

Vous pouvez aussi bien les acheter tout faits, puisqu'ils existent dans tous les styles (en carton, papier, plastique mais aussi plus chic en étain, argent, émail peint…), que les réaliser vous-même, ce qui les rendra plus originaux.
Voici quelques idées.

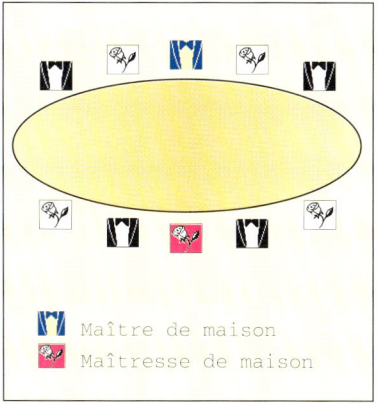
Maître de maison
Maîtresse de maison

• Inscrivez au feutre doré le nom de vos invités sur de jolies feuilles de lierre que vous déposerez ensuite dans les assiettes.

• Superposez deux petits pains, nouez autour un joli ruban d'une couleur assortie à la table. Reportez et découpez dans du papier kraft une feuille de lierre, un petit cœur ou un autre motif, ombrez-le légèrement avec un pastel vert, rose ou rouge, et inscrivez au feutre doré le nom d'un des invités. Perforez cette étiquette et glissez-y un pan du ruban. Disposez cette pyramide dans l'assiette.

• Achetez des mini-ballottins de chocolats ou autres confiseries, passez une jolie étiquette portant le nom d'un invité dans le ruban, et placez-les dans les assiettes ou à côté.

• Pensez aussi à utiliser des menus sur lesquels vous porterez le nom des invités (inspirez-vous des modèles de cartons d'invitations, page 8-9).

• En période de fêtes, présentez dans chaque assiette ou serviette un petit présent, joliment empaqueté et personnalisé.

1

2

3

4

1. Jolis pains, jolis marque-place.
2. Marque-place gourmands à emporter.
3. De ravissants marque-place sont vendus dans les magasins.
4. Tout simple à réaliser, un carton par convive.

RECEVOIR EN TOUTES OCCASIONS

Les couverts

Certains couverts sont essentiels (cuillères, fourchettes, couteaux), d'autres réservés à des emplois plus spécifiques.

Couverts à poissons : pratiques et adaptés, ils permettent de lever des filets sans difficulté, voilà pourquoi il est recommandé d'en avoir chez soi. Inutile de vous formaliser au cas où vous n'en posséderiez pas, et consolez-vous en songeant qu'il s'agit d'une invention récente dont certaines familles très traditionnelles continuent à ignorer l'usage, bourgeois à leur goût !

Pour certains plats tels que les œufs sur le plat ou en omelette, les pâtes, la salade, le protocole veut que l'on ne se serve pas de son couteau.

En ce qui concerne la salade, cette coutume vient du fait qu'autrefois les lames en acier s'oxydaient au contact de la vinaigrette ! Aujourd'hui elles sont inoxydables, mais on continue à manger la salade seulement avec la fourchette !

L'art de les choisir

Qu'ils soient en argent massif, métal argenté, acier, étain, bois, nacre, os, écaille, laque de chine, inox, résine, ou en fausse nacre, plastique de couleur, Plexiglas ; qu'ils soient classiques, sobres, design, stylés, ou encore fantaisie, kitsch, insolites, les instruments de la gourmandise s'inspirent de l'air du temps et suivent la mode.

L'art de les mélanger

Vous en avez assez, vous aussi, de votre éternelle et, ô combien, inusable ménagère en métal argenté ? Rien de plus simple : osez les mélanges ! Un soupçon d'argenterie, un zeste d'écaille, six cuillères à café de différentes couleurs, quelques fourchettes rétro, des couteaux en résine, un couvert à salade fantaisie, deux doigts d'insolite et une pincée d'audace seront le meilleur remède à votre lassitude. Alors courez vite aux puces, dans les brocantes ou dans les boutiques plus "branchées" chiner des couverts de toutes sortes qui viendront s'ajouter à votre ménagère, donnant un air neuf et plus piquant à votre table.

LES COUVERTS

Pour un dîner de la mer, utilisez des coquillages.

Pour un dîner raffiné, un bouton de rose par convive.

Pour un dîner raffiné, achetez un bouton de rose par convive, rose, rouge, jaune, orange, nacré selon la couleur de votre nappe, coupez la tige à environ 7- 8 centimètres du bouton, ouvrez-le délicatement et posez votre porte-couteau sous la lame du couteau, le bouton tourné vers l'assiette.

Voici de plus quelques idées qui vous permettront d'en réaliser vous-même quelques-uns et d'ajouter une petite touche personnelle.

Pour un dîner de la mer, utilisez des galets plats et longs ramassés sur la plage ou des coquillages (coquilles d'huîtres, de couteaux…) passés à la bombe or ou argent.

Les *porte-couteaux*

Généralement, vous assurez vous-même le service et vous ne pouvez vous offrir le luxe de changer de couverts à chaque plat. Alors, utilisez des porte-couteaux, fort pratiques et très décoratifs. Vous en trouverez, dans les magasins d'art de la table ou les boutiques exotiques, en porcelaine, argent, métal, émail, plastique, des plus classiques aux plus originaux.

Pour un effet amusant, achetez des bonbons joliment empapillotés dans des papiers de couleurs assorties au décor.

RECEVOIR EN TOUTES OCCASIONS

Les assiettes

Belle de nuit, belle de jour, l'assiette est aujourd'hui la pièce maîtresse de la vaisselle, la reine de la table. Son origine étymologique remonte à l'Antiquité (latin : *adsideo*, être assis). Elle servait alors à marquer la place des convives. C'est au XVIe siècle, cependant, que la désignation "assiette" s'est précisée dans le sens de vaisselle individuelle. Elle a alors pris un air plus imposant, s'est faite d'étain, d'argent ou même d'or chez les nobles, tandis que le peuple se contentait de la poterie. Depuis, porcelaine et faïence se partagent l'essentiel du marché, mais le verre, à l'origine de modèles très design réalisés le plus souvent à la main, n'est pas oublié non plus. Le métal, le bois, le grès et même le plastique et le carton, quant à eux, sont réservés à des occasions plus décontractées.

Le plastique

Couleurs magnifiques, accessoires incassables, voila les principaux avantages du plastique ou de la mélamine. Une vaisselle idéale pour les buffets en extérieur, les pique-niques, les barbecues, le camping…

L'art de la mise en scène

Service rare à Madagascar, dîner chic à Shangai, noces d'or à Veracruz, lune de miel sur le Nil, déjeuner de chasse à Chenonceaux, souper royal à Versailles, rencontre à Mexico… Les assiettes, aux noms et aux décors évocateurs de rêve ou de voyage, favorisent toutes les mises en scène. Il vous suffit, pour cela, de partir à la recherche des figurants : coordonnés (nappes, serviettes, couverts) ou objets insolites ou exotiques (souvenirs de voyage).

Le carton

Gaie, joliment décorée et tellement pratique, la vaisselle jetable permet de dresser des tables qui invitent à la détente : buffet d'été au jardin, goûters d'hiver pour petits et grands, barbecue provençal, déjeuner champêtre, goûter d'anniversaire, surprise party. N'hésitez pas à vous inspirer des différents décors que proposent les grands magasins.

LES ASSIETTES

Les assiettes pour le pain

Elles peuvent, si vous savez les choisir amusantes ou insolites, vous aider à égayer votre table. Prenez, par exemple, les petites soucoupes à café d'un autre service qui se marie bien au votre, ou - pour l'occasion - achetez-en de couleurs. N'oubliez pas aussi les vanneries, peu encombrantes, qui apportent une pointe d'exotisme.

Parez votre table d'assiettes dépareillées de même couleur ou jouez les contrastes.

Les dessous d'assiettes

N'oubliez pas, enfin, les sous-assiettes ou assiettes de présentation, très décoratives, qui peuvent véritablement changer l'aspect de votre table. Vous en trouverez, dans les grands magasins et dans les boutiques d'art de la table, de matières différentes (émail, métal argenté, étain, porcelaine, faïence, plastique, carton, papier) et de formes variées (rondes, carrées, octogonales). Vous pouvez aussi utiliser des napperons en tissu, papier, dentelle… ou même en fabriquer, en découpant des fleurs, des feuilles, des cœurs ou des formes géométriques dans des serviettes en papier.

Songez qu'il est aussi possible de marier des assiettes du terroir et de la vaisselle exotique rapportée de voyage (plats, saladiers…), d'acheter quelques assiettes à dessert de la couleur ou du motif de votre choix pour donner un air de jeunesse à votre service blanc (vous les utiliserez aussi bien pour l'entrée). Certaines personnes ont pour devise : "Jamais de service complet, mais un mélange improvisé de couleurs." Pourquoi donc ne pas les imiter ?

L'art des mélanges

Pour vous amuser, parez parfois votre table d'assiettes dépareillées mais de même couleur, et constituez un couvert par convive ; inversement, jouez les contrastes en osant mélanger les couleurs vives.

RECEVOIR EN TOUTES OCCASIONS

Les verres

Il existe des centaines de modèles de verres, des plus simples aux plus finement ouvragés, des plus anciens aux plus modernes, des plus classiques aux plus originaux, avec ou sans pied. Leurs règles d'utilisation sont moins strictes aujourd'hui que par le passé. Une fois maîtrisées les convenances, laissez-vous guider par votre imagination pour embellir votre table.

L'art de les utiliser

Pour l'apéritif, les verres à whisky ou à porto, ou encore les verres à cocktail ou des flûtes à champagne sont utilisés. À table, ils sont généralement au nombre de deux, un grand verre pour l'eau et un moyen pour le vin, encore que se répande de plus en plus l'usage de servir le vin rouge dans des grands verres. Dans un souci de raffinement, vous pouvez prévoir deux verres à vin : le premier de taille moyenne pour le vin rouge, le second plus petit pour le vin blanc. Vous les rangerez en ordre décroissant vers la droite. Si vous avez prévu du champagne, la flûte (ou la coupe) doit être placée tout à droite du verre à vin, voire un peu en retrait. Pour les digestifs, il existe différents petits verres, mais ceux à cognac peuvent servir pour tous les alcools.

L'art de les choisir

Les plus beaux verres sont, en général, en cristal, le matériau noble par excellence. Il doit son brillant et son éclat à l'oxyde de plomb qui entre dans sa composition : 30 % pour le cristal dit "supérieur", 24 % pour le cristal normal. Mais il existe de très beaux modèles dans des matériaux autres : cristallin, verre (verre de couleur, verre bullé, verre recyclé, verre trempé, verre soufflé à la bouche…), métal (argent, étain…). Quant au plastique et au carton, ils sont réservés à des usages ponctuels.

L'art de les accessoiriser

L'eau pourra être présentée dans des brocs ou pichets, le vin dans des carafes. Généralement, on ne laisse en bouteille que les vins de grands crus. La carafe, beaucoup plus esthétique, rehaussera l'allure de votre table. Brocs, carafes et verres peuvent faire partie d'un même service, vous pouvez alors dresser une table élégante où toute la verrerie brillera d'un seul éclat. Mais ce n'est pas une obligation pour réussir un décor. Les mélanges donnent aussi de superbes résultats !

Vous avez la passion des verres et passez des week-ends à en dénicher. Pourquoi ne pas vous amuser à constituer un couvert par convive en mêlant sans scrupule les styles, les couleurs, les matières, les époques ? Vous ne disposez pas d'un service complet mais vous aimez les différentes matières : alors, mélangez, vous échapperez à toute monotonie.

L'art de les mélanger

Vous pouvez vous amuser à mélanger vos verres de différentes manières. Vous êtes 12 et vous avez un service de 8 : empruntez à une amie un service qui se marie bien au vôtre, mais volontairement différent, et alternez les deux !

Culs ronds en étain, verres en opaline pour l'eau, verres à pied transparents pour le vin... ainsi naîtront des décors de table où les verres en cristal taillé côtoieront les gobelets en argent, où des verres à pied de différentes couleurs se feront écho.

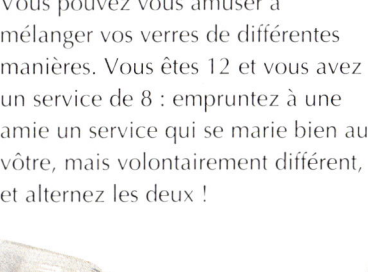

RECEVOIR EN TOUTES OCCASIONS

Les nappes

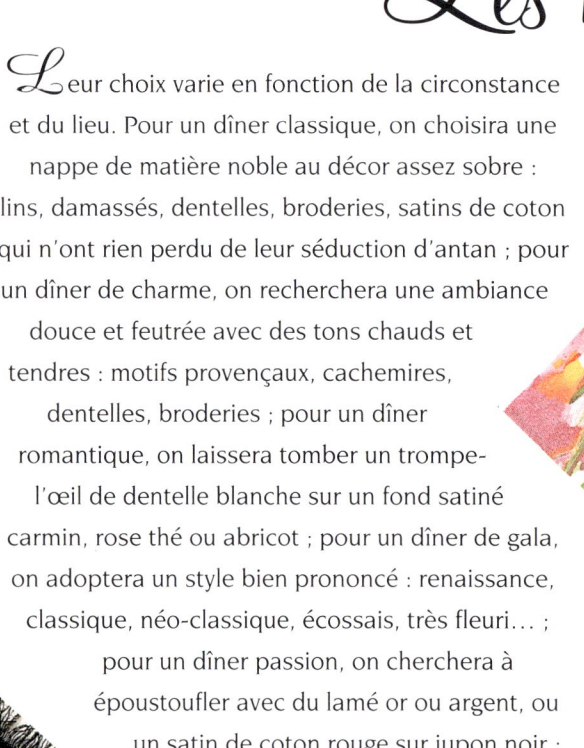

Leur choix varie en fonction de la circonstance et du lieu. Pour un dîner classique, on choisira une nappe de matière noble au décor assez sobre : lins, damassés, dentelles, broderies, satins de coton qui n'ont rien perdu de leur séduction d'antan ; pour un dîner de charme, on recherchera une ambiance douce et feutrée avec des tons chauds et tendres : motifs provençaux, cachemires, dentelles, broderies ; pour un dîner romantique, on laissera tomber un trompe-l'œil de dentelle blanche sur un fond satiné carmin, rose thé ou abricot ; pour un dîner de gala, on adoptera un style bien prononcé : renaissance, classique, néo-classique, écossais, très fleuri… ; pour un dîner passion, on cherchera à époustoufler avec du lamé or ou argent, ou un satin de coton rouge sur jupon noir ; pour un dîner copains, on jouera les contrastes des unis, les harmonies douces (pastels) ou fortes…

Nappes improvisées

Il est bien rare de posséder la nappe adéquate à chacune de ces occasions. Alors fouillez vite vos placards à la recherche de trésors fabuleux dont vous aviez peut-être même oublié l'existence : foulards, châles, paréos, pagnes, vieilles dentelles, indiennes, couvre-lits en piqué de coton, coupons de tissu, housses de couettes, draps… peuvent être autant de ressources pour improviser des décors surprenants et séduisants. Vous pouvez préférer aux nappes les jupons de table taillés soit aux dimensions exactes de la table, soit au contraire très généreux pour donner un côté bouffant.

Ainsi un tissu d'ameublement, un couvre-lit en piqué de coton, un rideau, des damassés de couleurs sourdes ou même des draps unis pourront être le fond sur lequel vous poserez un large carré.

Jupon et tapis de table.

Nouez les trop longs métrages.

Le tapis de table sera, selon les cas, une soie écossaise bordée d'une autre unie, un châle en cachemire, un paréo rapporté de voyage, un patchwork de coton, un coupon de tissu découpé et ourlé spécialement pour l'occasion…

Quant aux tissus dont les métrages pourront paraître trop grands pour votre table, faites-leur des nœuds, c'est très décoratif !

Nappes éphémères

Ephémères, certes, mais tellement pratiques, les nappes en papier ou en non-tissé lavable vous permettront de réaliser de fabuleux décors.

Amusez-vous à décorer les nœuds.

RECEVOIR EN TOUTES OCCASIONS

Les nappes

*S*i vous n'avez pas envie d'investir de l'argent en achetant de nouvelles nappes, voici le moyen d'en fabriquer d'étonnantes à peu de frais, avec un minimum de temps et de talent. Alors à vos pinceaux.

Nappe fleurie

Pour un dîner romantique, une idée toute simple qui fait d'une nappe quelconque un décor raffiné.

1

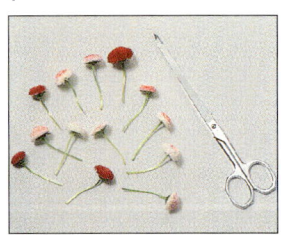
2

3

4

Nappe fleurie

1. Choisissez de préférence une nappe blanche ou unie assortie à votre service.

2. Achetez des petites fleurs fraîches ou artificielles en papier ou tissu (violettes, pâquerettes, véroniques, minuscules boutons de roses…).

3. Séparez chaque tige, ôtez les feuilles que vous réserverez et cousez les fleurs une à une sur la nappe en les disposant de façon harmonieuse. Vous pouvez garnir chaque place de quelques fleurs ou préférer en recouvrir toute la nappe ; auquel cas, n'oubliez pas de réserver un espace suffisant pour les assiettes et les plats.

4. Dressez votre couvert et garnissez chaque assiette d'un petit bouquet assorti. En période de fêtes, vous pouvez remplacer les fleurs par des feuilles de lierre ou de houx que vous aurez dorées ; pour un baptême, par de petits nœuds en ruban de satin.

Nappe assortie au service

Un drap blanc, un pinceau et de la peinture spéciale pour tissu suffisent pour créer une nappe très originale.
Vous pouvez choisir le motif de votre choix, et si vous ne possédez pas de nappe coordonnée à votre service, amusez-vous à la réaliser par vos propres moyens.

1. Prenez un drap blanc ou une nappe blanche en papier.

2. Commencez par reproduire au crayon les contours du dessin choisi.

3. Appliquez les couleurs au pinceau, puis fixez-les en suivant les instructions du fabricant.

4. Dressez votre couvert. Si vous n'avez pas de serviettes coordonnées, vous pouvez reproduire l'un des motifs sur des serviettes en papier blanc. Vous pouvez suivre la même démarche en utilisant un pochoir.

LES NAPPES

Composition abstraite

Des taches de couleurs vives, jetées sur une nappe blanche (drap ou papier), transforment complètement une nappe.

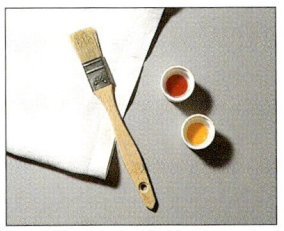
1

2

3

4

Composition abstraite

1. Choisissez la taille de la brosse en fonction du motif souhaité et prenez deux ou trois couleurs d'une peinture spéciale pour tissu.

2. Fixez bien le tissu à son support. Trempez la brosse dans la peinture avant chaque application : commencez par la couleur claire, puis poursuivez avec la plus foncée.

3. Pensez à bien faire mourir les coups de pinceau pour éclaircir les couches de peinture à l'extrémité du motif. (Vous pouvez vous exercer au préalable sur un chiffon.)

4. Dressez votre couvert. Là encore, vous pouvez confectionner les coordonnés assortis en décorant de la même façon des serviettes en papier blanc ou en tissu.

Les sets de table

Napperons carrés, ovales, ronds, rectangulaires ou de formes fantaisistes, les sets de table se placent sous les assiettes. Ils existent dans des matières très diverses, du tissu damassé au papier, en passant par le carton et le plastique.
Vous pouvez les poser directement sur la table, mais sachez que sur une nappe ils sont plus spectaculaires. Vous pouvez adopter le même principe que précédemment et les réaliser vous-même.
Pensez également à découper dans du papier fort ou du carton des formes variées (fleurs, fruits, cœurs, sapins, figures géométriques…) au gré de votre imagination.

RECEVOIR EN TOUTES OCCASIONS

Les serviettes

$\mathcal{M}$ieux vaut pour les dîners un peu élaborés utiliser des serviettes en tissu.
Il fut un temps où une bonne maîtresse de maison se devait de présenter les serviettes pliées selon une méthode généralement très compliquée.
Rassurez-vous, cette mode est passée !
Il peut cependant être amusant de se livrer parfois à quelques fantaisies en procédant à d'astucieux pliages. En voici quelques exemples…

La fleur de lotus
Pour un dîner raffiné, voici une présentation astucieuse et plaisante qui permet de glisser un petit cadeau au centre de chaque serviette (mini-ballottin de chocolat pour les dames, cigare pour les messieurs).

1

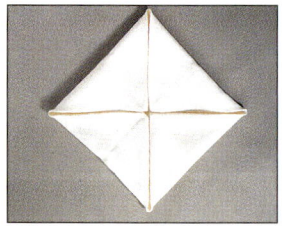
2

3

4

Le choix des serviettes
Le plus important est de les choisir assorties à la nappe, qu'elles soient du même tissu ou d'une couleur unie en accord avec l'un de ses motifs. Outre celles en tissu, il existe des serviettes en papier, dans des tons, des motifs et des dimensions très variés. Elles ne conviennent pas à tous les pliages, mais se prêtent très bien à certains d'entre eux.

La préparation des serviettes
Choisissez-les plutôt carrées, et évitez le tissu 100 % polyester qui n'a pas de tenue. Elles doivent au préalable être repassées, voire amidonnées, puis posées à plat, ce qui facilite le pliage et épargne les plis indésirables.

La fleur de lotus
1. Pliez la serviette à l'envers et repliez les coins vers le centre.

2. Ramenez les quatre coins au centre.

3. Maintenez les plis en place, retournez la serviette et répétez l'opération deux fois.

4. Tenez le centre, soulevez un coin et faites ressortir la pointe du dessous.
Formez ainsi les quatre pétales de façon régulière.

LES SERVIETTES

Le rouleau enrubanné

Plus simple et très facile, la serviette (unie de préférence) sertie d'un ruban vous permet de faire ressortir la couleur de celui-ci en apportant la dernière touche à votre table : ruban doré, ruban de satin, ruban de ficelle ou de raphia de couleur, ruban de papier, de coton, de tulle… selon la circonstance. Vous pouvez aussi, si la tablée est importante, opter pour deux teintes en alternance. Elles donneront le rythme et vous guideront dans la répartition des convives (l'une pour les dames, l'autre pour les messieurs).

Le rouleau enrubanné

1. Repliez le bord supérieur de la serviette sur le bord inférieur, afin d'obtenir un rectangle dont le pli est en haut.

2. Repliez les deux coins de droite au centre pour obtenir un petit triangle pointé vers la droite.

3. Roulez la serviette sans trop la serrer, de la gauche vers la droite.

4. Nouez un ruban au milieu en terminant par une rosette.

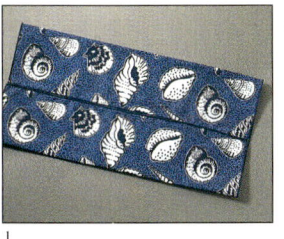
1

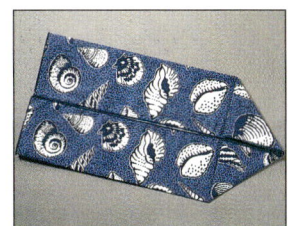
2

3

4

La tulipe dans le verre

Très facile à réaliser, voici une façon amusante de donner vie à des serviettes en papier. N'hésitez pas à jouer les couleurs, c'est le plus important.

Le papillon d'un soir

Très facile et très romantique, ce papillon d'un soir donnera beaucoup de charme à votre table. Il peut se faire indifféremment avec une serviette en tissu ou en papier.

1

2

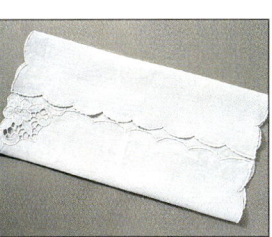
1

Le papillon d'un soir

1. Posez la serviette à plat sur l'envers.

2. Rabattez les bords gauche et droit de façon qu'ils se rejoignent au centre.

3. Pliez la serviette en accordéon en partant du bas.

4. Retournez la serviette en maintenant les plis et nouez un ruban en son milieu. Écartez les plis délicatement pour donner l'illusion d'une aile de papillon.

3

4

2

La tulipe dans le verre

1. Prenez deux serviettes en papier de tailles et de couleurs différentes.

2. Posez-les à plat en mettant la plus grande sur la plus petite.

3. Pincez-les au centre et secouez pour bien répartir les plis.

4. Glissez-les dans le verre en les tenant toujours par le centre.

3

4

Les centres de table

La décoration florale ne s'improvise pas et doit être étudiée pour s'adapter aux dimensions et à la forme de la table. Et si le bouquet de roses convient à toutes les occasions, il est cependant plus amusant de rechercher celui qui sera le plus en harmonie avec l'ensemble du décor.

Pour un dîner de gala, une guirlande végétale courant sur toute la longueur de la table sera d'un effet très raffiné. Liez branches de sapin, tiges de lierre et feuillages persistants. Piquez-y quelques fleurs fraîches et des fruits. Terminez en nouant de larges rubans de satin autour de la guirlande.

Si la table est ronde ou carrée, l'idéal est un bouquet rond placé en son centre ; veillez à ce qu'il ne soit pas trop haut (entre 20 et 30 cm) pour ne pas gêner les convives.

Pour un dîner plus raffiné, vous pouvez fleurir d'un petit bouquet le couvert de chaque convive.

Vous pouvez aussi imaginer des compositions éphémères et insolites en déposant négligemment, mais non moins délicatement, fleurs et feuillages directement sur la table.

Pensez enfin à varier les éléments qui entrent dans la composition de vos bouquets et jouez-en - fruits, légumes, bonbons, fruits secs ou confits, chocolats, perles, couronnes de houx et de pommes de pin, fleurs séchées - selon l'occasion, selon la saison.

Quelques règles à respecter

Choisissez des fleurs au parfum discret et qui s'accordent avec la couleur de la nappe et des assiettes. Disposez d'un minimum de matériel : un bloc de mousse à fleuriste à mouiller pour planter les tiges, des piques en bois pour planter dans un bouquet ou une couronne d'éléments durs (fruits, légumes…), fil de fer vert pour rigidifier la tige de certaines fleurs ou pour faire tenir des pommes de pin, des noix, des bonbons.

Choisissez bien le vase : bas pour un bouquet rond (soupière, coupelles, saucière…), décoratif pour un buffet ou un cocktail. Respectez les hauteurs académiques : 1/3 pour le vase, 2/3 pour le bouquet ; cette règle concerne notamment les bouquets hauts.

LES CENTRES DE TABLE

Le bouquet rond

1. Rassemblez le matériel : cube de mousse de fleuriste (oasis), fil de fer vert, fleurs ou fruits, légumes, fruits secs, fruits confits, perles, paillettes, dragées, bonbons, chocolats, éventuellement piques en bois courtes (à apéritif) ou brochette longues, feuillage.

1

2

2. Faites tremper la mousse dans de l'eau. Quand elle est bien imbibée, mettez-la à l'intérieur du récipient (coupez-la éventuellement en morceaux).

3. Préparez chaque élément à piquer dans la mousse. Coupez les tiges des fleurs en biseau, enlevez les feuilles de la partie qui sera piquée dans la mousse, coupez les branches du bas s'il y en a beaucoup. Rigidifiez avec du fil de fer les tiges de fleurs trop souples, équipez d'une pique en bois chaque fruit ou légume, enroulez de fil de fer les éléments dépourvus de tige (pommes de pin, grappes de raisin, bonbons).

3

4

4. Piquez chaque fleur ou autre élément harmonieusement, en mélangeant formes et couleurs et en commençant par le centre.

5

5. Piquez chaque élément en allant de la base vers le haut.

Variantes

Bouquet fleurs et fruits : procédez comme précédemment en mélangeant fleurs, feuillage et fruits.

Bouquet de légumes et fleurs : procédez de la même façon, en remplaçant les fruits par des légumes. Commencez par la base du bouquet, en tournant (feuillage, tomates, radis, scabieuses ou marguerites…).

Mélange insolite : associez des éléments aussi différents que des bonbons, pommes de pin, fleurs ou perles.

❀ 31 ❀

RECEVOIR EN TOUTES OCCASIONS

Les centres de table

Les couronnes

Toujours très jolies, elles iront parfaitement sur une table ronde ou ovale. Elles permettent en outre de présenter en leur centre des fruits, bonbons, dragées ou simplement de disposer des bougies. Elles peuvent également être accrochées à un mur ou à une porte en période de fêtes, à Noël notamment.

1. Réunissez le matériel : couronne en mousse de fleuriste (oasis) ou en polystyrène (grands magasins), feuillage pour garnir la base de la couronne (lierre, fougère, thuya...), éventuellement ruban ou bolduc pour enrubanner la couronne, fleurs ou éléments à piquer dans la couronne (bonbons, perles, paillettes, fleurs séchées, fruits, fruits secs et confits, pommes de pin, noix, chocolats, petits cadeaux...).

2. Après avoir imbibé légèrement la mousse, préparez les feuilles et les fleurs : coupez les tiges à 5-8 cm, enlevez les feuilles de la partie qui sera piquée dans la mousse.

3. Rigidifiez avec du fil de fer les tiges trop souples.

4. Préparez les autres éléments à piquer dans la couronne : piquez fruits secs ou frais, fruits confits et légumes sur des petites piques en bois, former une tige en fil de fer pour les bonbons, perles, pommes de pin, noix...

5. Piquez le feuillage sur le pourtour de la couronne.

6. Disposez harmonieusement sur le dessus les éléments choisis en alternant formes et couleurs.

LES CENTRES DE TABLE

Variantes

Couronne gourmande : piquez dans la couronne des fruits secs ou confits et des chocolats qui seront à grappiller au dessert !

Or et fruits : disposez sur le feuillage (thuya) quatre gros nœuds de satin jaune et de ruban doré alternant avec quatre bougeoirs. Ajoutez quelques pommes de reinettes et des noix dorées au centre.

Tout fleurs : piquez des fleurs fraîches assorties aux teintes de votre nappe.

RECEVOIR EN TOUTES OCCASIONS

Les centres de table

*V*oici d'autres idées de centres de table. Faciles à réaliser, ils s'harmoniseront avec vos différentes réceptions.

Bouquet flottant
Remplissez d'eau aux deux tiers une coupe de verre ou de cristal, ou un saladier.
Faites-y flotter des fleurs multicolores dont vous aurez pris soin de couper les tiges. Pour parfaire l'ensemble, vous pouvez colorer l'eau.

Bouquet de friandises
Pour une fête avec des enfants, piquez bonbons, guimauves, caramels, sucettes et sucres d'orge dans de la mousse de fleuriste. Entourez d'une guirlande de feuillage.

Pommes d'amour
Emballez chaque pomme bien rouge ou passée à la bombe or dans un carré de papier transparent (40 cm x 40 cm) aux extrémités dressées et retenues par un petit ruban noué. Vous pouvez aussi emballer de véritables pommes d'amour : pour 10 petites pommes, faites fondre dans une casserole 250 g de sucre avec 1/2 verre d'eau, 1 paquet de sucre vanillé et du colorant alimentaire rouge jusqu'à ce que le mélange caramélise. Plongez-y les pommes piquées sur de longs bâtonnets. Égouttez-les et laissez-les sécher. Lorsqu'elles sont froides, enveloppez-les de papier.

LES CENTRES DE TABLE

Pyramide à croquer

Amusez-vous à composer pour vos buffets ou vos cocktails des "tours de Babel" à grignoter.

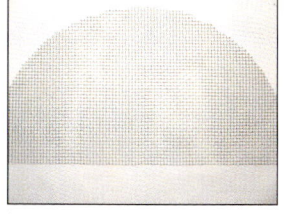
1

2

3

4

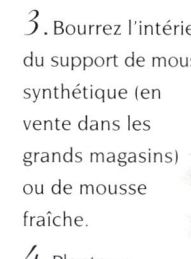
5

Pyramide à croquer

1. Découpez un morceau de grillage en demi-cercle de 1,20 m de diamètre.

2. Enroulez-le sur lui-même et fixez-le avec du fil de fer, en veillant à ce que la base soit bien stable, pour réaliser la pyramide.

3. Bourrez l'intérieur du support de mousse synthétique (en vente dans les grands magasins) ou de mousse fraîche.

4. Plantez-y quelques brins de conifère.

5. Piquez vos éléments de décoration ou vos gourmandises sur un bâtonnet en bois et plantez-les dans la mousse.

Pain et chocolat

Pour un brunch ou un goûter, piquez petits pains au chocolat, croissants, brioches, pains au raisin dans de la mousse de fleuriste. Intercalez dattes, pruneaux, épis de blé… au gré de votre inspiration.

Noël-Noël

Pour un Noël coloré, piquez des branches de sapin et mêlez-y des rubans et de petits cadeaux.

RECEVOIR EN TOUTES OCCASIONS

L'éclairage

L'éclairage crée l'ambiance. Il peut la rendre intime, tendre, chaleureuse, gaie, ou froide et triste. Ainsi un éclairage brutal, aussi peu flatteur pour les convives que pour les mets, ne contribue guère à l'agrément d'un repas. La lumière doit cependant rester suffisamment forte pour que chacun puisse voir ce qu'il a dans son assiette et les personnes avec qui il parle. Elle doit aussi être judicieusement répartie pour ne pas éblouir : pas question de diffuser une lumière trop forte qui donnerait un air livide à tous les convives et serait un véritable désastre pour les maquillages, pas question non plus d'aveugler quiconque avec un éclairage mal orienté. Méfiez-vous enfin des reflets de verres, miroirs et autres surfaces brillantes…

Quel type d'éclairage ?

Les lampes halogènes sont pratiques, car on peut les régler à volonté. Si vous choisissez d'éclairer la table par le dessus, utilisez une suspension aussi basse que possible de façon à ce que la pièce ne soit pas inondée de lumière. Préférez des sources indirectes qui contribuent à rendre l'atmosphère plus feutrée, plus chaleureuse. Mais rien ne peut égaler le charme des bougies : quoi de plus doux et de plus flatteur, en effet, qu'un dîner aux chandelles. Choisissez soigneusement leur forme, leur couleur, leur hauteur, disposez-les à des endroits où elles ne risquent pas d'être renversées et fixez-les solidement à leur support. Veillez également à ce qu'elles ne soient pas dans le champ de vision des convives. Pensez aussi à utiliser des photophores qui protègent la flamme et diffusent agréablement la lumière. Certains se remplissent d'eau et créent un jeu de reflets. Par ailleurs, pour des dîners en extérieur, vous pouvez disperser dans votre jardin ou sur votre terrasse des bougies ou des torches qui conféreront un caractère particulier.

L'ÉCLAIRAGE

1

2

C'est chou !

1. Rassemblez le matériel :
1 beau chou vert frisé,
1 bombe or,
12 bougies fines et longues.
Ouvrez le chou en écartant bien les feuilles.

2. Dorez le chou à la bombe or.

3. Une fois sec piquez les bougies au centre.

4. Disposez-le sur un buffet.

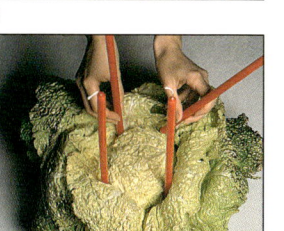
3

4

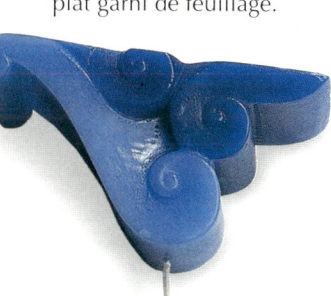

Bougies flottantes
Remplissez aux deux tiers une belle coupe en verre ou en cristal d'eau additionnée ou non de colorant alimentaire. Faites-y flotter des bougies adaptées à cet effet, de couleurs variées, assorties à la nappe. Allumez-les juste avant de passer à table.

Plateau d'huîtres insolite !
Matériel : coquilles d'huîtres vides, cire et mèche à bougies.
Coulez des bougies dans des coquilles d'huîtres. Disposez-les sur un grand plat garni de feuillage.

Cortège de lumières
Constituez un décor féerique en disposant sur la table une grande quantité de bougies de tailles et de formes diverses, certaines à même la nappe, d'autres dans des porte-bougies en verre ou en plastique, et les plus grosses trônant au centre. Pensez à respecter malgré tout une gamme de couleurs, et n'oubliez pas de laisser un large espace autour des assiettes.

Variations sur un service

£aquelle d'entre vous n'en a jamais eu franchement marre de son éternel service au point de ne souhaiter secrètement qu'une seule chose : le ranger définitivement au fin fond des placards.
S'il est blanc, vous le décréterez trop blanc, froid et dépourvu de la moindre originalité, lui préférant incontestablement le service à fleurs de votre amie chez laquelle vous dîniez encore hier. Ignorant d'ailleurs que celle-ci n'a pas tardé à trouver le sien affreusement chargé et contraignant.
Vous finissez malgré tout par vous consoler en vous remémorant la conversation que vous avez eue à ce propos avec votre sœur. Celle-ci a eu le malheur de choisir un service très pur, très beau mais tellement design qu'à présent elle l'échangerait volontiers contre le vôtre !
Finalement, il faudrait pouvoir changer de vaisselle comme on le fait de chaussures, selon la mode, les saisons et les tenues que l'on porte ! Oui, mais...
Voilà pourquoi ces "variations sur un service" vont vous permettre, sans trop de dépenses, de redonner un coup de neuf à votre éternel service !
À chaque fois, trois façons de le rénover, de le déguiser, ou de lui rendre toute la classe qu'il mérite vous sont proposées.
Alors, mesdames, à vos accessoires !

Service blanc

Blanc sur blanc

Pour un dîner raffiné, jouez la pureté avec nappe blanche damassée, serviettes blanches, verres et couverts recherchés (ici cristal et argent), bougies blanches, bouquets de fleurs blanches (ici tulipes rehaussées de quelques branches d'eucalyptus).
■ *Astuce :* les serviettes sont entourées de bandes découpées dans des napperons argentés.

VARIATIONS SUR UN SERVICE

Blanc et bleu
Pour faire oublier que votre service est blanc, adoptez une nappe bleu et blanc au motif assez chargé. Tous les accessoires, petites assiettes, bougeoirs, coupelles seront bleus. Et pourquoi même ne pas choisir des verres tout bleus ? En suivant le même principe, vous pouvez marier le blanc avec une couleur de votre choix (jaune, rouge, vert...).
■ *Astuce :* quelques marguerites blanches flottent dans une coupe bleue.

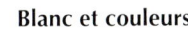

Blanc et couleurs
Pour un dîner amusant, jouez sans hésitation les couleurs acidulées. Vos assiettes assorties à la nappe deviendront une toile de fond sur laquelle vous pourrez décliner toutes formes et couleurs. Les couverts et les dessous d'assiettes seront en plastique de même teinte, et les serviettes en papier contrastées.
■ *Astuce :* des sucres d'orge font office de porte-couteaux. La coupe dans laquelle ils sont mélangés sert de centre de table.

RECEVOIR EN TOUTES OCCASIONS

Variations sur un service

Voici trois façons de décliner un service à fleurs (en faïence anglaise comme ici, par exemple). Le principe peut s'appliquer à n'importe quel service dont le motif est un peu lourd.

Fleurs et nacre
Pour une soirée insolite, voici une façon amusante de faire oublier que votre service est fleuri. Sur une nappe blanche unie, disposez un plastique irisé, des couverts et verres de formes sobres et design, un grand bouquet vertical épuré placé dans un vase de verre rectangulaire. Pas de centre de table, mais des billes de verre jetées ici et là.
■ *Astuce :* le vase est rempli de billes de verre irisées, chaque verre à cocktail en accueille une également.

Service à fleurs

Fleurs et uni
Pour un dîner raffiné, mettez en scène les deux couleurs dominantes de votre service. Choisissez une nappe unie de teinte un peu douce, des sous-assiettes contrastées assorties aux serviettes, des verres et couverts élégants (ici argent et cristal). En centre de table, posez un simple bouquet de roses ou toute autre fleur de même couleur.
■ *Astuce :* la couleur des fleurs répond à celle des sous-assiettes.

VARIATIONS SUR UN SERVICE

Fleurs et fleurs

Pour une ambiance rococo, jouez les fleurs sur toute la ligne ! Nappe fleurie assez chargée accordée aux couleurs de vos assiettes, verres colorés, bouquet de roses, serviettes assorties à la nappe et pliées en fleur de lotus, accessoires en barbotine, bougies en forme de feuille de lierre, panière à pain avec fleurs incrustées... N'hésitez pas non plus à rassembler sur une étagère tout ce qui chez vous peut comporter des fleurs ou des fruits, sans avoir peur de charger.

■ *Astuce :* une rose est glissée dans chaque serviette.

Variations sur un service

$\mathcal{V}$oici trois façons d'habiller un service design en jouant totalement le côté contemporain ou au contraire en détournant la géométrie des formes.

Service design

Design-design
Pour un dîner contemporain, osez entièrement les formes géométriques, les blanc, noir et gris que réveillent une note de couleur vive (ici le jaune). Couverts et verres design, serviettes en papier pliées en triangle, nappe aux dessins géométriques.
■ *Astuce* : une racine très graphique sert de centre de table, quelques graviers sont posés dans les assiettes.

VARIATIONS SUR UN SERVICE

Design sage

Pour un repas plus classique, jouez les pastels assortis à la couleur des assiettes (ici gris et rose) : nappe rose, serviettes gris perle sagement pliées et nouées par un ruban de raphia, délicat bouquet de roses, couverts et verres raffinés, accessoires en métal argenté.

■ *Astuce:* les roses sont de même couleur que la nappe.

Design insolite

Pour un dîner original, préférez les harmonies de teintes sourdes (ici gris et gris-bleu), couverts et verres design. La note insolite est apportée par le centre de table, composition de galets et graviers. N'hésitez pas à ajouter des éléments hétéroclites tels des jouets en bois (ici un zèbre à roulettes).

■ *Astuce :* les serviettes assorties à la nappe sont pliées en éventail et disposées dans les assiettes dont elles cassent la géométrie.

RECEVOIR EN TOUTES OCCASIONS

Les lois de la table

"Fais pas ci, fais pas ça,
(...) Mets pas tes doigts dans l'nez
Tu suces encore ton pouce,
Qu'est c'que t'as renversé ?
Ferme les yeux, ouvre la bouche.
Ronge pas tes ongles vilain,
Va te laver les mains,
(...) Sois poli, dis merci
À la dame, laisse ta place
Fais pas ci, fais pas ça..."
(Jacques Dutronc)

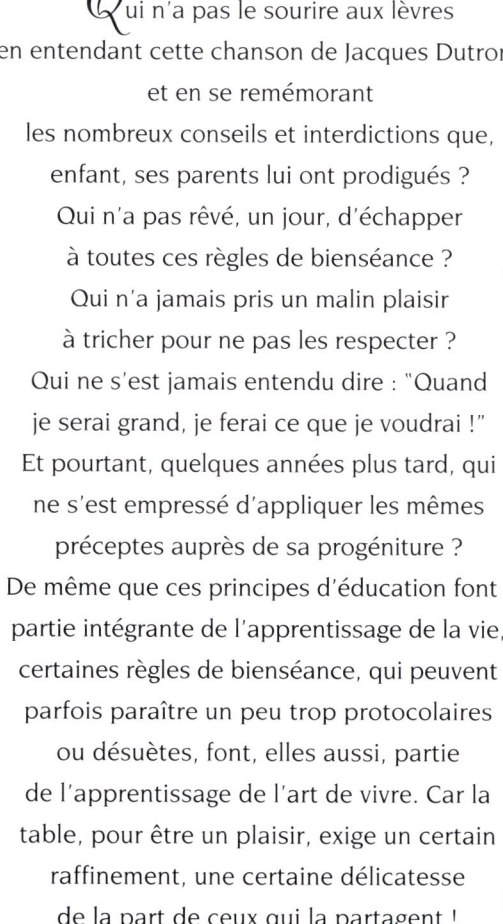

Qui n'a pas le sourire aux lèvres en entendant cette chanson de Jacques Dutronc et en se remémorant les nombreux conseils et interdictions que, enfant, ses parents lui ont prodigués ? Qui n'a pas rêvé, un jour, d'échapper à toutes ces règles de bienséance ? Qui n'a jamais pris un malin plaisir à tricher pour ne pas les respecter ? Qui ne s'est jamais entendu dire : "Quand je serai grand, je ferai ce que je voudrai !" Et pourtant, quelques années plus tard, qui ne s'est empressé d'appliquer les mêmes préceptes auprès de sa progéniture ? De même que ces principes d'éducation font partie intégrante de l'apprentissage de la vie, certaines règles de bienséance, qui peuvent parfois paraître un peu trop protocolaires ou désuètes, font, elles aussi, partie de l'apprentissage de l'art de vivre. Car la table, pour être un plaisir, exige un certain raffinement, une certaine délicatesse de la part de ceux qui la partagent !

LES LOIS DE LA TABLE

Ce qu'il ne faut pas faire

Ne pas s'asseoir à table avant d'y avoir été convié

Ne pas se balancer sur sa chaise

Ne pas nouer sa serviette autour du cou ni la coincer dans l'encolure, quel que soit le plat servi !

Ne pas commencer son plat avant la maîtresse de maison

Ne pas choisir le meilleur morceau

Ne pas se servir abondamment

Ne pas souffler sur le potage

Ne pas incliner son assiette pour en recueillir les dernières gouttes

Ne jamais saler un plat avant de l'avoir goûté, ce qui serait offenser la cuisinière

Pour saler, ne jamais utiliser la pointe de son couteau

Ne pas saucer un plat ni laisser son assiette trop propre

Ne pas manger trop vite

Ne pas faire de trop grandes bouchées

Ne pas lécher son couteau

Ne pas brandir ses couverts à tort et à travers entre chaque bouchée

Après chaque plat, ne jamais poser ses couverts en croix dans l'assiette

Ne pas utiliser son couteau pour la salade, les œufs, les gâteaux ou le pain

Ne pas boire la bouche pleine

À table, une femme ne se sert jamais elle-même de l'eau ou du vin

Ne pas tâter tous les fruits

Ne pas mordre dans son morceau de pain et ne pas commencer à le manger avant l'arrivée du premier plat

Ne pas garder ses mains sur ses genoux et ne pas appuyer ses coudes sur la table

Au sortir de table, ne pas replier sa serviette

Ce qu'il faut faire

Attendre que la maîtresse de maison s'asseye

S'asseoir correctement, ni trop près ni trop loin de la table, et se tenir droit sur sa chaise, sans raideur ni laisser-aller

Déplier discrètement sa serviette, et, si elle est d'une grande taille, la conserver sur les genoux, pliée en deux dans le sens de la longueur

Attendre que la maîtresse de maison ait elle-même commencé après que tous les invités ont été servis

Prendre le morceau qui se présente devant soi

Attendre que le plat circule une seconde fois

Attendre que le potage refroidisse

Porter le bout et non le côté de la cuillère à ses lèvres

Abandonner les dernières gouttes de potage

Rajouter du sel discrètement

Utiliser des salières à trous ou de petites cuillères

Manger la bouche fermée, sans bruit

Poser ses couverts côte à côte dans l'assiette

S'essuyer les lèvres avant de prendre son verre afin de n'y laisser aucune trace de nourriture ou de rouge à lèvres

Une femme demande à son voisin, qui aurait d'ailleurs dû y veiller, de lui verser à boire

Prendre le fruit qui semble le plus mûr

Rompre le pain, morceau par morceau

Poser délicatement sa serviette à côté de son assiette

RECEVOIR EN TOUTES OCCASIONS

Les apéritifs et digestifs

Les moments qui précèdent et suivent le repas participent au succès de la fête.
Un apéritif réussi permet d'augurer joyeusement de ce qui va suivre. Quant à l'heure du café et des liqueurs, c'est la touche finale, l'instant où la conversation se fait confidence.

L'apéritif

L'apéritif (du latin *aperio* "ouvrir") est une étape primordiale dans le déroulement d'une réception. Avec lui, les invités sont directement mis dans l'ambiance. Il est donc important d'en faire un moment de fête et de bien l'harmoniser avec la suite. C'est pourquoi la recette d'un cocktail, qui se marie particulièrement bien avec le reste du menu, est donnée parfois. Mais vous pouvez vous en tenir à un vin cuit, un porto et un alcool sec, ou au classique kir royal, toujours apprécié.

Givrer les verres

Si vous préférez les cocktails, amusez-vous à les servir dans des coupes givrées : frottez le pourtour du verre avec une tranche de citron, de citron vert ou d'orange. Retournez-le sur une soucoupe pleine de sucre en poudre (teinté ou non avec un colorant alimentaire), redressez-le et laissez-le sécher. Décorez-le enfin avec des fruits, des pailles ou autre fantaisie.

LES APÉRITIFS ET DIGESTIFS

L'heure du café et des gourmandises

Voici venue la fin de la soirée et, avec elle, le savoureux moment du café. Vous en ferez un vrai, bien évidemment (pas question d'offrir un café réchauffé !), que vous servirez dans un joli service. Choisissez-le selon votre goût, en sachant cependant que l'arabica, moins corsé et surtout moins chargé en caféine que le robusta, garde un arôme très développé. Il est assez conseillé le soir. Prévoyez un mélange de sucre en morceaux ainsi qu'un assortiment de friandises (truffes, chocolats...) qui feront ressortir délicatement la saveur du café. Pensez aussi à ceux dont la préférence va aux "déca", thé, infusion ou même jus de fruits.

Les digestifs

Enfin, pour couronner le tout, n'oubliez pas de proposer différentes sortes de digestifs : liqueurs de fruits (crème de cassis, cointreau, cherry, Grand Marnier...), alcools ambrés (armagnac, marc, cognac ou calvados) ou alcools blancs (eau-de-vie de mirabelle, de framboise, de poire...).

RECEVOIR EN TOUTES OCCASIONS

Le vin

Impossible de traiter un sujet aussi vaste en quelques pages. Reportez-vous donc aux nombreux guides et ouvrages spécialisés qui existent. Cependant, il n'est pas besoin d'être un œnologue distingué pour apprécier le vin et le servir à bon escient.

Le choix du vin

Lors de l'achat, vous devez prendre en considération le genre de plats que vous allez servir avec, le nombre de convives et le style de réception envisagé.
Pour une grande occasion, un grand vin s'impose. Pour un petit dîner, une simple "appellation d'origine contrôlée" (AOC) conviendra tout à fait.
Pour les buffets, vous pouvez vous procurer des tonnelets munis d'un robinet et acheter le vin en vrac. Si vous êtes très amateur, vous possédez certainement une cave. Libre à vous de la mettre à l'honneur comme vous le souhaitez. Dans le cas contraire, faites confiance à votre caviste et suivez ses conseils. En voici toutefois quelques-uns qui vous aideront : ● les vins blancs se servent avant les vins rouges ; ● les vins frais se servent avant les vins chambrés (sauf pour les vins de dessert) ; ● les vins légers se servent avant les vins corsés ; ● pas de vin corsé ou capiteux avec un met délicat ; ● pas de vin doux ou moelleux avec du gibier ; ● un seul grand cru lors d'un repas.

Le service du vin

La forme et les dimensions des verres sont importantes : pour le vin rouge, choisissez un verre à pied de taille moyenne, de coupe arrondie et assez large qui laisse apprécier le "nez" du vin. Il se cale dans la paume de la main, ce qui le maintient à la température idéale. Veillez à ne le remplir qu'au tiers. Pour le vin blanc, qui se boit frais, optez pour un verre étroit muni d'un long pied.
La température doit être prise en considération. Servez les vins : ● blancs et rosés très frais, mais ni frappés ni glacés, entre 7 °C et 10 °C ; ● les vins doux et liquoreux, entre 4 °C et 6 °C ; ● les champagnes et vins pétillants, entre 6 °C et 8 °C ; ● le beaujolais, à 12 °C au maximum ; ● les bourgognes et côtes-du-rhône chambrés, entre 13 °C et 15 °C ; ● le bordeaux chambré, entre 16 °C et 18 °C.
Un thermomètre à vin peut vous être très utile. Pour rafraîchir un vin, mettez-le au réfrigérateur 2 h avant le repas. En été, pensez au seau à glace qui lui évitera de se réchauffer au cours du repas.

LE VIN

Accords entre les mets et les vins

Potages, soupes, consommés. Vins rouges légers.

Hors-d'œuvre froids, crudités. Vins blancs : *bourgogne aligoté, chablis, mâcon, sancerre, sylvaner*. Vins rouges : *bordeaux supérieur, bordeaux clairet, bourgogne passe-tout-grain, mâcon, beaujolais, bourgueil, chinon*.

Charcuterie. Vins rouges : *vins de pays, bordeaux supérieur, beaujolais, bourgogne, brouilly, bourgogne passe-tout-grain, valpolicella*.

Foie gras. Vins blancs : *sauternes, barsac, champagne, meursault*.

Entrées chaudes à la crème, vol-au-vent, ris de veau, quiches... Vins blancs moelleux. Vins rouges légers.

Autres entrées chaudes. Vins blancs : *graves, saumur, riesling*. Vins rouges : *beaujolais, bourgogne, chinon*.

Huîtres et coquillages. Vins blancs : *sylvaner, riesling, muscadet, graves, entre-deux-mers, gros plant, bourgogne aligoté, sauvignon, chablis, pouilly fumé, pouilly-fuissé, quincy, savennières, cassis, bandol, champagne*.

Poissons et crustacés grillés. Vins blancs : *sylvaner, riesling, muscadet, gros plant, bourgogne aligoté, sauvigon, chablis, pouilly-fuissé*. Vins rosés secs : *bandol, cassis, côtes-de-provence, lirac, tavel*.

Poissons et crustacés en sauce douce. Vins blancs : *gewurztraminer, côteaux-du-layon, sauternes, vouvray*.

Poissons et crustacés en sauce corsée. Possible, le vin qui a servi à la préparation de la sauce. Vins blancs : *graves, entre-deux-mers, hermitage, chablis, montrachet, meursault, pouilly-fuissé*. Vins rouges : *chinon, bourgueil, bordeaux de l'année*.

Matelotes, civet de lamproie. Le vin qui a servi à la confection du plat.

Viandes blanches et volailles blanches grillées ou rôties. Vins rouges : *bordeaux supérieur, médoc, chinon, mercurey, bourgueil, valpolicella*.

Viandes blanches et volailles blanches en sauce douce ou au vin blanc. Vins blancs : *graves, sauternes, riesling, meursault, champagne*. Vins rouges légers.

Viandes rouges rôties ou grillées. Vins rouges : *bordeaux supérieur, graves, pomerol, hermitage, médoc, chambolle-musigny, côtes-de-nuits, beaune, morgon, moulin-à-vent*.

Plats mijotés. Vins rouges : *bordeaux supérieur, corbières, cahors, madiran, mercurey, beaujolais, côtes-du-rhône*.

Plats en sauce au vin rouge. Le vin qui a servi à la préparation du plat ou légèrement supérieur (inutile de sacrifier un grand cru).

Gibier à plume. Vins rouges : *arbois, sancerre, quincy, hermitage,*

médoc, chambolle-musigny, margaux, volnay.

Gibier à poil. Vins rouges : *saint-émilion, pomerol, côtes-de-nuits, châteauneuf-du-pape, gigondas, rasteau, fitou*.

Fromages. Vins rouges : *en général*

bordeaux supérieur, saint-émilion, pomerol, hermitage, brouilly, côtes-de-nuits.

• munster. Vins blancs : *gewurztraminer*.

• pâtes persillées. Vins blancs : *gewurztraminer, sauternes, meursault*.

• chèvres. Vins blancs de la région du fromage : *sancerre, pouilly fumé, mâcon, etc*. Vins rouges : *beaujolais, bourgueil, chinon*.

Entremets et pâtisseries. Vins blancs : *mousseux, blanquette-de-limoux, vouvray, gaillac, sauternes, monbazillac, champagne demi-sec (jamais de brut avec un mets sucré)*. Vins doux naturels : *muscat, banyuls, frontignan, lunel, beaumes-de-venise*.

Glaces. Champagne, eau fraîche.

❀ 49 ❀

RECEVOIR EN TOUTES OCCASIONS

Le fromage

Les fromages trouvent toujours autant d'amateurs, d'une part parce qu'ils sont un des plaisirs de la gastronomie, d'autre part parce qu'ils s'allient à merveille avec le vin, enfin parce que leur variété est, en France, proverbiale.

À vous de jouer, maintenant ! Selon la saison, vous décorerez votre plateau avec des feuilles de vigne, d'érable, de châtaignier, des côtes de céleri, des fines herbes, un joli torchon ou de la paille...
Vous raffinerez l'ensemble en piquant sur chaque pièce une petite étiquette précisant l'appellation et l'origine du fromage.

Le plateau de fromages

Les fromages se répartissent en six grandes familles :
pâtes molles à croûte fleurie (type camembert) ; pâtes molles à croûte lavée (type munster) ; pâtes molles à croûte naturelle (type chèvre) ; pâtes pressées non cuites (type saint-nectaire) ; pâtes pressées cuites (type gruyère) ; pâtes persillées (bleus).
Pour que vos invités aient réellement le choix, composez un plateau où vous essaierez de représenter chaque grande famille, en associant "chèvres" et "vaches" et en évitant ceux à l'odeur trop forte du type boulette d'Avesnes. Achetez-les la veille ou le jour même du repas et sortez-les du réfrigérateur au moins 2 h à l'avance.

L'art de la coupe

Voici quelques indications pour vous aider à couper les fromages communément servis.
Pyramidaux ou coniques : de haut en bas, en partant du centre.
Cylindriques : en rondelles.
Bleus et roqueforts : à plat, perpendiculairement au côté le plus épais.
Fromages ronds ou carrés, présentés entiers : du centre vers le bord, comme un gâteau.

Pour un buffet, vous pouvez préférer le fromage unique, mais entier, du type brie.
Enfin, n'oubliez jamais de présenter le(s) couteau(x) à fromage.

50

La liste qui suit vous aidera à réaliser un bel assortiment.

Appenzell. À pâte pressée cuite (de type gruyère), fabriquée en Suisse, à saveur fruitée. Pâte lisse sans trous.

Banon. Petit fromage au lait de vache, de brebis ou de chèvre, enveloppé dans des feuilles de châtaignier. Léger goût de noisette.

Beaufort. De type gruyère, moelleux et à saveur fruitée. Très peu ou pas de trous.

Bel paese. Fromage italien onctueux, à saveur douce.

Bleu d'Auvergne, de Bavière, de Bresse, danois, des Causses. À pâte persillée, fabriqués selon le procédé du roquefort mais avec du lait de vache.

Brie. À pâte fermentée molle, au lait de vache. Croûte fleurie et pâte onctueuse, à saveur douce. Doit être consommé assez rapidement après l'achat.

Brillat-savarin. À pâte molle enrichie de crème. Saveur légèrement prononcée, très onctueux.

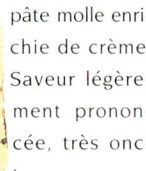

Camembert. À pâte molle et croûte fleurie. Éviter les productions industrielles et choisir des fromages au lait cru moulés à la louche. Doit être souple sans céder sous la pression du doigt, sans dégager d'odeur ammoniacale.

Cantal. À pâte pressée. Plus ou moins doux selon qu'il est "jeune" ou "vieux". Saveur légèrement aigre caractéristique.

Cheddar. Fromage anglais de couleur jaune foncé, à pâte dure. Saveur plus ou moins douce.

Chèvre cendré. Fromage moulé à pâte légère et fondante, entouré de cendre végétale.

Comté. À petits trous et pâte lisse. Saveur fruitée.

Coulommiers. Apparenté au brie mais plus petit. Consistance un peu plus crémeuse.

Crottins. Petits fromages de chèvre, plus ou moins compacts et durs selon le degré d'égouttage. Très parfumés. Théoriquement, le terme de "crottin" est réservé aux fromages secs de Chavignol.

Derby. Fromage anglais à pâte dure souvent additionné de feuilles de sauge, qui lui confèrent une pâte veinée de bleu. Assez parfumé.

Edam. Fromage hollandais à pâte pressée, à croûte rouge. Pâte lisse.

Emmental. De type gruyère, à gros trous et à pâte lisse, non suintante. Ne doit pas présenter de fissures.

Époisses. À pâte molle, fabriqué en Bourgogne. La pâte a une saveur très relevée lorsque le fromage est au degré d'affinage souhaité.

Fourme. À pâte persillée, fabriqué en Auvergne. Onctueux et assez doux pour un bleu quand il est frais.

Gorgonzola. Fromage italien à pâte persillée, de consistance ferme. Goût très fin. Existe en version enrichie de crème, à pâte très onctueuse, sous le nom de mascarpone.

Gouda. Fromage hollandais assez proche de l'édam mais plus goûteux. Croûte jaune. Vendu nature ou au cumin.

Livarot. Fromage de Normandie à croûte lavée et pâte crémeuse. Goût de terroir très prononcé.

Maroilles. Fromage du nord de la France à pâte molle et de forme carrée. Odeur et goût assez forts.

Morbier. À pâte pressée, fabriqué en Franche-Comté. Les roues de morbier sont coupées en deux en cours de fabrication et une couche de suie est intercalée, d'où la rayure noire caractéristique. Saveur douce, peu d'odeur.

Munster. Fromage d'Alsace en forme de cylindre plat. Pâte crémeuse très odorante. Se déguste souvent avec du cumin.

Murols. Sorte de petit saint-nectaire en forme de galette percée d'un trou au milieu. Saveur douce bien que typée.

Parmesan. Fromage italien à pâte pressée longuement affinée, de couleur jaune paille. Très parfumé, légèrement piquant. Le plus dur s'utilise râpé.

Pont-l'évêque. À pâte pressée non cuite, de forme carrée. Pâte fine et onctueuse. Doit être affiné à cœur, assez ferme et pas trop fermenté.

Provolone. Fromage italien à pâte dure, nature ou fumé. Saveur douce quand il est jeune, devient plus piquant en vieillissant.

Reblochon. Fromage fabriqué en Savoie avec le lait d'une deuxième traite (lait de vache). Forme de galette à croûte lavée, pâte crémeuse et saveur douce.

Rigottes. Petits fromages bourguignons sans croûte, fabriqués avec un mélange de lait de vache et de chèvre. Vendus en "liasses" de dix quand elles ont les dimensions d'une pièce de 5 F, les rigottes peuvent aussi être plus épaisses.

Roquefort. À pâte persillée, fabriqué exclusivement avec du lait de brebis et affiné dans les caves de Roquefort (appellation contrôlée). Goût très fin, légèrement poivré.

Saint-marcellin. Petit cylindre de fromage à pâte molle égouttée. Le saint-marcellin fermier est fabriqué en Dauphiné et présenté sur de la paille.

Saint-nectaire. À pâte pressée non cuite et croûte frottée. Le saint-nectaire fermier a plus de goût que le laitier.

Stilton. Fromage anglais à pâte persillée, très onctueux. Fabriqué avec la même moisissure que le roquefort.

Tomme. La plus appréciée est celle de Savoie, à croûte grise, fabriquée avec du lait cru. Saveur douce et pâte souple.

Vacherin. Fromage en forme de cylindre plat, à pâte molle, avec une croûte friable de couleur rosée. Crémeux et très savoureux, peut se déguster à la petite cuillère.

Les tours de mains

FARCIR ET BRIDER UNE VOLAILLE

1

2

3

4

1. À l'aide d'une cuillère en bois, introduisez de la farce par la cavité du cou. Tassez bien et rabattez la peau par-dessus.

2. Retournez la volaille sur le bréchet. Plaquez les ailerons contre le corps et introduisez une brochette dans l'aile droite. Faites-la ressortir dans l'aile gauche.

3. Remettez la volaille sur le dos. Garnissez-la avec de la farce introduite par la cavité ventrale. Tassez bien, puis rabattez le croupion par-dessus.

4. Plaquez les cuisses contre le corps. Attachez l'extrémité des pattes et le croupion avec du fil de cuisine. Introduisez alors une brochette dans la cuisse droite et faites-la ressortir de l'autre côté.

DÉCOUPER UNE VOLAILLE CRUE

1. Posez la volaille sur une planche en bois, le croupion tourné vers vous. Coupez la peau entre les cuisses et le corps, sans entamer la chair, et tranchez au niveau de l'articulation.

2. Coupez entre le corps de la volaille et les ailes jusqu'à l'articulation. Insérez la lame du couteau dans l'articulation et détachez une aile. Procédez de même avec l'autre.

3. Avec des ciseaux de cuisine, coupez le bas de la cage thoracique de chaque côté pour séparer la poitrine du dos.

4. Coupez la poitrine en deux le long du bréchet. Vous pouvez ôter les os pour obtenir deux blancs.

1

2

3

4

DÉCOUPER UNE VOLAILLE CUITE

1

2

3

4

1. Déposez la volaille rôtie sur une planche à découper. À l'aide d'une fourchette à découper et d'un couteau, écartez les cuisses et tranchez-les au niveau de l'articulation.

2. Écartez l'aile droite et tranchez-la au niveau de l'articulation. Faites de même avec l'aile gauche.

3. Coupez un premier blanc, mettez-le de côté, puis prélevez un peu de farce. Mettez-la dans une assiette.

4. Disposez harmonieusement les cuisses, les ailes et les blancs de volaille autour de la farce.
Nappez éventuellement de sauce.

DÉCOUPER UNE CÔTE DE BŒUF

1. Déposez la pièce de viande, à plat, sur une planche en bois.
Tenez-la fermement avec une fourchette à découper.

2. À l'aide d'un couteau bien aiguisé, commencez par couper la viande le long de l'os et dégagez-le.

3. Découpez ensuite des tranches assez épaisses, toujours parallèlement à l'os.

4. Retirez l'os et présentez les tranches de viande sur la planche à découper.

1

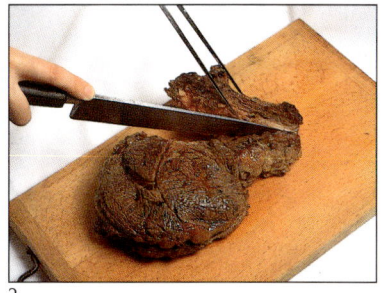
2

3

4

Les tours de mains

DÉCOUPER UN GIGOT

1

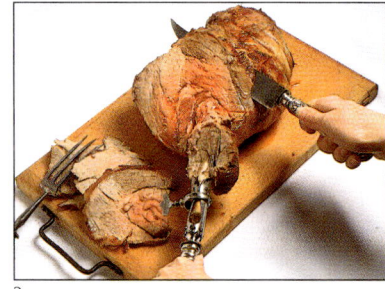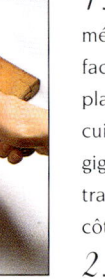
2

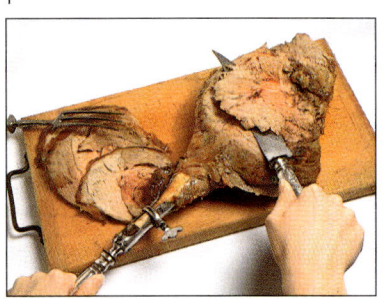
3

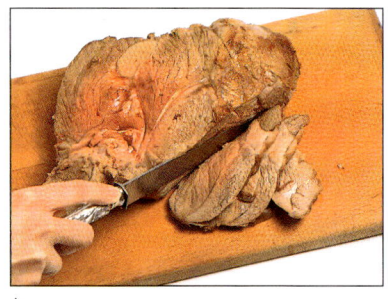
4

1. Recouvrez la viande d'aluminium ménager quelques minutes (elle sera plus facile à découper). Mettez-la sur une planche à découper, côté interne de la cuisse vers vous. Maintenez fermement le gigot par le manche et découpez-y des tranches fines en commençant par le côté le plus étroit.

2. Poursuivez en progressant vers le côté large. Veillez à ce que la lame du couteau soit toujours maintenue à l'oblique. Lorsque l'os est entièrement dégagé, retournez le gigot.

3. Avec la lame du couteau maintenue à l'horizontale, découpez des tranches fines. Commencez du côté le plus large.

4. Détachez toute la viande qui est restée sur l'os, le plus régulièrement possible.

DÉCORTIQUER UN HOMARD CUIT

1. À l'aide d'un couteau pointu et bien aiguisé, faites une entaille entre les deux yeux du homard. Éliminez l'eau.
Puis enfoncez le couteau au niveau de l'articulation du corps et de la tête, et coupez la tête en deux.

2. Mettez le homard à plat sur la planche et coupez la queue par le milieu. Séparez les deux moitiés.

3. Avec la pointe du couteau, enlevez le filet intestinal noir qui court le long du dos.

4. Enlevez ensuite l'estomac et les branchies qui se trouvent dans la tête. Gardez le foie (la partie crémeuse verdâtre) et les œufs.

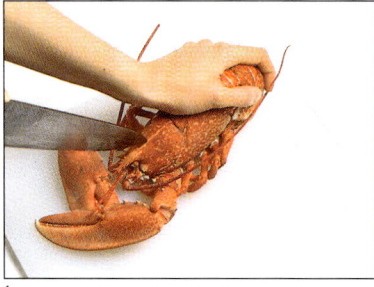
1

2

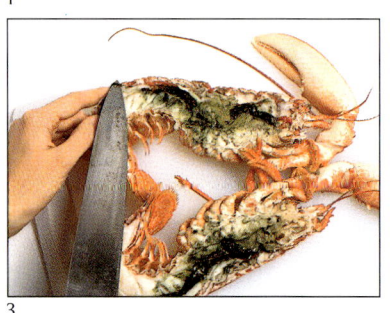
3

4

LES TOURS DE MAINS

MONTER UNE MAYONNAISE

1

2

1. Mettez tous les ingrédients à température ambiante, au moins 30 mn à l'avance. Puis cassez les œufs en séparant les blancs des jaunes.

2. Dans un bol, mettez la moutarde et les jaunes d'œufs. Battez à l'aide d'un fouet.

3. Commencez à verser l'huile goutte à goutte, puis en filet, en battant avec le fouet. Continuez ainsi en tournant toujours dans le même sens.

4. Lorsque la mayonnaise a pris une consistance ferme et crémeuse, versez le reste d'huile.
Rectifiez l'assaisonnement et ajoutez éventuellement un peu de citron ou de vinaigre.

3

4

RÉALISER DES CHAPATIS

1. Sur un plan de travail, réunissez tous les ingrédients nécessaires à la pâte. Mélangez le beurre fondu avec le yaourt et le sel.

2. Versez la farine dans une jatte et creusez-y un puits. Versez le mélange yaourt-beurre. Tournez avec une cuillère en bois en incorporant petit à petit la farine.

3. Mélangez bien tous les ingrédients jusqu'à obtenir une pâte.
Pétrissez-la avec la paume de la main. Elle doit devenir souple et élastique.

4. Divisez-la en plusieurs parts. Dans une poêle, déposez un chapati et faites-le cuire de chaque côté jusqu'à ce que des taches brunes apparaissent.

1

2

3

4

RECEVOIR EN TOUTES OCCASIONS

Menus à Deux

Séduction : dîner de charme
Entracte : souper d'après spectacle
Tendresse : dîner au coin du feu
Plaisir d'été : dîner en terrasse
Indolence : brunch du dimanche

Un moment passé en tête à tête autour d'un repas peut devenir un moment de séduction, de tendresse, de douce complicité, d'échanges...
Ces instants passés à deux ne sont pas si fréquents et méritent qu'on leur accorde un peu de temps et de réflexion.
Dîner aux chandelles pour célébrer un événement particulièrement important, dîner tendresse au coin du feu, lorsqu'on est si bien chez soi et que l'on se retrouve, souper d'après théâtre pour échanger et partager, brunch du dimanche lorsque l'on a enfin le temps de prendre le temps, dîner en terrasse pour les longues soirées estivales...
Voici cinq occasions de plaire, de séduire, d'étonner.
Les recettes proposées ont été soigneusement étudiées en fonction de la circonstance, le timing vous laisse le temps de vous préparer et les idées déco vous aident à imaginer...
Maintenant à vous de jouer !

RECEVOIR EN TOUTES OCCASIONS

Séduction

Ce soir, vous devez tout faire pour le séduire, le surprendre, le reconquérir...

Menu

Cocktail Samarcande
Canapés Chabana
Coupes de Messaline
Papillotes de foie gras
"Douceur et violence"
Love de chocolat

Champagne
Bourgogne chorey-les-beaune

IDÉES DÉCO

Table : dresser le couvert sur une petite table ou sur un guéridon, plus intime ; utiliser en guise de nappe un coupon de tissu (noir et or, noir et rouge, lamé or ou argent selon le service) ou un foulard (vieux carré en soie, style Hermès, sur un juponné blanc ou noir...).

Vaisselle : l'occasion ou jamais de sortir la vaisselle la plus belle, l'argenterie et les plus beaux verres ! Éventuellement, jouer le grand jeu en achetant de quoi constituer un petit service pour deux, ou des dessous d'assiette dans un style un peu précieux (métal argenté).

Éclairage : tamisé dans toute la pièce. Le dîner aux chandelles s'impose !

Fleurs : des roses rouges. Un bouquet sur la table apéritif, plus une sur la table, dans un soliflore.

Astuce : des porte-couteaux réalisés avec 2 petits boutons de roses rouges.

Apéritif : présenter le cocktail Samarcande dans une coupe en verre. Servir avec une louche en Plexiglass, argent ou métal argenté, et des verres à pied.

LISTE DES COURSES

Décoration

Bougeoirs et bougies ■ 12 roses rouges et 2 petits boutons ■ tissu pour la nappe ■ service pour deux ■

Cuisine

Prévoir à l'avance : champagne ■ vin de Bourgogne ■ armagnac ou cognac ■ porto ■ kirsch ■ rhum blanc ■ cerises au marasquin ■ Grand Marnier ■ cœurs de palmier ■ olives noires ■ câpres ■ mayonnaise ■ ketchup ■ tabasco ■ sucre vanillé ■ sucre glace ■ cacao amer ■ chocolat noir à croquer ■ écorces d'orange confite ■ crème fraîche liquide UHT ■ quatre-épices ■

Prévoir la veille : pain de mie ■ beurre ■ crème fraîche épaisse ■ saumon fumé ■ queue de langouste ■ 2 macarons moelleux au chocolat (chez le pâtissier) ■ ananas ■ fraises ■ kiwi ■ orange ■ citron ■ tomate ■ laitue ■ poireaux ■ oignons ■ pleurotes ■ gingembre frais ■ foie gras frais ■

COMPTE À REBOURS

Décoration

À L'AVANCE	choix du tissu pour la nappe, de la vaisselle, des bougeoirs et des bougies ; nettoyer l'argenterie.
LA VEILLE	ménage, rangements et préparation des vases pour les fleurs.
LE MATIN	mise en place du décor et du couvert.

Cuisine

LA VEILLE	les canapés Chabana points 1 et 2 ; les papillotes Douceur et violence jusqu'au point 5 inclus ; les love de chocolat jusqu'au point 5 inclus ; prévoir des glaçons.
LE JOUR MÊME	mettre au froid le champagne.
3 À 4H À L'AVANCE	préparer le cocktail de base ; givrer les verres à cocktail et les mettre au réfrigérateur ; préparer les coupes de Messaline du point 1 au point 4 inclus ; déboucher le vin et le laisser à température ambiante.
1 À 2 H À L'AVANCE	terminer la décoration des love de chocolat.
30 MN À L'AVANCE	terminer les coupes de Messaline ; couper les canapés Chabana et les disposer dans un petit plat ; préparer le café.
5 MN À L'AVANCE	couper le pain ; préparer le seau à champagne.

Solution traiteur : pour les coupes de Messaline, remplir les coques d'ananas avec une petite salade exotique achetée toute prête.
Pour les papillotes Douceur et violence, employer des pleurotes au jus en bocal et une fondue de poireaux surgelée.

Plat pouvant être congelé : les canapés Chabana.

Cocktail Samarcande

Cocktail Samarcande

POUR 2 PERSONNES
Préparation : 15 mn
Réfrigération : 2 h

1 ananas de 1 à 1,2 kg ayant un beau plumet vert
4 fraises
1 kiwi
1/2 orange
1/2 citron pour givrer le bord des verres
1 petit bocal de cerises au marasquin
2 cuil. à soupe de marasquin du bocal
4 cuil. à soupe de Grand Marnier
2 cuil. à soupe de bon kirsch
1 cuil. à soupe rase de sucre + 1 cuil. à soupe pour givrer le bord des verres
1 bouteille de champagne

1. Mettre le champagne 4 h à l'avance au réfrigérateur.

2. Préparer le cocktail de base (2 h à l'avance). Couper longitudinalement l'ananas en deux en commençant par le plumet. Évider les deux moitiés. Mettre les deux coques vides au réfrigérateur (pour les coupes de Messaline). Retirer la partie centrale et dure. Tailler 4 cubes d'environ 2 cm x 2 cm dans la chair et les réserver. Tailler le reste en petits cubes de 1 cm x 1 cm, en verser 2 bonnes cuillerées dans la coupe à cocktail. Réserver le reste au réfrigérateur pour l'entrée. Peler et couper le kiwi en deux. Tailler une moitié en quatre, réserver, tailler le reste en petits cubes et les verser dans la coupe. Y ajouter aussi 2 fraises coupées en six, 4 cerises au marasquin coupées, le zeste et le jus de 1/2 orange.

3. Saupoudrer les fruits avec le sucre et les arroser avec le Grand Marnier, le marasquin et le kirsch. Mélanger le tout, couvrir d'un film plastique, mettre au froid 2 h.

4. Préparer les brochettes. Enfiler par brochette 1 fraise avec sa queue, 1 gros cube d'ananas, 1 cerise au marasquin, 1 cube d'ananas, 1 morceau de kiwi. Poser les brochettes sur une assiette, entourer d'un film plastique et réserver au réfrigérateur.

5. Givrer le bord des verres (voir page 46). Les réserver au réfrigérateur.

6. Pour servir, poser les 2 verres givrés sur un plateau, glisser 1 brochette dans chacun. Mélanger le cocktail de base, le poser sur le plateau. Mettre le champagne dans un seau garni de glaçons. En verser la moitié dans le cocktail de base. Remplir les verres à la louche en prenant aussi des fruits.

Coupes de Messaline

Canapés Chabana

POUR 2 PERSONNES
Préparation : 10 mn
Réfrigération : 1 à 24 h

6 tranches de pain de mie grand modèle
1 morceau de gingembre frais de 5 cm
100 g de beurre très mou
3 tranches de saumon fumé
sel

1. Peler et râper le gingembre. Le mixer en pommade avec le beurre et 1 pincée de sel.

2. Ôter la croûte des tranches de pain de mie et tartiner celles-ci avec le beurre de gingembre. Disposer le saumon sur 3 d'entre elles et recouvrir des tranches de pain restantes. Les mettre au froid 1 h enveloppées d'un film plastique.

3. Pour servir, couper chaque sandwich en 4 triangles.

Coupes de Messaline

POUR 2 PERSONNES
Préparation : 15 mn + 30 mn d'égouttage
Réfrigération : 30 mn

2 coques d'ananas du cocktail
4 cuil. à soupe de petits cubes d'ananas
1 petite queue de langouste surgelée
2 tiges de cœur de palmier
6 olives noires dénoyautées
1 tomate moyenne bien ferme
1 oignon moyen
quelques feuilles de laitue
1 cuil. à soupe de câpres
2 cuil. à soupe de mayonnaise toute prête
1 cuil. à soupe de crème fraîche épaisse
1 cuil. à café de ketchup
1 cuil. à soupe de rhum blanc
1 cuil. à soupe de jus de citron
quelques gouttes de tabasco
1/2 sachet de sucre vanillé
sel, poivre

1. Peler et hacher l'oignon, le verser dans un tamis, le saler et laisser macérer 10 mn. Puis le rincer sous l'eau froide.

2. Dans le tamis, ajouter les cubes d'ananas, les cœurs de palmier coupés en rondelles fines, la tomate épépinée et taillée en petits cubes, 3 olives noires coupées en quatre et la moitié des câpres. Laisser s'égoutter 30 mn au réfrigérateur.

3. Faire cuire la queue de langouste. La décortiquer et la couper en huit rondelles sans les séparer. Réserver.

4. Préparer la sauce. Dans une jatte, mélanger la mayonnaise, la crème fraîche, le ketchup, le rhum blanc, le jus de citron, le tabasco et le sucre vanillé. Bien saler et poivrer.

5. Préparer les coupes Messaline (30 mn à l'avance). Mélanger le contenu du tamis avec la sauce et le répartir dans les 2 coques d'ananas. Décorer avec la langouste, des olives noires et les câpres restantes. Réserver au froid.

6. Servir les coupes sur une chiffonnade de laitue.

MENUS À DEUX

Papillotes de foie gras Douceur et violence

POUR 2 PERSONNES
Préparation : 35 mn
Cuisson : 20 mn

1 foie gras frais de 200 à 250 g
3 blancs de poireaux (200 g)
200 g de pleurotes frais
4 cuil. à soupe de porto
1 cuil. à soupe d'armagnac
(ou de cognac)
2 cuil. à soupe de crème fraîche épaisse
1 pincée de quatre-épices

1. Escaloper le foie gras frais. Étaler les tranches dans un plat creux et les arroser de porto et d'armagnac. Laisser macérer 20 mn.

2. Couper les poireaux en fines lamelles et les laver. Les jeter dans 25 g de beurre fondu, saler, poivrer, couvrir et laisser mijoter 20 mn.

3. Mélanger 1 petite cuillerée à café rase de sel avec 1/2 cuillerée à café de poivre, 1/2 cuillerée à café de sucre, le quatre-épices. Sortir les tranches de foie gras de leur jus de macération, réserver celui-ci. Enduire chaque face avec le mélange précédent. Faire dorer les tranches quelques secondes dans une grande poêle antiadhésive brûlante. Les réserver.

4. Verser le jus de macération dans la poêle et racler pour récupérer les sucs. Ajouter la crème fraîche et, tout en remuant sur feu vif, faire réduire jusqu'à consistance onctueuse et nappante (4 mn). Réserver.

5. Laver les pleurotes rapidement et les couper. Faire chauffer 25 g de beurre dans une poêle sur feu moyen, y jeter les pleurotes. Laisser cuire jusqu'à réduction totale de leur eau (de 6 à 8 mn). Saler, poivrer, ajouter la sauce réservée, mélanger et faire cuire encore 2 mn. Réserver dans un bol.

6. Préparer les papillotes (1 h à l'avance). Étaler, au centre d'un rectangle d'aluminium ménager, la moitié de la fondue de poireaux, ajouter les tranches de foie gras et les recouvrir de la moitié des pleurotes. Fermer les papillotes. Les poser dans un plat sans qu'elles se touchent. Au moment de servir, mettre dans le four éteint, puis allumer le four à 180 °C. Laisser doucement réchauffer et terminer la cuisson 25 mn.

Love de chocolat

POUR 2 PERSONNES
Préparation : 20 mn
+ 30 mn de macération
Réfrigération : 3 h au minimum

2 macarons moelleux au chocolat
(du pâtissier)
100 g de chocolat noir à croquer
d'excellente qualité
20 cl de crème fraîche liquide non allégée
bien froide
1 cuil. à soupe de sucre glace
3 cuil. à soupe de Grand Marnier
1 quartier d'écorce d'orange confite
(environ 30 g)
1 cuil. à café de cacao amer

1. Prélever des filaments d'écorce d'orange confite jusqu'à la moitié du quartier et les réserver. Couper le reste en petits cubes, les verser dans une petite casserole. Poser les filaments dessus et arroser de Grand Marnier. Faire chauffer 5 mn sur feu doux, puis flamber, retirer du feu et laisser macérer 30 mn.

2. Casser le chocolat dans un bol posé dans un bain-marie sur feu très doux. Ajouter 1 cuillerée à soupe d'eau. Laisser ramollir. Ajouter 1 cuillerée à soupe de crème fraîche, attendre 1 mn que celle-ci se réchauffe, puis mélanger et retirer du bain-marie.

3. Fouetter le reste de crème fraîche avec le sucre glace. Lorsqu'elle est ferme, y mélanger le chocolat fondu en tournant rapidement avec un fouet. La mousse doit être serrée et molle.

4. Retirer les filaments d'orange de la macération. Les réserver sur un petite assiette. Incorporer les petits cubes d'écorce à la mousse.

5. Émietter grossièrement les macarons dans 2 coupes à glace ou dans des verres à pied. Couler par-dessus la mousse au chocolat. Mettre les coupes 3 h au minimum au réfrigérateur pour laisser la mousse durcir.

6. 1 h avant de servir, tamiser un peu de cacao amer sur la mousse et décorer d'un buisson de filaments d'écorce. Remettre au froid.

Entracte

Pour ce souper d'après spectacle, amusez-vous à créer un décor en relation avec le thème de votre spectacle.

Menu

Friandise de canard
Strogonov aux cèpes
Buena vista

Mercurey

IDÉES DÉCO

Table : pour s'amuser, créer une table sur le thème et l'époque du spectacle qui vient d'être vu : policier, aventure, romantique, avant-garde, début du siècle. Si le temps manque, pour rester dans la simplicité choisir le style bistrot : petite table recouverte d'un tissu à carreaux (genre torchon ou vichy...) ou d'un damassé blanc.

Vaisselle : vaisselle blanche et classique, verres bistrot.

Éclairage : normal, mais pas trop fort, complété par un photophore sur la table ou éventuellement des lampes à pétrole.

Fleurs : petit bouquet tout simple sur la table.

Astuce : recopier le menu sur une ardoise à la craie blanche.

LISTE DES COURSES

Décoration

Petit bouquet ■ tissu pour la nappe et les serviettes éventuellement ■ ardoise et craie blanche ■

Cuisine

Prévoir à l'avance : armagnac ■ porto ■ whisky irlandais ou autre ■ œufs ■ pistaches ■ raisins secs de Smyrne ■ bocal de cèpes au jus ■ concentré de tomate ■ échalotes ■ moutarde forte ■ poivre à steak ■ clous de girofle ■ quatre-épices ■ cannelle en bâton et en poudre ■ cerises confites ■ café ■

Prévoir la veille ou l'avant-veille : foies de canard ■ lard gras ■ crème fraîche épaisse ■ filet de bœuf ■ orange ■ citron ■ crème Chantilly ■ salade ■ pain de campagne ■ pâtes fraîches ■

COMPTE À REBOURS

Décoration

À L'AVANCE	prévoir table et nappe ; recopier le menu sur l'ardoise.
LE MATIN	mise en place du décor.

Cuisine

LA VEILLE OU PLUSIEURS HEURES À L'AVANCE	la friandise de canard du point 1 au point 3 inclus ; le strogonov aux cèpes du point 1 au point 3 inclus.
2 À 3 H À L'AVANCE	Buena vista, point 1 ; préparer une salade (facultatif).
AU DERNIER MOMENT	griller le pain ; réchauffer le strogonov point 4 ; faire cuire les pâtes fraîches ; terminer la buena vista points 2 à 4.

Solution traiteur : remplacer la friandise de canard par une mousse de canard achetée chez le traiteur ou en bocal.

Plat pouvant être congelé : le strogonov aux cèpes après le point 3.

Friandise de canard

Friandise de canard

POUR 2 À 3 PERSONNES
Préparation : 15 mn
Macération : 20 mn
Cuisson : 25 mn

125 g de foies de canard
75 g de lard gras haché
1 cuil. à soupe de crème fraîche épaisse
1 jaune d'œuf
6 pistaches décoquillées et grossièrement écrasées
1 cuil. à café d'armagnac
1 cuil. à soupe de porto
1 cuil. à soupe de raisins secs de Smyrne
1 pincée de quatre-épices
sel, poivre, beurre

1. Faire chauffer le porto, l'armagnac et les raisins de Smyrne dans une petite casserole. Retirer du feu et laisser gonfler 20 mn.

2. Mixer les foies avec le lard gras. Ajouter la crème fraîche, le jaune d'œuf, sel, poivre et quatre-épices. Mixer encore le tout en crème lisse. Verser dans une jatte et y mélanger les raisins avec leur jus de macération et les pistaches écrasées.

3. Beurrer largement une petite terrine à couvercle (ou 2 ramequins) et la remplir de la préparation. Couvrir et faire cuire 25 mn dans le four préchauffé à 170 °C. Laisser refroidir à température ambiante avant de mettre au froid.

*S*ervir *la friandise de canard dans sa terrine et accompagner d'une petite salade au vinaigre de xérès et de pain de campagne grillé.*
Ce plat peut se préparer plusieurs heures à l'avance, voire la veille.

Strogonov aux cèpes

POUR 2 PERSONNES
Préparation + cuisson : 20 mn
Réchauffage : 5 mn

250 g de filet de bœuf coupé en lanières fines
1 bocal de cèpes au jus
3 cuil. à soupe d'armagnac
1 cuil. à café de moutarde forte
1 cuil. à café de concentré de tomate
2 échalotes (50 g) hachées menu
3 cuil. à soupe de crème fraîche épaisse
40 g de beurre
sel, poivre à steak

1. Mettre les cèpes à égoutter au-dessus d'un bol pour en recueillir le jus.

2. Faire chauffer le beurre dans une grande poêle, sur feu vif. Lorsqu'il commence à prendre une couleur noisette, y jeter la viande. La faire dorer rapidement 2 mn en remuant constamment. Puis l'arroser d'armagnac et flamber.

3. Retirer la viande en laissant dans la poêle les sucs rendus. Verser les échalotes dans le jus et, tout en remuant, faire sécher les sucs et blondir légèrement les échalotes. Ajouter alors le jus des cèpes, le concentré de tomate, la moutarde, la crème fraîche, du sel et 1/2 cuillerée à café de poivre à steak. Mélanger, amener à ébullition et faire réduire cette sauce de moitié ou jusqu'à ce qu'elle soit onctueuse, sur feu doux. Ajouter les cèpes et laisser cuire et réduire encore quelques minutes. La sauce doit être courte. Y mélanger la viande et retirer du feu. Goûter et rectifier l'assaisonnement qui doit être bien relevé. Laisser refroidir, couvrir et réserver à température ambiante.

4. Pour servir. Réchauffer, sur feu moyen, jusqu'à début de cuisson. Verser dans un plat et accompagner de pâtes fraîches cuites *al dente*.

Buena vista

POUR 2 PERSONNES
Préparation : 5 mn
Macération : 15 mn
Réchauffage : 2 mn

5 cm de zeste d'orange
5 cm de zeste de citron
2 clous de girofle
3 cm de cannelle en bâton
2 petites pincées de cannelle en poudre (ou de cacao)
15 cl de whisky irlandais
30 cl de café chaud et fort
3 cuil. à café de sucre
1 bombe de crème fouettée
1 cerise confite

1. Verser le whisky dans une petite casserole. Ajouter les zestes d'agrumes, les clous de girofle, le bâton de cannelle et le sucre. Faire chauffer 3 mn sur feu moyen en remuant.

2. Retirer du feu et flamber (la flamme risquant d'être haute, ne pas procéder sous la hotte aspirante).

3. Laisser macérer 15 mn, filtrer au-dessus d'un bol. Remettre le liquide dans la casserole et réserver.

4. Pour servir, préparer le café, réchauffer le whisky et verser le tout dans 2 verres supportant la chaleur. Surmonter chacun d'eux d'un dôme de crème fouettée. Décorer avec 1 pincée de cannelle ou de cacao et 1/2 cerise confite.

Strogonov aux cèpes

RECEVOIR EN TOUTES OCCASIONS

Tendresse

Ce soir, au coin du feu, tout se joue sur la note tendre et romantique...

Menu

Petit blanc brûlot
Quiche aux oignons flambée
Jarret de veau
"Honnête homme"
Crème brûlée

Beaujolais

IDÉES DÉCO

Table : nappe de dentelle ou impression cachemire (vieux carré sur un juponné orange rouille), petite table dressée devant la cheminée ou une fenêtre... Couleurs sourdes et chaudes (orangé, bistre, rouille, carmin, saumon).

Vaisselle : argenterie et, pour la note romantique, un vieux service (celui d'une grand-mère par exemple) ou, à défaut, quelques assiettes chinées aux puces. Présenter le vin en carafe afin que les flammes des bougies s'y reflètent.

Éclairage : intime et doux avec des bougies sur la table (bougeoirs rustiques), ou une petite lampe en pâte de verre ou Gallé-Daum.

Fleurs : des roses (nacrées, orangées ou carmin selon le décor), réparties en petits bouquets dans toute la pièce.

Astuce : en l'absence de cheminée, disposer des bougies dans toute la pièce. Plier les serviettes en fleurs de lotus (voir p. 28) et glisser au centre de chacune un petit bouton de rose.

Apéritif : servir le petit blanc brûlot dans des verres à grog sur un plateau recouvert d'un napperon de dentelle.

LISTE DES COURSES

Décoration

Roses ▪ éventuellement tissu pour la nappe ▪ bougies de couleurs chaudes assorties à la nappe ▪

Cuisine

Prévoir à l'avance : 1 bouteille de vin blanc (muscadet, jurançon, sauvignon) ▪ cognac ou armagnac ▪ sucre roux ▪ cannelle en bâton ▪ noix muscade ▪ échalotes ▪ ail ▪ oignons ▪ tablette de bouillon de bœuf ▪ beurre ▪ œufs ▪ crème fraîche liquide UHT ▪ extrait de vanille ▪

Prévoir la veille : orange ▪ citron ▪ carottes ▪ pommes de terre fermes ▪ petits champignons ▪ tomate ▪ bouquet garni ▪ pâte à pizza ▪ poitrine fumée ▪ crème fraîche épaisse ▪ jarret de veau ▪ rognon de veau ▪ pain ▪

COMPTE À REBOURS

Décoration

À L'AVANCE	prévoir nappe, lampe et bougies, vaisselle et couverts ; nettoyer l'argenterie.
LA VEILLE	ménage, rangements et choix des vases.
LE MATIN	mise en place du décor.

Cuisine

LA VEILLE OU 3 H À L'AVANCE	le jarret de veau Honnête homme du point 1 au point 3 inclus.
2 H OU PLUS À L'AVANCE	la crème brûlée du point 1 au point 3 inclus ; la quiche aux oignons flambée points 1 et 2.
1 H À L'AVANCE	la crème brûlée point 4.
30 MN À L'AVANCE	terminer la quiche aux oignons flambée ; le petit blanc brûlot points 1 et 2.
AU DERNIER MOMENT	le petit blanc brûlot point 4.

Solution traiteur : remplacer la quiche aux oignons flambée par une quiche toute prête.

Plat pouvant être congelé : le jarret de veau Honnête homme.

MENUS À DEUX

Quiche aux oignons flambée

𝒫etit blanc brûlot

POUR 2 PERSONNES
Préparation et cuisson : 10 mn
Infusion : 10 à 15 mn

1/2 bouteille d'un bon petit vin blanc
(muscadet, jurançon ou sauvignon)
3 cuil. à soupe de sucre roux (ou blanc)
4 cuil. à soupe de cognac
1 lamelle de zeste d'orange
+ 1 lamelle de citron
2 cm de cannelle en bâton
1 pincée de noix muscade râpée

1. Prélever les lamelles de zeste d'orange et de citron à l'aide d'un couteau économe.

2. Faire chauffer le vin blanc et le sucre dans une casserole, sur feu vif, en remuant pour dissoudre le sucre.

3. Lorsque le vin commence à se couvrir de mousse, juste avant l'ébullition, réduire le feu au maximum. Ajouter les zestes, la cannelle et la muscade. Laisser infuser de 10 à 15 mn.

4. Pour servir, faire chauffer le cognac dans une petite casserole, le verser dans le vin, flamber et servir sans attendre dans des verres à grog ou des tasses un peu grandes.

Quiche aux oignons flambée

POUR 2 PERSONNES
Préparation : 10 mn
Cuisson : 10 à 15 mn

150 g de pâte à pizza toute faite
2 fines tranches de poitrine fumée
1 oignon moyen
2 cuil. à soupe de crème fraîche épaisse
30 g de beurre
sel, poivre, huile, farine

1. Peler et émincer l'oignon très finement. Couper la poitrine fumée en petits morceaux.

2. Faire chauffer la noisette de beurre dans une poêle sur feu moyen. Y faire fondre 1 mn la poitrine fumée. Ajouter l'oignon émincé et faire cuire 3 mn en remuant. Ajouter la crème fraîche, saler, poivrer et remuer jusqu'à épaississement de la crème (2 mn). Réserver.

3. Préchauffer le four à 270 °C. Étendre la pâte aussi fine que possible sur un plan de travail fariné. La poser sur une tôle à pâtisserie légèrement huilée. La saupoudrer de 2 pincées de farine. En couvrir le centre avec la préparation à l'oignon. Rouler les bords de la pâte. Faire cuire de 10 à 15 mn. Servir à l'apéritif avec le petit blanc brûlot.

Jarret de veau Honnête homme

POUR 2 PERSONNES
Préparation : 20 mn
Cuisson : 2 h

1 jarret de veau de 500 à 600 g
200 g de rognon de veau coupé en cubes
8 échalotes (200 g)
3 carottes moyennes
4 petites pommes de terre à chair ferme
200 g de petits champignons blancs
1 tomate
1 gousse d'ail
15 cl (3/4 verre) de bon vin blanc
1 croûton de pain ou 7 cm de baguette
1 bouquet garni (1 feuille de laurier + 1 branchette de thym + quelques brins de persil)
50 g de beurre
1 cuil. à soupe d'huile
1/2 tablette de bouillon de bœuf
sel, poivre, farine

1. Peler les échalotes et les réserver entières. Éplucher les pommes de terre, les couper en deux. Éplucher les carottes, les couper en quatre. Ôter la queue des champignons. Essuyer les têtes, les réserver. Plonger la tomate 30 secondes dans de l'eau bouillante, la peler et l'épépiner. Frotter le croûton de pain avec la gousse d'ail. Frotter le jarret de veau avec 1 cuillerée de farine.

2. Dans une cocotte, faire chauffer le beurre avec 1 cuillerée à soupe d'huile, sur feu moyen. Y faire dorer doucement le jarret et les échalotes en remuant 5 mn. Mettre les pommes de terre, les carottes, la tomate et les champignons. Remuer encore de 2 à 3 mn. Ajouter le croûton de pain, le bouquet garni, la demi-tablette de bouillon, et mouiller avec le vin blanc et 10 cl d'eau. Saler, poivrer, couvrir, réduire à feu doux et laisser mijoter pendant 1 h 30.

3. Ajouter les rognons, remuer, écraser le pain dans la sauce (il doit complètement se déliter). Faire cuire encore 30 mn. Servir dans la cocotte ou dans un plat creux.

Ce jarret peut se préparer plusieurs heures à l'avance et se réchauffer au moment du repas. Mais le parfum qui s'en échappe durant sa cuisson est si délicieux qu'il serait dommage d'en priver un "honnête homme".

Crème brûlée

Crème brûlée

POUR 2 PERSONNES
Préparation : 10 mn
Cuisson : 20 mn
Refroidissement : 1 h

20 cl de crème fraîche liquide
2 jaunes d'œufs
1 petite cuil. à café d'extrait de vanille
1 cuil. à soupe de sucre
2 cuil. à soupe de sucre roux

1. Battre les 2 jaunes avec une fourchette en ajoutant l'extrait de vanille et la cuillerée de sucre.

2. Faire chauffer la crème fraîche dans une petite casserole, sur feu doux, jusqu'à ce que des bulles se forment.

3. Verser doucement la crème bouillante sur les œufs en fouettant le mélange, puis filtrer à travers un tamis dans 2 ramequins. Les poser dans un bain-marie chaud et les faire cuire 20 mn dans le four préchauffé à 160 °C. Les retirer et les laisser refroidir.

4. Environ 1 h avant le repas, allumer le four sur gril. Saupoudrer les crèmes de sucre roux et les faire caraméliser sous le gril en surveillant. Le sucre doit dorer et former une croûte. Laisser refroidir jusqu'au moment de déguster.

La crème brûlée peut se préparer plusieurs heures à l'avance et être caramélisée au moment voulu.
Elle peut aussi être gardée au froid après avoir été caramélisée. Prévoir alors 2 h pour qu'elle soit bien glacée.

RECEVOIR EN TOUTES OCCASIONS

Plaisir d'été

Un moment de plaisir s'offre à vous : savourer à deux la douceur de l'été.

Menu

Melons fous
Safranée de Saint-Jacques
Corolles de fraises

Champagne blanc de blancs

IDÉES DÉCO

Table : installer la table sur une terrasse, un balcon, dans un jardin ou devant une fenêtre ouverte et fleurie. Choisir une nappe fleurie, style champêtre, voire un drap fleuri, ou une housse de couette, noué aux quatre coins. Pour une petite table, penser à un coupon de tissu, jamais très onéreux.

Vaisselle : opter pour une vaisselle unie de couleur ou blanche ou bien pour un service à fleurs se mariant avec le tissu de la nappe (sinon préférer une nappe blanche).

Éclairage : des photophores sur la table et éventuellement des torches de cires dans le jardin ou sur la terrasse (les planter, dans ce cas, dans du sable).

Fleurs : bouquet champêtre.

Astuce : plier les serviettes, même celles en papier, selon le modèle papillon d'un soir (voir p. 29) et les poser sur les assiettes.

LISTE DES COURSES

Décoration

Tissu fleuri pour la nappe ▪ photophores ▪ éventuellement fleurs champêtres (marguerites, bleuets, giroflées, campanules, soucis, dahlia,...) ▪

Cuisine

Prévoir à l'avance : porto blanc ▪ kirsch ▪ bocal d'œufs de saumon ▪ poivre rose ▪ fleurons en pâte feuilletée ▪ oignons ▪ safran ▪ Maïzena ▪ gelée de groseille ▪ crème fraîche liquide UHT ▪ sucre glace ▪

Prévoir la veille ou le jour même : melon ▪ saumon cru ▪ gingembre frais ▪ citrons ▪ menthe fraîche ▪ noix de coquilles Saint-Jacques ▪ champignons ▪ carotte ▪ poireau ▪ branche de céleri ▪ cerfeuil ▪ fraises ▪ framboises ▪ crème fraîche épaisse ▪ tuiles aux amandes ▪

COMPTE À REBOURS

Décoration

À L'AVANCE	prévoir table, nappe, serviettes, photophores et torches.
LA VEILLE	pliage des serviettes.
LE SOIR MÊME	mise en place du décor.

Cuisine

1 À 2 H À L'AVANCE	les melons fous du point 1 au point 3 inclus ; la safranée de Saint-Jacques point 1 ; les corolles de fraises du point 1 au point 3 inclus.
20 MN À L'AVANCE	les melons fous point 4 ; réchauffer les fleurons en pâte feuilletée.
AU MOMENT DE SERVIR	réchauffer la safranée de Saint-Jacques.

*S*olution traiteur : remplacer, dans les melons fous, la préparation au saumon cru par une salade au crabe achetée chez le traiteur.

Melons fous

Melons fous

POUR 2 PERSONNES
Préparation : 15 mn
Macération : 20 mn
Réfrigération : 20 mn

1 melon
200 g de filet de saumon cru
1 petit bocal d'œufs de saumon
10 cl de crème fraîche liquide
bien froide
1 cuil. à café de gingembre frais râpé
1 citron
quelques petites feuilles de menthe
6 baies de poivre rose
sel

1. Couper le filet de saumon en minuscules dés et les mettre dans un tamis. Les saupoudrer copieusement de sel fin en les secouant. Laisser macérer 20 mn.

2. Les rincer sous l'eau froide, les essuyer dans du papier absorbant, les verser dans une jatte. Y mélanger le gingembre râpé, les 6 baies de poivre rose écrasées (avec le manche d'un couteau) et la moitié du petit bocal d'œufs de saumon. Réserver au froid.

3. Partager le melon en deux, en dents de scie. Jeter les pépins, puis prélever 8 à 10 petites boules de chair à l'aide d'une cuillère à racine. Les mettre dans un bol, les arroser de 3 cuillerées à soupe de jus de citron et de 1 pincée de zeste râpé. Réserver au froid, ainsi que les 2 demi-melons évidés. Poser ceux-ci à l'envers sur une assiette afin qu'ils s'égouttent.

4. Pour servir (20 mn à l'avance), égoutter les boules de melon, les mélanger au saumon cru. Fouetter la crème fraîche en chantilly ferme et l'incorporer délicatement au mélange précédent. Ajouter 4 feuilles de menthe finement ciselées et remplir les demi-melons de cette préparation. Décorer du reste d'œufs de saumon, piquer quelques petites feuilles de menthe. Remettre 20 mn au réfrigérateur. Présenter sur assiette.

Safranée de Saint-Jacques

POUR 2 PERSONNES
Préparation + cuisson : 20 mn + 5 mn
au moment de servir

*10 noix de coquilles Saint-Jacques
avec corail (fraîches ou surgelées)
8 à 10 fleurons en pâte feuilletée
4 petits champignons bien blancs
et très frais
1 carotte bien droite
1 blanc de poireau
1 petite branche tendre
de céleri-branche
1 petit oignon
1 petit bouquet de cerfeuil frais
2 cuil. à soupe de jus de citron
10 cl de crème fraîche
1 petite dose de safran en poudre
2 cuil. à soupe de porto blanc
1 cuil. à café rase de Maïzena
50 g de beurre
sel, poivre*

1. Peler la carotte et la couper en 4 ou 5 tranches dans la longueur. Tailler chaque tranche en bâtonnets aussi fins que possible. Couper le blanc de poireau en tronçons d'environ 4 cm, puis chaque tronçon en deux dans l'épaisseur et chaque demi-tronçon en filaments. Émincer finement la petite branche de céleri ainsi que l'oignon. Ôter la queue des champignons. Essuyer les têtes et les tailler en fines lamelles. Mettre tous ces légumes dans une jatte et les arroser de jus de citron.

2. Escaloper les noix de coquilles Saint-Jacques en deux ou trois dans l'épaisseur, laisser le corail entier. Dans une poêle, faire chauffer 25 g de beurre, sur feu vif. Lorsqu'il est brûlant, y jeter les coquilles Saint-Jacques, remuer 30 secondes, saler, poivrer, puis les retirer et les réserver sur une assiette.

3. Mettre le beurre restant à fondre dans la poêle, sur feu doux. Ajouter les légumes. Remuer 1 mn, ajouter la crème fraîche, le porto, le safran, sel et poivre. Laisser mijoter 5 mn. Lier légèrement cette sauce avec la Maïzena délayée dans 2 cuillerées à soupe d'eau froide. Y remettre les coquilles Saint-Jacques, remuer encore quelques secondes. La sauce doit alors être juste veloutée. Retirer du feu.

4. Pour servir, faire chauffer les fleurons de 10 à 15 mn dans le four à 170 °C. Réchauffer doucement la safranée de Saint-Jacques (sans faire bouillir) et la répartir sur 2 assiettes. Parsemer le dessus de cerfeuil ciselé et entourer des fleurons disposés en couronne. Servir immédiatement.

Corolles de fraises

POUR 2 PERSONNES
Préparation : 25 mn
Réfrigération : 1 h

*500 g de belles fraises
150 g de framboises fraîches
ou surgelées
2 cuil. à soupe de kirsch
2 cuil. à soupe de gelée de groseille
2 cuil. à soupe de jus de citron
1 à 2 cuil. à soupe de sucre glace*

1. Essuyer les fraises avec du papier absorbant légèrement humide. Ôter les queues, mais sans les jeter (elles serviront pour la décoration). Réserver 2 belles fraises entières, couper le reste en lamelles. Choisir les plus jolies lamelles, les disposer en cercles concentriques sur 2 assiettes en commençant par le bord de l'assiette et en les faisant chevaucher comme les pétales d'une fleur. Placer 1 fraise entière au centre de chaque corolle.

2. Mixer le reste des lamelles de fraises avec les framboises et le jus de citron. Verser cette pulpe dans une petite casserole et la faire chauffer. La filtrer en raclant le fond du tamis pour recueillir le maximum de jus. Remettre celui-ci à chauffer, sur feu doux, en y ajoutant le kirsch et la gelée de groseille. Remuer jusqu'à mélange homogène. Goûter et ajouter de 1 à 2 cuillerées de sucre glace. Laisser mijoter 5 mn. Retirer du feu et laisser refroidir.

3. Étaler délicatement de 2 à 3 cuillerées à soupe de ce coulis sur chaque corolle de manière à les glacer, mais sans les masquer. Verser le reste dans une saucière. Entourer les corolles avec les queues de fraises. Mettre le tout 1 h au réfrigérateur (pas plus longtemps, car l'aspect des fraises risquerait alors de se modifier). Servir avec des tuiles aux amandes ou des langues de chat.

MENUS À DEUX

Corolles de fraises

RECEVOIR EN TOUTES OCCASIONS

Indolence

Les enfants sont chez les grands-parents, un brunch paresseux s'annonce !

Menu

Salade de pamplemousse aux crevettes
Gâteau d'œufs au bacon
Crumble pommes-amandes

Café, thé, chocolat, jus de fruits

IDÉES DÉCO

Table : installer le couvert sur un plateau de lit ou sur un simple plateau, le plus grand possible. Le recouvrir d'un napperon, d'un set de table ou de jolies serviettes en papier. Débarrasser les tables de chevet afin de pouvoir y poser cafetière, théière, carafe de jus de fruits, corbeille de pain et les quelques plats. À défaut de tables de chevet, disposer de petites tables autour du lit.

Vaisselle : service à petit déjeuner du dimanche, assiettes à dessert ou à gâteau, jolies corbeilles pour les toasts et les croissants.

Éclairage : naturel, complété par des lampes de chevet s'il fait sombre.

Fleurs : petit bouquet de violettes ou autres petites fleurs sur le plateau.

Astuce : apporter la cafetière électrique dans la chambre.

LISTE DES COURSES

Décoration

Petites fleurs pour le plateau ■

Cuisine

Prévoir à l'avance : café ■ thé ■ ketchup ■ miel ■ œufs ■ amandes en poudre ■ crème fraîche liquide UHT ■ jus de fruits ■

Prévoir la veille ou l'avant-veille : pamplemousses ■ pommes ■ bocal de crevettes décortiquées ■ poitrine fumée ■ ciboulette fraîche ou surgelée ■ citron ■ blinis ■

COMPTE À REBOURS

Décoration

LA VEILLE	préparer la vaisselle ; débarrasser les tables de chevet ou préparer, si nécessaire, les petites tables et dresser éventuellement le plateau ; acheter les fleurs.
LE MATIN	dresser le décor.

Cuisine

30 MN À L'AVANCE	le crumble pommes-amandes points 1 et 2 inclus ; la salade de pamplemousse aux crevettes points1 et 2.
10 MN À L'AVANCE	réaliser le gâteau d'œufs au bacon ; faire chauffer les blinis 5 mn dans le micro-ondes, enveloppés d'un film micro-ondes, ou 15 mn dans le four, enveloppés dans de l'aluminium ménager.

*S*olution traiteur : choisir l'une seulement des recettes proposées et l'accompagner de toasts confiture et d'un bon jus d'orange.

Salade de pamplemousse aux crevettes

𝒮alade de pamplemousse aux crevettes

POUR 2 PERSONNES
Préparation : 10 mn
Réfrigération : 20 mn

2 pamplemousses
1 petit bocal de crevettes décortiquées
1/2 pomme
2 cuil. à soupe de vinaigre
2 cuil. à soupe d'huile
1 cuil. à café de ketchup
1 grosse cuil. à café de miel fluide
sel, poivre

1. Mélanger dans un saladier le vinaigre, l'huile, le ketchup, le miel, sel et poivre.

2. Peler les pamplemousses à vif. Les séparer en tranches, retirer la membrane blanche. Couper chaque tranche en deux et les jeter dans la vinaigrette. Ajouter la demi-pomme taillée en fines lamelles avec la peau et les crevettes égouttées. Mélanger, mettre au réfrigérateur 20 mn.

3. Servir dans des coupelles en présentant joliment avec les quartiers de pomme en éventail.

Gâteau d'œufs au bacon

POUR 2 PERSONNES
Préparation : 5 mn
Cuisson : 10 mn

6 tranches fines de poitrine fumée
4 œufs
1 cuil. à soupe de farine
10 cl de crème fraîche liquide
1 cuil. à soupe de ciboulette ciselée
1 cuil. à café d'huile
25 g de beurre
sel, poivre

1. Dans une poêle antiadhésive, faire chauffer l'huile et le beurre, sur feu moyen. Y faire dorer les tranches de poitrine fumée jusqu'à ce qu'elles soient croustillantes. Les retirer en laissant la graisse dans la poêle.

2. Dans le mixeur, mélanger les œufs, la farine, la crème fraîche, sel et poivre, en un mélange homogène.

3. Remettre la poêle avec la graisse sur feu doux et y verser la préparation précédente. Faire cuire doucement 5 mn pour obtenir une omelette crémeuse, en glissant de temps en temps une spatule en bois sur le fond pour éviter qu'elle n'attache. Recouvrir avec les tranches de poitrine fumée, saupoudrer de ciboulette et faire cuire encore 3 mn. Glisser sur un plat et découper comme une tarte.

Le gâteau d'œufs au bacon peut se déguster avec du pain frais ou des blinis, réchauffés 10 mn dans le four.

Crumble pommes-amandes

POUR 2 PERSONNES
Préparation : 10 mn
Cuisson : 20 mn

2 pommes aigrelettes
2 cuil. à soupe de miel fluide
1 cuil. à soupe de jus de citron
50 g de beurre mou + 1 noisette
2 cuil. à soupe de sucre
2 cuil. à soupe d'amandes en poudre
1 pincée de sel

1. Préchauffer le four à 200 °C. Beurrer un moule ou un plat en porcelaine à feu. Peler les pommes, les couper en tranches fines et les disposer dans le moule. Arroser de miel et de jus de citron.

2. Dans une jatte, mélanger le beurre mou avec les amandes en poudre, le sucre et le sel de manière à obtenir un sable grumeleux. Verser sur les pommes. Faire cuire 20 mn dans le four. Servir tiède à la cuillère.

Le crumble peut se préparer la veille et se faire réchauffer le jour même.
Vous pouvez le servir avec de la crème fraîche.

MENUS À DEUX

Gâteau d'œufs au bacon

Menus à Quatre

Dans un jardin : déjeuner d'été
Entre amis : dîner de copains
Page blanche : inviter ses beaux-parents
Venez dîner ce soir : invitation de dernière minute
Signature : dîner d'affaires

Les dîners à quatre ne sont pas si faciles à réussir. Le petit nombre de convives laisse une grande place à la qualité des plats, et vous ne pouvez vous éclipser à la cuisine sans que votre absence soit embarrassante.
Ambiance chaleureuse et assiettes bien remplies pour un dîner de copains, classicisme discret pour recevoir ses beaux-parents, grande tradition pour un repas d'affaires, spontanéité et cuisine imaginative pour une invitation de dernière minute, fraîcheur et gaieté pour un déjeuner au jardin.
Voici cinq occasions très différentes et cinq solutions pour y faire face avec aisance.
Les plats appropriés à chaque situation ont été minutieusement choisis, la décoration pensée en fonction de ces plats et de l'occasion mise en scène.
Vous serez ainsi une hôtesse remarquée que rien ne prendra au dépourvu.

RECEVOIR EN TOUTES OCCASIONS

Dans un jardin

Gaieté et douceur de vivre sont au programme de ce déjeuner d'été.

Menu

Vin de pêche
Croque-légumes
Potage glacé au concombre
Chachlik de thon
Haricots verts à l'étouffée
Fraises en gelée d'Anjou

Cabernet d'Anjou

IDÉES DÉCO

Table : dresser la table dans un coin ombragé du jardin ou de la terrasse. Préférer des sets de table (raphia, paille, bambou, liège, bois ou même en matelassé à fleurs) plutôt qu'une nappe. Remplacer éventuellement les sets par de beaux torchons à carreaux ou de jolies serviettes.

Vaisselle : choisir le service le plus gai, agrémenté au besoin de dessous d'assiettes en carton.

Fleurs : composer un bouquet de légumes et fleurs (voir pp. 32-33).

Astuce : disposer harmonieusement sur la table quelques petites branches de pêcher en fleurs.

LISTE DES COURSES

Décoration

Dessous d'assiettes en carton ▪ matériel pour le bouquet légumes et fleurs ▪

Cuisine

Prévoir à l'avance : vin blanc fruité ▪ liqueur de pêche ▪ vin rosé d'Anjou ▪ kirsch ▪ Perrier ▪ crousti-pommes ou chips aux crevettes ▪ cerneaux de noix ▪ huile d'olive ▪ oignons ▪ échalotes ▪ noix muscade ▪ paprika doux ▪ thym ▪ laurier ▪ gelée de groseille ▪ graines de cardamome ▪ gélatine ▪ crème fraîche liquide UHT ▪

Prévoir la veille : 6 feuilles de pêcher ▪ citrons ▪ pêches blanches ▪ Boursin à l'ail et aux fines herbes ▪ petits-suisses ▪ radis ▪ carottes ▪ céleri-branche ▪ concombre ▪ yaourt ▪ cerfeuil ▪ thon frais ▪ haricots verts ▪ tomates ▪ basilic ▪ ail frais ▪ fraises ▪ menthe fraîche ▪

COMPTE À REBOURS

Décoration

À L'AVANCE	prévoir les sets de table.
LA VEILLE AU SOIR	composer le bouquet de légumes et de fleurs.
LE MATIN	dresser la table.

Cuisine

LA VEILLE	le vin de pêche point 1.
3 H À L'AVANCE	les fraises en gelée d'Anjou du point 1 au point 7 inclus.
2 H À L'AVANCE	le vin de pêche point 2 ; le croque-légumes du point 1 au point 3 inclus ; le potage glacé au concombre points 1 et 2 ; le chachlik de thon point 1.
15 MN À L'AVANCE	les haricots verts à l'étouffée du point 1 au point 4 inclus ; terminer le croque-légumes point 4.
AU MOMENT VOULU	servir le vin de pêche point 4 avec le croque-légumes ; puis servir le potage glacé au concombre point 3 ; préparer les brochettes de chachlik de thon point 2 ; terminer les haricots verts à l'étouffée point 5.
AVANT DE SERVIR	démouler les fraises en gelée d'Anjou point 8.

*S*olution traiteur : remplacer les fraises en gelée d'Anjou par une jatte de fraises à la crème.

Vin de pêche et croque-légumes

Vin de pêche

POUR 4 PERSONNES
Préparation : 10 mn
Macération : 1 nuit + 2 h

6 feuilles de pêcher fraîches ou sèches
1 spirale longue et fine de zeste de citron
1 bouteille de bon vin blanc fruité
10 cl (1/2 verre) de liqueur de pêche
1 petite bouteille de Perrier
2 à 3 pêches blanches très parfumées

1. Mettre les feuilles de pêcher et le zeste de citron à macérer avec le vin blanc dans une boîte plastique munie d'un couvercle. Laisser pendant 1 nuit au réfrigérateur.

2. Le lendemain. Ajouter les pêches pelées et coupées en morceaux et la liqueur de pêche. Remettre 2 h au froid.

3. Pour servir, verser le vin de pêche dans une jatte en verre, ajouter le Perrier et servir à la louche.

Croque-légumes

POUR 4 PERSONNES
Préparation : 15 mn
Réfrigération : 1 h

1 Boursin à l'ail et aux fines herbes
2 petits-suisses
1 échalote finement hachée
2 pincées de poivre
1 botte de petits radis
2 carottes
4 branches tendres de céleri-branche
1 sachet de crousti-pommes ou de chips aux crevettes

1. Mélanger le Boursin, les petits-suisses, l'échalote, poivre.

2. Tapisser l'intérieur d'un bol avec un film plastique et y presser le mélange précédent. Mettre 1 h ou plus au réfrigérateur, puis démouler sur une assiette.

3. Éplucher les radis, les tailler en forme de fleur, les jeter au fur et à mesure dans une grande jatte d'eau additionnée de glaçons. Y ajouter les carottes pelées et taillées en longs bâtonnets ainsi que les branches de céleri. Réserver au froid.

4. Pour servir, piquer les carottes et le céleri dans la préparation au Boursin et décorer le tour de l'assiette avec les radis. Accompagner de crousti-pommes ou de chips aux crevettes.

Potage glacé au concombre

POUR 4 PERSONNES
Préparation : 10 mn + 15 mn de repos
Réfrigération : 2 h

1 concombre
1 grand pot de yaourt velouté
ou de Fjord
100 g de cerneaux de noix hachés
1 petite gousse d'ail + 1 petite échalote
finement hachées
1 petit bouquet de cerfeuil frais ciselé
sel, poivre, huile d'olive

1. Peler et épépiner le concombre. Le couper en très petits dés et le saupoudrer avec 1 cuillerée à café bombée de sel. Laisser macérer 15 mn, puis verser dans une passoire et rincer sous l'eau froide. Bien égoutter.

2. Dans une jatte, mélanger le yaourt, les noix, 3 cuillerées à soupe d'huile d'olive, le hachis ail-échalote, la moitié du cerfeuil, 1 cuillerée à café de sel et 1 bonne pincée de poivre. Ajouter le concombre et mélanger le tout. Mettre au froid 2 h.

3. Pour servir, verser le potage glacé au concombre dans des assiettes creuses. Saupoudrer du reste de cerfeuil et servir immédiatement.

Ce potage peut éventuellement être accompagné de crème fraîche liquide que chacun versera dans son assiette.

Chachlik de thon

POUR 4 PERSONNES
Préparation : 15 mn
Macération : 2 à 3 h
Cuisson : 10 mn sur le barbecue

600 g de thon frais
2 gros oignons + 1 petit
1 cuil. à soupe rase de paprika doux
10 cl (1/2 verre) de jus de citron
1 cuil. à soupe d'huile d'olive
2 feuilles de laurier frais
1 branchette de thym
1 cuil. à café de sel
1 pincée de noix muscade râpée
1 bonne pincée de poivre

1. Couper les 2 gros oignons en quatre et émincer finement le petit. Couper le thon en cubes de 3 cm. Les mettre avec le jus de citron, l'huile d'olive, le laurier, le thym, le petit oignon émincé, la noix muscade, le sel et le poivre et les laisser macérer de 2 à 3 h au réfrigérateur. Remuer de temps en temps.

2. Préparer les brochettes. Égoutter les cubes de thon, les enfiler sur 8 brochettes moyennes en intercalant des morceaux d'oignon cru. Saupoudrer de paprika doux et faire griller 5 mn de chaque côté sur le barbecue (ou sous le gril du four). Servir 2 brochettes par assiette accompagnées des haricots verts à l'étouffée.

Haricots verts à l'étouffée

POUR 4 PERSONNES
Préparation : 15 mn
Cuisson : 30 mn

1 kg de haricots verts
2 oignons
3 tomates
1 gousse d'ail
1 cuil. à soupe de basilic ciselé
3 cuil. à soupe d'huile d'olive
le jus de 1 citron
sel, poivre

1. Équeuter les haricots verts et les effiler. Peler et émincer les oignons, éplucher la gousse d'ail et la hacher finement. Ébouillanter les tomates, les peler et retirer les graines.

2. Dans une sauteuse, faire chauffer l'huile d'olive, sur feu moyen, et y faire blondir 5 mn les oignons et l'ail en remuant.

3. Ajouter la chair de tomates et laisser cuire jusqu'à ce qu'elle soit fondue (de 5 à 6 mn).

4. Ajouter les haricots verts lavés et égouttés, saler, poivrer. Couvrir, réduire à feu doux, laisser mijoter de 30 à 40 mn.

5. Au moment de servir, y mélanger le basilic et le jus de citron.

Chachlik de thon et haricots verts à l'étouffée

Fraises en gelée d'Anjou

POUR 4 PERSONNES
Préparation : 40 mn
Réfrigération : 3 h au minimum

500 g de belles fraises mûres mais fermes
25 cl de vin rosé d'Anjou
2 cuil. à soupe de gelée de groseille
4 cuil. à soupe de sucre
2 graines de cardamome
1 cuil. à soupe de kirsch
5 feuilles de gélatine (10 g)
20 cl de crème fraîche liquide
4 petites feuilles de menthe

1. Mettre 4 petites coupelles (ou 4 tasses à thé) dans le congélateur le temps de préparer la gelée.

2. Faire ramollir la gélatine dans une jatte d'eau froide.

3. Dans une casserole, faire chauffer, sur feu doux, le vin d'Anjou avec 15 cl d'eau, la gelée de groseille, le sucre et la cardamome. Remuer pour bien amalgamer le tout. Lorsque le mélange est chaud et le sucre bien fondu, ajouter le kirsch et la gélatine égouttée. Retirer du feu, mélanger pour dissoudre totalement la gélatine. Verser dans une jatte et laisser refroidir jusqu'à consistance nappante mais pas en gelée (environ 1 h). Retirer la cardamome.

4. Verser 1 cm de gelée d'Anjou au fond des coupelles (ou tasses). Les ranger sur un plateau et les mettre au réfrigérateur.

5. Essuyer les fraises, les équeuter. En réserver 2 pour la décoration et couper le reste en quatre.

6. Disposer une rosace de quartiers de fraises sur la gelée d'Anjou qui sera prise dans les coupelles. Recouvrir les fraises de gelée fluide. Remettre 10 mn au réfrigérateur.

7. Recommencer en rangeant une couche épaisse et serrée de quartiers de fraises. Noyer de gelée fluide. Mettre de 3 à 4 h au réfrigérateur.

8. Pour servir, démouler les fraises en gelée d'Anjou en faisant d'abord pénétrer un peu d'air entre la gelée et le bord de la coupelle. Puis démouler sur une assiette. Couper les 2 fraises réservées en lamelles et en décorer le dessus. Piquer les petites feuilles de menthe au centre. Napper le fond de l'assiette avec la crème fraîche liquide.

RECEVOIR EN TOUTES OCCASIONS

Entre amis

Les copains sont là, un seul mot d'ordre : "à la bonne franquette !"

Menu

Salade paysanne
Côte de bœuf à la fleur de sel
Pommes de terre aux oignons
Tarte aux pommes rustique

Beaujolais

IDÉES DÉCO

Table : choisir une nappe à carreaux, style alsacien, avec des serviettes assorties ou d'une couleur différente mais s'harmonisant bien avec l'ensemble (serviettes rouges avec nappe à carreaux bleus et blancs). Dresser la table dans la cuisine si c'est possible.

Vaisselle : de préférence une vaisselle rustique (grès, terre ou faïence) avec des verres de couleur ou, à défaut, une vaisselle unie, blanche ou de couleur. Pour recréer une ambiance terroir, sortir divers accessoires (corbeille à pain en osier, pichets rustiques pour le vin et l'eau, pots en grès pour les cornichons et la moutarde, etc.) (voir p. 15). Opter pour des couteaux de cuisine à manche de bois.

Éclairage : chaleureux, avec une grosse lampe posée sur la table. S'il y a un plafonnier au-dessus de la table, le juponner d'un tissu assorti à la nappe (foulard, torchon à carreaux...).

Fleurs : bouquet champêtre présenté dans un pichet en grès ou un pot à gros sel ou encore dans un bocal caché dans un panier.

Astuce : servir la côte de bœuf sur une planche à découper.

LISTE DES COURSES

Décoration

Éventuellement nappe rustique ■ fleurs champêtres (marguerites, anémones, soucis, etc.) ■

Cuisine

Prévoir la veille : pommes de terre ■ cervelas ■ cornichons à l'aigre-doux ■ pommes ■ filets de harengs ■ mayonnaise ■ crème fraîche épaisse ■ côte de bœuf ■ fleur de sel ■ oignons ■ échalotes ■ raisins secs ■ amandes en poudre ■ cannelle en poudre ■

Prévoir le jour même : cerfeuil ou ciboulette ■ pommes de terre surgelées ■ pâte feuilletée ■ œufs ■ pain aux noix ou aux raisins ■

COMPTE À REBOURS

Décoration

À L'AVANCE	prévoir nappe, vaisselle et éclairage ; recenser les différents accessoires.
LA VEILLE	mise en place du décor.
LE JOUR MÊME	fleurs et finition du couvert.

Cuisine

2 H À L'AVANCE	préparer la tarte aux pommes rustique et la faire cuire ; faire cuire les pommes de terre en robe des champs et durcir les œufs.
1 H 30 À L'AVANCE	préparer la salade paysanne et la mettre au réfrigérateur ; la côte de bœuf points 1 et 2.
30 MN À L'AVANCE	pommes de terre aux oignons points 1 et 2.
AU MOMENT VOULU	côte de bœuf points 3 et 4 ; pommes de terre aux oignons point 3.

Solution traiteur : remplacer la salade paysanne par une salade au choix achetée chez le traiteur.

MENUS À QUATRE

Côte de bœuf à la fleur de sel

Salade paysanne

POUR 4 PERSONNES
Préparation et cuisson : 30 mn

4 grosses pommes de terre
150 à 200 g de cervelas
1 pomme
2 filets de harengs à l'huile
2 œufs durs
2 cornichons à l'aigre-doux
1 oignon
2 cuil. à soupe de mayonnaise toute prête
2 cuil. à soupe de crème fraîche épaisse
3 cuil. à soupe de vinaigre
1/2 cuil. à café de sucre
1 petit bouquet de cerfeuil
sel, poivre

1. Faire cuire les pommes de terre en robe des champs (20 mn), les égoutter et les laisser tiédir.

2. Verser le vinaigre dans un saladier. Ajouter l'oignon haché et la pomme épluchée et coupée en petits cubes, mélanger. Couper de la même manière les pommes de terre pelées, le cervelas et les cornichons, les ajouter au fur et à mesure dans le saladier sans mélanger, ainsi que les filets de harengs taillés en languettes.

3. Mélanger dans un bol la mayonnaise avec la crème fraîche, sel, poivre et sucre. En napper entièrement la salade.

4. Écraser séparément les jaunes et les blancs des œufs durs avec une fourchette. Décorer le dessus de la salade en alternant jaunes et blancs d'œufs. Parsemer de cerfeuil, ou de ciboulette, ciselé. Réserver au froid jusqu'au moment de servir. Mélanger la salade paysanne avant de la présenter au premier invité. Accompagner de pain aux noix ou aux raisins.

Côte de bœuf à la fleur de sel

POUR 4 PERSONNES
Préparation : 5 mn
Cuisson : 16 à 20 mn
bleu: 7 mn de chaque côté
saignant : 8 mn de chaque côté
rosé : 10 mn de chaque côté

1 côte de bœuf de 1 kg
4 grosses échalotes
4 cuil. à café bombées de fleur de sel
50 g de beurre mou
poivre

1. Hacher les échalotes. Les mélanger avec le gros sel, le beurre et du poivre.
2. En tartiner les deux faces de la côte de bœuf et laisser reposer à température ambiante.
3. Préchauffer le four sur gril. Faire griller la côte de bœuf de 8 à 10 mn de chaque côté, 20 mn avant de la manger.
4. Au moment de servir, présenter la côte de bœuf sur une planche et la découper selon les indications de la p.53. Servir avec les pommes de terre aux oignons.

Pommes de terre aux oignons

POUR 4 PERSONNES
Préparation et cuisson : 20 mn

800 g de pommes de terre en petits cubes surgelés
100 g de beurre
2 cuil. à soupe d'huile
2 gros oignons émincés
sel, poivre, sucre

1. Dans une poêle, faire chauffer 1 cuillerée à soupe d'huile et la moitié du beurre, sur feu moyen. Y faire dorer les oignons, en remuant, jusqu'à ce qu'ils soient caramel.
2. Ajouter 1/2 cuillerée à café de sucre, faire dorer encore 1 mn, puis retirer de la poêle et réserver.
3. Faire chauffer le reste d'huile et de beurre à nouveau dans la poêle sur feu vif. Y faire dorer 5 mn les pommes de terre en les remuant. Ajouter les oignons. Réduire le feu et laisser cuire encore 3 mn. Saler et servir avec la côte de bœuf.

Tarte aux pommes rustique

POUR 4 PERSONNES
Préparation : 20 mn
Cuisson : 30 mn

1 pâte feuilletée toute prête
4 grosses pommes
1 poignée de raisins secs
50 g de beurre
3 cuil. à soupe de sucre
2 cuil. à soupe d'amandes en poudre
1 cuil. à café de cannelle en poudre

1. Préchauffer le four à 210 °C. Garnir un moule à tarte de 24 cm de diamètre avec la pâte feuilletée.
2. Éplucher les pommes, les couper en grosses lamelles, les ranger sur la pâte. Les recouvrir de raisins secs et d'amandes en poudre.
3. Mélanger le sucre et la cannelle et en saupoudrer la tarte. Parsemer de petits flocons de beurre. Faire cuire 30 mn dans le four. Servir tiède.

Tarte aux pommes rustique

RECEVOIR EN TOUTES OCCASIONS

Page blanche

Ce soir vous recevez vos beaux-parents. Jouez-la classique avec une touche personnelle.

Menu

Apéritif champagne ou kir royal
Terrine de Saint-Jacques
avec sa sauce verdurette
Poularde à la Ninon avec pâtes fraîches
Mêlée de pêches

Chablis, saint-julien

IDÉES DÉCO

Table : éviter les couleurs trop criardes, les motifs trop fantaisistes et choisir une nappe élégante, bien repassée. En cas d'hésitation, opter pour une nappe blanche (damassé, lin ou autre…), toujours du plus grand effet.

Vaisselle : prendre un service en fonction duquel seront assorties la nappe et les fleurs. Sortir l'argenterie, les verres les plus beaux, ainsi que des porte-couteaux. Penser au nombre de verres qu'il faudra selon les vins choisis. Garnir d'un napperon une jolie corbeille pour le pain. Présenter le vin en carafe. Il est possible de se permettre un peu de fantaisie dans le choix des accessoires, sans tomber dans le ridicule (porte-couteaux, salière et poivrière…).

Éclairage : ni trop fort ni trop faible, les personnes d'un certain âge aimant voir ce qu'elles ont dans leur assiette !

Fleurs : un bouquet rond (voir pp. 30-31).

Astuce : mettre en valeur ce jour-là les cadeaux que les beaux-parents ont pu faire. Plier les serviettes (voir pp. 28-29).

LISTE DES COURSES

Décoration

Matériel pour le bouquet rond ■

Cuisine

Prévoir à l'avance : armagnac ■ vin blanc ■ porto blanc ■ Cointreau ■ champagne pour l'apéritif ■ œufs ■ quatre-épices ■ mayonnaise ■ 1 boîte de champignons ■ tablette de bouillon de volaille ■ 1 petite boîte de miettes de truffe ■ pêches au sirop en boîte ■ amandes effilées ■ écorce de citron confite ■ gâteaux secs pour l'apéritif ■

Prévoir la veille : noix de coquilles Saint-Jacques ■ crevettes décortiquées ■ filet de grenadier (ou de merlan) ■ filet de saumon (ou de truite saumonée) ■ crème fraîche épaisse ■ ciboulette ■ pain de mie ■ oseille (fraîche ou surgelée) ■ cerfeuil ■ 1 poulet fermier ■ pâtes fraîches ou pommes de terre ■ sorbet à la pêche ■ tuiles aux amandes ■

COMPTE À REBOURS

Décoration

À L'AVANCE	choisir la nappe et la repasser ainsi que les serviettes ; essuyer les verres, nettoyer l'argenterie ; choisir les accessoires.
LA VEILLE	dresser la table en veillant à ce que la nappe ne comporte pas de plis ; choisir le vase pour le centre de table et y installer l'oasis, mise à tremper au préalable.
LE JOUR MÊME	composer le bouquet et fignoler le tout.

Cuisine

LA VEILLE	la terrine de Saint-Jacques du point 1 au point 4 inclus.
2 H À L'AVANCE	préparer la poularde à la Ninon du point au point 3 inclus, mais arrêter la cuisson à 25 mn ; la sauce verdurette, la mêlée de pêches points 1 et 2 ; faire cuire les pâtes fraîches *al dente*, les égoutter, les rincer sous l'eau froide.
30 MN À L'AVANCE	découper la terrine de Saint-Jacques point 5 et la remettre au froid.
10 MN AVANT DE PASSER À TABLE	poser la terrine de Saint-Jacques sur la table afin de ne pas la servir glacée ; mettre à chauffer une casserole d'eau salée additionnée de 2 cuillerées à soupe d'huile pour réchauffer les pâtes au moment voulu.
AU MOMENT DE PASSER À TABLE	réchauffer la poularde à la Ninon point 5 ; sortir le sorbet du congélateur et le mettre au réfrigérateur.
AU MOMENT DE GARNIR LA POULARDE	jeter les pâtes précuites dans l'eau bouillante, les faire chauffer 1 mn, les égoutter et les servir.

Terrine de Saint-Jacques

Terrine de Saint-Jacques

POUR 4 À 6 PERSONNES
Préparation : 1 h + 30 mn de repos
Cuisson : 1 h
Réfrigération : 1 nuit

2 grosses noix de coquilles Saint-Jacques avec corail
100 g de crevettes roses décortiquées
200 g de filet de grenadier (ou de merlan)
200 g de filet de saumon ou de truite saumonée
3 œufs, blancs séparés des jaunes
50 g de beurre
2 cuil. à soupe de crème fraîche épaisse
3 tranches de pain de mie
4 cuil. à soupe d'armagnac
1 cuil. à soupe de ciboulette ciselée
1 pincée de quatre-épices
sel, poivre, beurre

1. **La veille.** Chauffer à noisette la moitié du beurre dans une poêle. Y faire revenir 2 mn les noix de Saint-Jacques en les secouant. Les arroser de 2 cuillerées à soupe d'armagnac et les flamber. Les égoutter sur un bol afin d'en recueillir le jus. Procéder de même pour les crevettes. Réserver le tout.

2. Préparer la farce de poisson. Retirer la croûte du pain et malaxer la mie dans le jus des coquilles Saint-Jacques et des crevettes. Couper le grenadier en petits morceaux et les mixer en purée à vitesse moyenne. Sans cesser de mixer, ajouter la mie, les jaunes d'œufs un par un, la crème fraîche, 1 cuillerée à café de sel, 1/2 cuillerée à café de poivre et le quatre-épices. Lorsque le mélange est homogène, le verser dans une jatte et ajouter la ciboulette. Laisser reposer de 30 mn à 1 h au réfrigérateur.

3. Fouetter les 3 blancs d'œufs en neige avec 1 pincée de sel. En incorporer d'abord le tiers dans la farce, puis le reste délicatement.

4. Garnir la terrine. Préchauffer le four à 180 °C. Beurrer largement une terrine à couvercle. Couper les noix de Saint-Jacques en deux dans l'épaisseur ainsi que le corail. Tailler le filet de saumon en lanières de la largeur d'un doigt. Étaler la farce en une couche de 1 cm au fond du moule. Recouvrir d'une rangée de coquilles Saint-Jacques séparée d'une rangée de crevettes par des lanières de saumon (la moitié des ingrédients doit être utilisée). Étaler une seconde couche (2 cm) de farce de poisson et ranger le reste des fruits de mer en commençant par les crevettes. Terminer par une couche épaisse de farce. Fermer la terrine. La placer dans un bain-marie rempli aux deux tiers de sa hauteur et faire cuire 1 h dans le four. Si la surface est ferme sous le doigt, la terrine est cuite. La laisser refroidir avant de la mettre pour 1 nuit au réfrigérateur, couverte d'un film plastique.

5. **Le jour même.** Pour servir, tremper le moule 30 secondes dans de l'eau chaude, puis démouler la terrine sur une planche. Couper des tranches de 2 cm d'épaisseur. Décorer de petites feuilles de laitue et de petits morceaux de tomate. Accompagner de sauce verdurette.

Sauce verdurette

POUR 4 À 6 PERSONNES
Préparation : 10 mn

250 g de mayonnaise
4 cuil. à soupe d'oseille hachée (fraîche ou surgelée)
2 cuil. à soupe de cerfeuil frais haché
1 grosse cuil. à soupe de crème fraîche épaisse
sel, poivre

1. Si l'oseille est fraîche, la plonger 2 secondes dans de l'eau bouillante avant de la hacher.

2. Mixer bien tous les ingrédients ensemble. Réserver au froid dans une saucière.

Cette sauce peut être servie en accompagnement de terrines de poisson ou de poisson poché.

Poularde à la Ninon

POUR 4 PERSONNES
Préparation : 1 h
Cuisson : 30 mn

1 poulet fermier d'environ 1,5 kg coupé en huit
50 g de beurre
25 cl de bon vin blanc
10 cl de porto blanc
1 boîte de petits champignons entiers
20 cl de crème fraîche épaisse
1 tablette de bouillon de volaille
1 petite boîte de miettes de truffe
sel, poivre

1. Dans une cocotte, faire blondir les morceaux de poulet avec le beurre, sur feu moyen. Au fur et à mesure de leur coloration miel, les retirer sur une assiette, couvrir et réserver.

2. Verser dans la cocotte le vin blanc, le porto, le jus des champignons, la tablette de bouillon, sel et poivre. Faire réduire presque à sec (environ 20 mn), puis ajouter la crème fraîche. Remuer 1 mn pour bien l'incorporer et remettre les morceaux de poulet dans la cocotte. Ajouter les champignons et les miettes de truffe.

3. Couvrir, réduire à feu doux, laisser mijoter 30 mn en remuant de temps en temps.

4. Pour servir, dresser les morceaux de poulet sur un plat. Réduire encore la sauce quelques secondes pour qu'elle soit veloutée et nappante et la verser sur et autour du poulet. Accompagner de pâtes fraîches ou de pommes de terre vapeur.

La poularde à la Ninon peut être mise à cuire 1 ou 2 h à l'avance et réchauffée 10 mn à feu doux avant d'être servie. Arrêter alors la cuisson à 25 mn.

MENUS À QUATRE

Mêlée de pêches

Mêlée de pêches

POUR 4 PERSONNES
Préparation : 15 mn
(1 ou 2 h à l'avance)

1 litre de sorbet à la pêche
1/2 boîte de pêches au sirop
4 cuil. à soupe de Cointreau
4 cuil. à soupe d'amandes effilées
50 g d'écorce de citron confite
2 cuil. à soupe de sucre
20 g de beurre

1. **À préparer à l'avance.** Émincer finement l'écorce de citron. Égoutter les pêches au-dessus d'un bol. Verser 20 cl du jus recueilli dans une petite casserole. Ajouter le Cointreau et le citron. Faire réduire de moitié sur feu moyen. Laisser refroidir, puis réserver au réfrigérateur.

2. Faire chauffer le beurre dans une poêle et y faire dorer les amandes en remuant constamment. Saupoudrer de sucre et faire caraméliser sans cesser de remuer. Réserver. Couper les pêches en lamelles (ou en cubes).

3. Au moment de servir, garnir des coupes à glace de sorbet à la pêche, recouvrir de lamelles de pêche. Arroser avec 1 cuillerée à soupe du sirop au Cointreau et parsemer d'amandes. Décorer chaque coupe de 2 tuiles aux amandes et servir aussitôt.

Venez dîner ce soir

Pour cette invitation de dernière heure, ambiance cool et joli couvert.

Menu

Salade de Géronimo
Émincé de porc au curry
Riz pilaf
Brochettes ananas-kiwi

Bourgueil

IDÉES DÉCO

Table : choisir une nappe gaie et sympa (un paréo rapporté de vacances, par exemple, puisque ce menu comporte une petite note d'exotisme, ou un drap à motifs colorés).

Vaisselle : opter pour les couleurs, afin de produire un effet de joie de vivre.

Éclairage : gai et chaleureux.

Fleurs : une brassée de tulipes, de jonquilles, de petits chrysanthèmes, d'œillets ou d'iris, plantée simplement dans un vase.

Astuce : faire flamber les brochettes à table. Dans ce cas, faire chauffer le Cointreau dans une petite casserole (un verre moyen) et l'enflammer à table.

LISTE DES COURSES

Décoration

Fleurs ■

Cuisine

Prévoir à l'avance : cointreau ou rhum ■ vin blanc ■ huile d'olive ■ curry ■ riz long ■ échalotes ■ oignons ■ extrait de vanille (ou sucre vanillé) ■ sucre roux ■ cerises confites ■ brochettes en bois ■

Prévoir la veille ou le jour même : salade ■ concombre ■ citrons ■ poires ■ basilic ■ fromage de chèvre ■ filets de canard fumés ou séchés ■ viande (porc ou veau) ■ crème fraîche ■ banane ■ poivron ■ ananas frais ou en boîte ■ kiwis ■ quatre-quarts ■

COMPTE À REBOURS

Cuisine

1 H À L'AVANCE	la salade de Géronimo du point 1 au point 5 inclus.
40 MN À L'AVANCE	préparer l'émincé de porc au curry point 1, arrêter la cuisson à 10 mn et faire réchauffer avant de servir ; préparer les brochettes ananas-kiwi points 1 et 2.
20 MN À L'AVANCE	préparer le riz pilaf points 1 et 2, arrêter la cuisson au bout de 20 mn et faire réchauffer 2 mn en remuant avant de servir.
AU MOMENT DE PASSER À TABLE	la salade de Géronimo point 6 ; réchauffer l'émincé de porc au curry et le riz pilaf, les servir ; allumer le gril du four.
AU DESSERT	les brochettes ananas-kiwi points 3 et 4.

Solution traiteur : remplacer l'émincé par du porc ou du poulet au curry tout prêt ou surgelé.

MENUS À QUATRE

Salade de Géronimo

Salade de Géronimo

POUR 4 PERSONNES
Préparation : 15 mn

1 salade feuilles-de-chêne ou batavia rouge
1 concombre
2 poires
le jus de 1 citron
1 petit bouquet de basilic frais ou 4 cuil. à soupe de basilic surgelé
1 fromage de chèvre cendré mi-sec
1 sachet de filets de canard fumés

Pour la vinaigrette
4 cuil. à soupe d'huile d'olive
2 cuil. à soupe de vinaigre
1 échalote (25 g)
2 cuil. à soupe de basilic haché
sel, poivre

1. Laver le concombre et, sans l'éplucher, l'émincer en fines rondelles. Le faire dégorger 10 mn dans un bol avec 1 petite cuillerée à café de sel.

2. Peler les poires, les couper en quatre, puis en tranches, les arroser de jus de citron.

3. Éplucher et laver la salade, la couper en morceaux dans un saladier.

4. La recouvrir de concombre égoutté, puis de poires avec leur jus. Parsemer de petits cubes de fromage de chèvre. Décorer de filets de canard et de petites feuilles de basilic.

5. Préparer la vinaigrette. Éplucher et hacher finement l'échalote. Mélanger tous les ingrédients. Réserver.

6. Pour servir, poser le saladier sur la table et arroser de vinaigrette.

*R*ecouverte d'un film plastique, cette salade, sans la vinaigrette, peut se garder plusieurs heures au réfrigérateur.

Émincé de porc au curry

POUR 4 PERSONNES
Préparation : 10 mn
Cuisson : 15 mn

600 g de porc dans le filet ou l'échine
2 gros oignons (160 g environ) émincés
1 cuil. à soupe rase de farine
1 cuil. à soupe de curry
10 cl (1/2 verre) de vin blanc
2 cuil. à soupe de crème fraîche
50 g de beurre
sel, poivre

1. Émincer la viande en fines lanières. Dans une sauteuse, faire chauffer le beurre, sur feu vif, et y faire dorer les oignons 2 mn. Ajouter la viande et faire dorer le tout de 5 à 6 mn en remuant constamment. Saupoudrer de farine, remuer 1 mn, ajouter le curry, le vin blanc, sel et poivre. Couvrir, réduire à feu doux, laisser mijoter 15 mn.

2. Incorporer la crème fraîche juste avant de servir.

3. Pour servir, faire une couronne de riz pilaf dans un plat creux. Décorer de rondelles de banane et de petits dés de poivron vert ou rouge. Verser l'émincé de porc au centre.

Riz pilaf

POUR 4 PERSONNES
Préparation : 7 mn
Cuisson : 20 mn

350 g de riz long
1 oignon (60 g) émincé
4 cuil. à soupe d'huile
40 g de beurre
sel, poivre
1 banane
1 petit poivron vert ou rouge

1. Faire chauffer le beurre et l'huile dans une sauteuse sur feu moyen. Y faire dorer l'oignon 1 mn, puis le riz jusqu'à ce qu'il soit légèrement coloré (de 5 à 6 mn).

2. Saler, poivrer et recouvrir d'eau juste à la hauteur du riz, sans le noyer. Couvrir, réduire à feu très doux et laisser cuire 20 mn sans découvrir.

3. Verser dans un plat, décorer de rondelles de banane et de petits dés de poivron. Servir en accompagnement de l'émincé de porc au curry.

Brochettes ananas-kiwi

POUR 4 PERSONNES
Préparation : 5 mn
Cuisson : 4 à 5 mn

1 petit ananas frais ou 1 boîte d'ananas
4 kiwis
8 cerises confites
4 cuil. à soupe de sucre doux
4 cuil. à café de Cointreau ou de rhum

Pour la sauce
20 cl de crème fraîche
1 cuil. à soupe de sucre
1 cuil. à café d'extrait de vanille
4 brochettes en bois

1. Éplucher l'ananas et le couper en gros cubes (ou couper en deux les tranches d'ananas en boîte). Peler les kiwis, les couper en quatre. Enfiler par brochette 1 cube d'ananas, 1 quartier de kiwi, 1 cerise confite, recommencer et finir par 1 cube d'ananas.

2. Mettre chaque brochette dans une feuille d'aluminium ménager ouverte sur le dessus. Arroser de Cointreau.

3. Pour servir, allumer le gril. Saupoudrer les brochettes de sucre roux et les faire griller 5 mn en les surveillant. Accompagner d'une saucière de crème fraîche sucrée et vanillée et d'un quatre-quarts.

Émincé de porc au curry

RECEVOIR EN TOUTES OCCASIONS

Signature

Place aux affaires, à l'éventuel contrat en perspective... et aux plaisirs de la table.

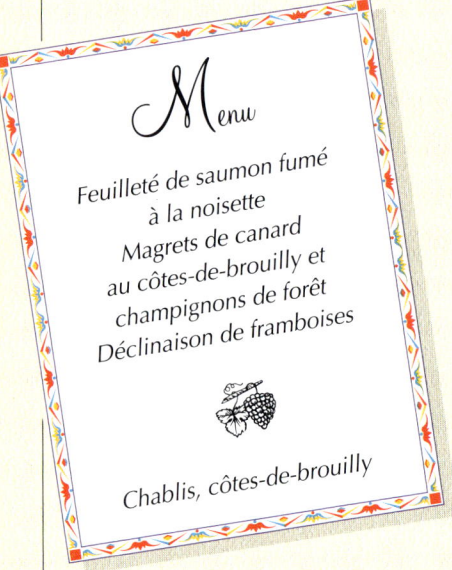

Menu

Feuilleté de saumon fumé
à la noisette
Magrets de canard
au côtes-de-brouilly et
champignons de forêt
Déclinaison de framboises

Chablis, côtes-de-brouilly

IDÉES DÉCO

Table : pas de fantaisie inutile ni d'esbroufe déplacée ! Miser sur un décor chic mais discret (nappe unie de préférence, en damassé, lin, pur coton, toile brodée ton sur ton et de couleur plutôt pastel). Choisir des serviettes en tissu.

Vaisselle : adopter un service classique. Ne pas oublier de mettre le couvert à poisson pour l'entrée ainsi que 2 verres pour les vins. Vérifier que rien ne manque sur la table (sel, poivre, eau, pain, beurre). Songer enfin à offrir un bon plateau de fromages et à proposer ensuite café, déca, infusion ou digestifs et éventuellement cigares.

Éclairage : normal.

Fleurs : composer un bouquet rond (voir pp. 30-31).

Astuce : bien choisir sa tenue afin d'être chic et séduisante, en restant cependant discrète dans le choix des couleurs, des motifs et du maquillage. Assortir les couleurs du bouquet à sa toilette.

LISTE DES COURSES

Décoration

Fleurs ▪ cigares ▪

Cuisine

Prévoir à l'avance : armagnac ▪ côtes-de-brouilly ▪ liqueur de framboise ▪ apéritif ▪ noisettes effilées ▪ œufs ▪ poivre à steak ▪ fond de veau déshydraté ▪ baies de genièvre ▪ cannelle en poudre ▪ poivre en grains ▪ 1 bocal de champignons de forêt ▪ sucre cristallisé ▪ sucre glace ▪ gelée de framboise ▪ lait ▪ crème fraîche liquide UHT ▪ Maïzena ▪

Prévoir la veille : 2 pâtes feuilletées étalées ▪ saumon fumé ▪ crème fraîche épaisse ▪ magrets de canard ▪ bouquet garni ▪ purée de légumes surgelée ▪ framboises surgelées ▪ menthe fraîche ▪ cigarettes russes ▪ sorbet aux framboises ▪

COMPTE À REBOURS

Décoration

À L'AVANCE	prévoir la nappe et la repasser si nécessaire ; essuyer verres et couverts ; ménage et rangements.
LA VEILLE	dresser la table ; préparer la base du bouquet.
LE JOUR MÊME	composer le bouquet ; préparer les accessoires (corbeille à pain, beurre, sel ...).

Cuisine

LA VEILLE OU PLUSIEURS HEURES À L'AVANCE	le feuilleté de saumon fumé à la noisette du point 1 au point 4 inclus.
1H OU PLUS À L'AVANCE	les magrets de canard au côtes-de-brouilly du point 1 au point 5 inclus.
30 MN À 1 H À L'AVANCE	la déclinaison de framboises du point 1 au point 5 inclus ; le feuilleté de saumon fumé point 5.
AU DÉBUT DU REPAS	sortir le sorbet du congélateur et le mettre au réfrigérateur ; préchauffer le four pour les magrets.
AU MOMENT VOULU	les magrets de canard point 6.
AU DESSERT	la déclinaison de framboises point 6.

Solution traiteur : remplacer le feuilleté de saumon fumé aux noisettes par un koulibiac de saumon tout prêt.

Magrets de canard au côtes-de-brouilly et champignons de forêt

Feuilleté de saumon fumé à la noisette

POUR 4 PERSONNES
Préparation : 25 mn
Repos : 30 mn
Réfrigération : 1 h
Cuisson : 50 mn

2 pâtes feuilletées étalées (500 g)
4 tranches de saumon fumé
3 cuil. à soupe de noisettes effilées
50 g de beurre
2 cuil. à soupe bombées de farine
2 œufs, blancs séparés des jaunes
15 cl (1 verre) de lait à température ambiante
2 cuil. à soupe de crème fraîche épaisse
2 cuil. à soupe d'armagnac
1 jaune d'œuf pour dorer le feuilleté
sel, poivre

1. Préparer une béchamel aux noisettes. Faire fondre le beurre dans une petite casserole sur feu doux. Ajouter la farine et la faire cuire 1 mn sans la colorer. Verser lentement le lait en remuant vivement pour éviter les grumeaux. Lorsque le mélange devient épais et lisse, y incorporer la crème fraîche, l'armagnac, sel et poivre, sans cesser de remuer. Faire à nouveau épaissir, retirer du feu.

2. Ajouter les 2 jaunes d'œufs et les noisettes, laisser refroidir totalement. Fouetter les 2 blancs d'œufs en neige ferme avec 1 pincée de sel et les incorporer à la béchamel. Laisser reposer 30 mn au réfrigérateur.

3. Préparer le feuilleté. Humecter une tôle à pâtisserie et y déposer 1 pâte feuilletée. La recouvrir de béchamel aux noisettes jusqu'à 2 cm des bords, puis de saumon fumé.

4. Poser la seconde pâte feuilletée sur la table et l'enduire de jaune d'œuf délayé dans quelques gouttes d'eau. La griffer de façon décorative avec la pointe d'un couteau sans la percer. Tailler une petite croix (2 cm) au centre pour laisser la vapeur s'échapper. Humecter les bords de la première pâte garnie, puis la recouvrir avec la seconde. Souder les bords ensemble avec les dents d'une fourchette. Mettre 1 h ou plus au réfrigérateur.

5. Faire cuire le feuilleté. Préchauffer le four à température maximale. Enfourner le feuilleté à mi-hauteur. Faire cuire 8 mn, puis abaisser la température à 200 °C et laisser cuire encore de 40 à 45 mn.

6. Servir chaud, accompagné d'une jatte de crème fraîche froide.

Magrets de canard au côtes-de-brouilly et champignons de forêt

POUR 4 PERSONNES
Préparation : 1 h
Finition et réchauffage : 10 mn

800 g de magrets de canard
4 cuil. à soupe d'armagnac
1 cuil. à soupe de poivre à steak
sel

Pour la sauce
1/2 bouteille de côtes-de-brouilly
2 cuil. à soupe de fond de veau déshydraté
1 cuil. à soupe de baies de genièvre
1 cuil. à café de poivre en grains
1 pincée de cannelle en poudre
1 petit bouquet garni (1 carotte, 1 branchette de thym, 1 feuille de laurier, quelques brins de persil)
500 g de champignons de forêt en bocal

Pour lier la sauce
60 g de beurre mou
1 cuil. à café rase de Maïzena

1. Faire chauffer une poêle sèche sur feu vif. Inciser la peau des magrets en croisillons, puis les mettre dans la poêle peau en dessous. Les faire dorer ainsi jusqu'à ce que la peau soit croustillante et que la graisse se répande dans la poêle, les retourner et faire dorer rapidement la chair. Retirer les magrets et les disposer dans un plat à four. Jeter la graisse rendue, arroser les magrets d'armagnac et flamber. Les laisser macérer 15 mn dans l'alcool en les retournant une fois et en les pressant avec la paume de la main afin qu'ils absorbent bien l'alcool et s'attendrissent.

2. Réserver le jus de macération dans un bol. Tailler les magrets en tranches fines avec un couteau à lame fine et aiguisée. Les reconstituer, les coucher dans le plat à four, les saler et les saupoudrer de poivre à steak. Les couvrir et les réserver.

3. Préparer la sauce. Égoutter soigneusement les champignons de forêt au-dessus d'une casserole. Les réserver dans une passoire. Mettre le jus recueilli à cuire avec le jus de macération des magrets, le vin de Brouilly, le fond de veau, le bouquet garni, baies de genièvre, grains de poivre, cannelle et 1 cuillerée à café de sel. Faire réduire cette sauce de moitié, sur feu moyen (elle doit mijoter et non bouillir à gros bouillons).

4. La filtrer dans un tamis et la remettre à cuire de 5 à 10 mn en ajoutant les champignons.

5. Lier la sauce. Manier le beurre avec la Maïzena et l'incorporer par petits morceaux dans la sauce en remuant pour la rendre onctueuse. La maintenir au chaud dans un bain-marie.

7. Pour servir, préchauffer le four à 240 °C et y terminer la cuisson des magrets pendant 10 mn en plaçant le plat assez haut dans le four. Réchauffer la sauce à bonne température. Disposer, par assiette, 4 ou 5 lamelles de magret en éventail, entourer de sauce aux champignons de forêt et placer au bas de l'éventail 1 cuillerée à soupe de purée de légumes de votre choix.

Déclinaison de framboises

Déclinaison de framboises

POUR 4 PERSONNES
Préparation : 25 mn

500 g de framboises surgelées
1 sorbet aux framboises de bonne qualité
4 cuil. à soupe de gelée de framboise
4 cuil. à soupe de liqueur de framboise
1 blanc d'œuf
4 cuil. à soupe de sucre cristallisé
20 cl de crème fraîche liquide bien froide
1 cuil. à soupe de sucre glace
8 petites feuilles de menthe fraîche
1 paquet de cigarettes russes
4 grands verres à pied (forme tulipe)

1. Trier les framboises surgelées. En mettre environ 200 g des plus belles, posées sur un plat, dans le freezer. Laisser décongeler le reste.

2. Dans une casserole, faire tiédir et fondre la gelée avec la liqueur de framboise, y mélanger les fruits décongelés. Laisser refroidir.

3. Fouetter la crème fraîche liquide en chantilly molle avec le sucre glace et y incorporer la moitié de la préparation précédente. Réserver cette crème rose au réfrigérateur.

4. Givrer les verres. Dans une assiette creuse, battre le blanc d'œuf en mousse molle avec une fourchette. Verser le sucre cristallisé dans une autre assiette. Tremper le bord des verres successivement dans le blanc d'œuf, puis dans le sucre. Les ranger sur un plateau au frais.

5. Givrer les framboises. Rouler les framboises réservées dans le blanc d'œuf mousseux, puis dans le sucre cristallisé. Les remettre au freezer.

6. Pour servir, réchauffer légèrement la compote de framboises dans la casserole. Placer 2 boules de sorbet dans chaque verre. Recouvrir avec 1 ou 2 cuillerées à soupe de compote de framboises tiède, puis de fruits givrés et napper de crème rose en prenant soin de ne pas masquer l'ensemble. Piquer 2 cigarettes russes et 2 petites feuilles de menthe et servir.

RECEVOIR EN TOUTES OCCASIONS

Menus à Six

Parenthèse : déjeuner de dames
Le goût de la France : recevoir des étrangers
Parfums d'enfance : dîner de famille
Feuilles mortes : week-end à la campagne

Les repas à six sont déjà de petites
réceptions car vous devez veiller non seulement
à l'harmonie de la cuisine et de la décoration,
mais également à ce que vos invités aient plaisir à
se rencontrer et trouvent des terrains
de discussion.
Cuisine légère et imaginative pour un déjeuner
de femmes, grande tradition française
pour recevoir des étrangers,
ambiance un peu surannée et parfum d'autrefois
pour un dîner de famille,
atmosphère rustique et plat unique
pour un week-end à la campagne.
Ces occasions de recevoir appellent des tables
différentes et une cuisine en harmonie avec le lieu
et les êtres en présence.
Vous trouverez donc dans ces pages
des recettes très variées, soigneusement étudiées
pour vous laisser le temps de vous consacrer
à vos invités et de veiller à leur bien-être.

RECEVOIR EN TOUTES OCCASIONS

Parenthèse

Pour ce déjeuner de femmes entre elles, un décor frais et léger s'impose.

Menu

Effeuillée de Saint-Jacques
au cerfeuil
Escalopes viennoises avec
petits pois à la française
Salade d'oranges
au miel d'acacia

Côtes-de-provence rosé

IDÉES DÉCO

Table : nappe de couleur claire et gaie assez féminine, serviettes assorties.

Vaisselle : service au décor pas trop chargé, couverts en inox ou en métal argenté.

Éclairage : naturel. Allumer quelques lampes d'appoint dans la pièce s'il fait sombre.

Fleurs : composer un bouquet rond pour le centre de table (voir pp. 30-31), à base de fleurs de saison.

Astuce : préparer à l'avance le plateau pour le café.

LISTE DES COURSES

Décoration

Fleurs de saison ▪ matériel pour réaliser le bouquet rond ▪

Cuisine

Prévoir à l'avance : noilly (ou porto blanc) ▪ vieux rhum ▪ vinaigre de xérès ▪ œufs ▪ moutarde ▪ chapelure ▪ petits pois à l'étuvée (en boîte) ▪ échalotes ▪ sarriette ▪ cannelle ▪ miel ▪

Prévoir la veille ou le jour même : coquilles Saint-Jacques fraîches ou surgelées ▪ beurre de homard ▪ crème fraîche épaisse ▪ cerfeuil ▪ endives ▪ fines escalopes de veau ▪ citrons ▪ persil ▪ oranges non traitées ▪ pain d'épice ▪

COMPTE À REBOURS

Décoration

À L'AVANCE	choisir le décor.
LA VEILLE	préparer la base du bouquet ; dresser la table ; préparer le plateau pour le café.
LE JOUR MÊME	composer le centre de table.

Cuisine

1 H À L'AVANCE	salade d'oranges au miel d'acacia points 1 et 2.
45 MN À L'AVANCE	effeuillée de Saint-Jacques au cerfeuil du point 1 au point 3 inclus ; petits pois à la française points 1 et 2 ; escalopes viennoises points 1 et 2.
AU MOMENT VOULU	effeuillée de Saint-Jacques point 4 ; escalopes viennoises point 3 ; petits pois point 3.

Solution traiteur : remplacer l'effeuillée de Saint-Jacques par une salade aux crevettes ou autre achetée chez le traiteur.

Effeuillée de Saint-Jacques au cerfeuil

Effeuillée de Saint-Jacques au cerfeuil

POUR 6 PERSONNES
Préparation et cuisson : 25 mn

18 noix de coquilles Saint-Jacques avec corail (fraîches ou surgelées)
1 petit bocal de beurre de homard
60 g de beurre
25 cl de crème fraîche épaisse
1/2 verre de noilly (ou de porto blanc)
1 botte de cerfeuil
3 endives

Pour la vinaigrette
1 cuil. à soupe d'échalotes finement hachées
3 cuil. à soupe de vinaigre de xérès
2 cuil. à soupe d'huile
sel, poivre

1. Séparer le corail des coquilles Saint-Jacques et émincer celles-ci en deux ou en trois selon leur grosseur. Faire chauffer le beurre dans une poêle sur feu vif. Lorsqu'il commence légèrement à se colorer, y jeter les coraux, remuer 1 mn, puis ajouter les coquilles Saint-Jacques et faire cuire 2 mn en remuant. Celles-ci doivent juste devenir opaques. Les retirer de la poêle avec une écumoire et les réserver.

2. Verser le noilly (ou le porto) dans la poêle et y faire fondre le beurre de homard. Incorporer la crème fraîche, saler, poivrer. Laisser réduire jusqu'à consistance nappante et onctueuse. Y remettre alors les coquilles Saint-Jacques, retirer du feu et laisser en attente.

3. Ciseler la botte de cerfeuil. Préparer une salade avec les 3 endives et la vinaigrette.

4. Pour servir, disposer la salade en couronne sur les assiettes. Réchauffer les coquilles Saint-Jacques et les répartir au centre des assiettes. Parsemer généreusement de cerfeuil et servir aussitôt.

Escalopes viennoises

POUR 6 PERSONNES
Préparation et cuisson : 15 mn

6 fines escalopes de veau
2 jaunes d'œufs
1 cuil. à soupe de moutarde
2 cuil. à soupe d'huile
1 tasse de chapelure
100 g de beurre
sel, poivre, huile

Pour la garniture
2 citrons taillés en six
6 brins de persil

1. Bien essuyer les escalopes dans du papier absorbant. Mélanger les jaunes d'œufs et la moutarde dans une assiette creuse et y incorporer petit à petit les 2 cuillerées d'huile. Saler, poivrer. Verser la chapelure dans une autre assiette. Tremper les escalopes successivement dans l'œuf, puis dans la chapelure.

2. Dans une grande poêle, faire chauffer le beurre et 1 cuillerée à soupe d'huile sur feu moyen et y faire blondir les escalopes (procéder en deux fois) 3 mn de chaque côté. Les retirer sur un plat, couvrir d'aluminium ménager et les maintenir au chaud dans le four à 120 °C.

3. Pour servir, présenter chaque escalope avec 2 quartiers de citron et 1 brin de persil. Accompagner de petits pois à la française.

Petits pois à la française

POUR 6 PERSONNES
Préparation et cuisson : 15 mn

1 grande boîte de petits pois extra-fins à l'étuvée
1 jaune d'œuf
2 cuil. à soupe de crème fraîche épaisse
1 pincée de sarriette
sel, poivre

1. Égoutter la boîte de petits pois au-dessus d'une casserole. Faire réduire le jus recueilli, avec la sarriette, à environ 1/2 verre. Y faire chauffer les petits pois sans les faire bouillir.

2. Dans un légumier, mélanger le jaune d'œuf, la crème fraîche, sel et poivre.

3. Y ajouter les petits pois au moment de servir.

Salade d'oranges au miel d'acacia

POUR 6 PERSONNES
Préparation : 10 mn
Réfrigération : 1 h

4 oranges non traitées
3 cuil. à soupe de miel d'acacia
3 cuil. à soupe de vieux rhum
2 pincées de cannelle en poudre
1 pain d'épice

1. Dans une jolie jatte en verre, mélanger le miel, le rhum et la cannelle.

2. Laver les oranges, les couper en deux dans la hauteur, puis en fines lamelles. Les ajouter dans la jatte, mélanger et mettre 1 h au froid.

Servir cette salade d'oranges avec un pain d'épice coupé en bâtonnets.

Salade d'oranges au miel d'acacia

RECEVOIR EN TOUTES OCCASIONS

Le goût de la France

Ce soir vous recevez des étrangers. Charme et tradition sont de rigueur !

Menu

Kir royal
Assiette gourmande au foie gras
Bœuf bourguignon
Fondant opéra

Sauternes
côtes-de-beaune

IDÉES DÉCO

Table : pour la nappe, choisir une étoffe noble (lin, voile, mousseline) au décor élégant (damassé, nappe ornée de broderies ou d'applications, ajourée et en dentelle), de préférence d'une ou de deux couleurs (blanc, gris, rose dragée, jaune paille, saumon, vert amande). Opter pour des serviettes assorties en tissu.

Vaisselle : service en porcelaine (de Limoges, par exemple), couverts en argent et verres en cristal.

Éclairage : franc sans être éblouissant.

Fleurs : couronnes or et fruits (voir p. 33) en assortissant les nœuds de satin à la couleur de la nappe.

Astuce : choisir la couleur de sa tenue (robe ou tailleur) en harmonie avec la table ; proposer digestif (cognac) et cigares à ces messieurs !

Emprunter à une sœur ou une amie un service de Limoges ou des verres en cristal.

LISTE DES COURSES

Décoration

Matériel pour la couronne or et fruits (voir pp. 32-33) ▪ cigares ▪

Cuisine

Prévoir à l'avance : champagne brut ou crémant ▪ liqueur de cassis ▪ cerises à l'eau-de-vie ▪ marc de Bourgogne ▪ cognac ▪ côtes-de-beaune ▪ vinaigre de xérès ▪ huile de noix ▪ échalotes ▪ oignons ▪ ail ▪ thym ▪ sucre glace ▪ chocolat noir à 72% ou 64% de cacao ▪ œufs ▪ crème fraîche liquide UHT ▪ extrait de café ▪ cacao non sucré ▪ langues de chat ▪ fond de veau ▪ cèpes séchés ▪

Prévoir la veille : orange ▪ citrons ▪ foie gras en rouleau ▪ mâche ▪ champignons blancs ▪ tomates ▪ ciboulette ▪ artichauts ▪ bœuf dans le jumeau ▪ queue de bœuf ficelée ▪ petits lardons demi-sel ▪ bouquet garni ▪ carottes (ou purée de carottes) ▪ pommes de terre ▪ beurre ▪ pain de mie rond tranché ▪ 1 belle rose ▪

COMPTE À REBOURS

Décoration

À L'AVANCE	choisir la nappe et la vaisselle ; repasser la nappe ; essuyer couverts et verres ; faire l'argenterie et les cuivres de la pièce.
LA VEILLE	dresser la table ; préparer la couronne or et fruits.
LE JOUR MÊME	mettre en place les détails qui ajouteront au charme : cendrier, beurrier, assiettes à pain individuelles, carafe ou broc à eau, dessous de bouteille, porte-couteaux...

Cuisine

LA VEILLE	le bœuf bourguignon point 1.
5 H À L'AVANCE	le bœuf bourguignon du point 2 au point 5 inclus ; l'assiette gourmande point 1.
4 H À L'AVANCE	le fondant opéra du point 1 au point 6 inclus.
1 H À L'AVANCE	le kir royal points 1 et 2 et réfrigérer le champagne ; l'assiette gourmande du point 2 au point 6 inclus.
20 MN À L'AVANCE	le bœuf bourguignon point 6 ; faire cuire les pommes de terre.
10 MN À L'AVANCE	l'assiette gourmande point 7.
AU MOMENT DE SERVIR	le kir royal point 3 ; poser les assiettes gourmandes sur la table.
AU DESSERT	le fondant opéra point 7.

Solution traiteur : remplacer le fondant opéra par un excellent gâteau au chocolat acheté chez le pâtissier.
Acheter des artichauts tout cuits.

Assiette gourmande

Kir royal

POUR 6 PERSONNES
Préparation : 5 mn
Réfrigération : 1 à 2 h

1 bouteille de champagne brut
15 cl de liqueur de cassis
1 petit bocal de cerises à l'eau-de-vie
1 orange
1 citron

1. Prélever une lamelle longue sur l'écorce de l'orange et du citron et les déposer dans un bol à punch. Ajouter le jus des fruits pressés. Réserver 6 cerises, verser le reste dans le bol à punch avec l'eau-de-vie. Réfrigérer de 1 à 2 h.

2. Piquer les cerises réservées au bout de brochettes longues et les placer dans les verres.

3. Au moment de servir, ajouter le champagne bien froid dans le bol.

Assiette gourmande

POUR 6 PERSONNES
Préparation : 20 mn + cuisson des artichauts

1 rouleau de foie gras de 250 g
ou 6 tranches de 35 g
3 gros artichauts bretons
1 petite barquette de mâche épluchée
250 g de champignons frais bien blancs
4 citrons
1 à 2 tomates fermes
1 petite botte de ciboulette
1 pain de mie rond tranché
50 g de beurre
1 cuil. à soupe d'huile

1. Faire cuire les artichauts. Casser la queue des artichauts (ne pas la couper) au ras des feuilles et frotter la coupure avec 1/2 citron pour empêcher de noircir. Jeter ce demi-citron dans une casserole d'eau salée. Lorsque l'eau bout, y plonger les artichauts et faire cuire à gros bouillons. Les artichauts sont cuits si les grosses feuilles se détachent lorsqu'on tire dessus. Les rafraîchir sous l'eau froide et les égoutter, tête en bas.

2. Arracher toutes les feuilles des artichauts (réserver les plus jolies pour la décoration des assiettes). Retirer le foin. Tailler les fonds en petits dés et les arroser de 2 cuillerées à soupe de jus de citron.

3. Presser le reste des citrons dans un bol et y émincer les champignons après les avoir essuyés. Les mélanger au fur et à mesure pour qu'ils ne noircissent pas.

4. Peler et épépiner la ou les tomates, couper la chair en petits dés.

Pour la vinaigrette

3 cuil. à soupe de vinaigre de xérès
3 cuil. à soupe d'huile de noix
1 cuil. à soupe d'huile d'arachide
1 petite échalote très finement hachée
1 pincée de sucre
sel, poivre

5. Retirer la croûte de 6 tranches de pain. Dans une poêle, faire chauffer le beurre et l'huile sur feu vif et y faire frire rapidement les tranches de pain. Les réserver dans la poêle.

6. Préparer la vinaigrette. Dans un bol, mélanger tous les ingrédients. Assaisonner séparément les fonds d'artichauts et les champignons.

7. Pour servir, décorer le tour de 6 assiettes d'une corolle de feuilles d'artichauts, puis d'une couronne de mâche, d'une autre de champignons parsemés de dés de tomate. Au centre, déposer la salade de fonds d'artichauts parsemée de ciboulette ciselée. Faire tiédir les croûtons. En poser 1 au centre de chaque assiette et le garnir d'une tranche de foie gras.

Bœuf bourguignon

POUR 6 PERSONNES
Préparation : 5 mn (plusieurs heures à l'avance, voire la veille) + 1 h 15 (le jour même)
Cuisson : 3 h

1,2 kg de bœuf dans le jumeau coupé en cubes
500 g de queue de bœuf coupée en trois et ficelée
10 cl (1/2 verre) de marc de Bourgogne ou de cognac
1 bouteille de côtes-de-beaune
150 g de petits lardons demi-sel
18 à 24 petites échalotes (450 à 600 g) pelées
1 bouquet garni (thym, laurier, persil)
2 carottes râpées (ou 60 g de purée de carottes surgelée)
2 gros oignons (150 g environ) hachés
2 gousses d'ail
1 cuil. à soupe de fond de veau déshydraté
3 morceaux de cèpes séchés
1 cuil. à soupe de thym sec
20 g de bon chocolat noir à croquer
100 g de beurre environ
3 cuil. à soupe de farine
sel, poivre, huile, sucre

1. **Plusieurs heures à l'avance ou la veille.** Mettre les morceaux de viande et la queue de bœuf dans une boîte plastique munie d'un couvercle. Saupoudrer de thym, arroser de marc, mélanger, puis recouvrir de vin. Fermer la boîte et laisser mariner en secouant de temps en temps.

2. Égoutter les viandes, les éponger dans du papier absorbant. Laisser sécher le temps de la préparation suivante. Réserver la marinade.

3. Faire blanchir 3 mn les lardons dans 1 litre d'eau bouillante, les égoutter. Les faire revenir dans une poêle avec 2 cuillerées à soupe d'huile et 30 g de beurre, sur feu moyen. Lorsqu'ils sont bien dorés, les retirer avec une écumoire et les réserver. Jeter les oignons hachés dans la graisse des lardons et remuer sur feu vif jusqu'à ce qu'ils soient bien colorés (caramel foncé). Ajouter les carottes râpées, mélanger 2 secondes, verser dans une grande cocotte. Dans la poêle, remettre 40 g de beurre et 1 cuillerée à soupe d'huile. Lorsque le mélange est brûlant, y faire saisir les morceaux de viande. Procéder en plusieurs fois et jeter au fur et à mesure les morceaux ayant atteint une coloration caramel foncée dans la cocotte. Rajouter du beurre et de l'huile à la demande.

4. Faire chauffer la cocotte sur feu vif, saupoudrer les viandes de farine et faire roussir celle-ci en remuant constamment. Ajouter 1 cuillerée à café de sel, 3/4 cuillerée à café de poivre, le vin de macération, le fond de veau déshydraté, le bouquet garni, les gousses d'ail non pelées, les cèpes et le chocolat en petits morceaux. Déglacer la poêle ayant servi aux préparations précédentes avec 1 verre d'eau. Bien racler les sucs sur feu vif, puis verser dans la cocotte. Remuer jusqu'à début d'ébullition. Couvrir, réduire à feu très doux et laisser mijoter 3 h en remuant de temps en temps.

5. Répartir les échalotes dans le fond d'une sauteuse et les recouvrir, sans les noyer, avec 1 verre d'eau. Ajouter 40 g de beurre, saler, couvrir et laisser cuire jusqu'à évaporation totale du liquide. À découvert, les saupoudrer avec 1 cuillerée à soupe de sucre et secouer la sauteuse pour les faire dorer. Ajouter les lardons, remuer.

6. Ajouter les échalotes au bœuf bourguignon 20 mn environ avant la fin de sa cuisson.

7. Pour servir, retirer le bouquet garni et la queue de bœuf. Disposer le bœuf bourguignon dans un plat creux et accompagner de pommes de terre à l'anglaise.

Fondant opéra

Fondant opéra

POUR 6 PERSONNES
Préparation : 1 h
Réfrigération : 4 h au minimum

150 g de chocolat noir à 72%
ou 64% de cacao
6 jaunes d'œufs
200 g de sucre
250 g de beurre d'excellente qualité, ramolli
150 g de poudre de cacao non sucré
1 cuil. à café d'extrait de café
1 cuil. à soupe de cognac (vieux)
40 cl de crème fraîche liquide très froide
50 g de sucre glace
1 boîte de langues de chat

Pour le moulage au chocolat
200 g de chocolat noir
2 cuil. à soupe de cognac
30 g de beurre

Pour la décoration
1 jolie rose fraîche

1. Préparer le moulage au chocolat. Tapisser un moule à tarte de 24 cm de diamètre et de 2,5 cm de hauteur maximale avec un film plastique, parfaitement lissé pour éviter les traces de plis. Mettre 30 mn dans le congélateur.

2. Faire fondre le chocolat avec le cognac au bain-marie. Lorsqu'il est mou, y mélanger le beurre et le couler dans le moule. Le répartir rapidement et uniformément sur les parois et le fond du moule, remettre dans le congélateur.

3. Préparer le fondant opéra. Faire fondre le chocolat au bain-marie avec l'extrait de café et le cognac.

4. Dans le mixeur, sur vitesse moyenne, tourner les jaunes d'œufs en mousse avec le sucre (5 mn). Lorsque le mélange pâlit et s'allège, ajouter le chocolat fondu tiède, puis petit à petit le beurre ramolli en continuant de tourner. Lorsque le mélange est homogène, incorporer le cacao par cuillerées.

5. Fouetter la crème en chantilly ferme avec le sucre glace, puis l'amalgamer à la crème au chocolat, toujours au mixeur à vitesse moyenne.

6. En remplir le moule à ras bord, égaliser le dessus et recouvrir d'une couche de langues de chat légèrement enfoncées. Puis appliquer un film plastique et mettre au réfrigérateur 4 h au minimum.

7. Pour servir, retirer le film plastique, retourner le fondant sur un plat et le déshabiller du second film plastique. Poser une rose fraîche au centre et servir bien froid.

RECEVOIR EN TOUTES OCCASIONS

Parfums d'enfance

Pour cette réunion de famille, un petit air d'autrefois flotte dans la maison.

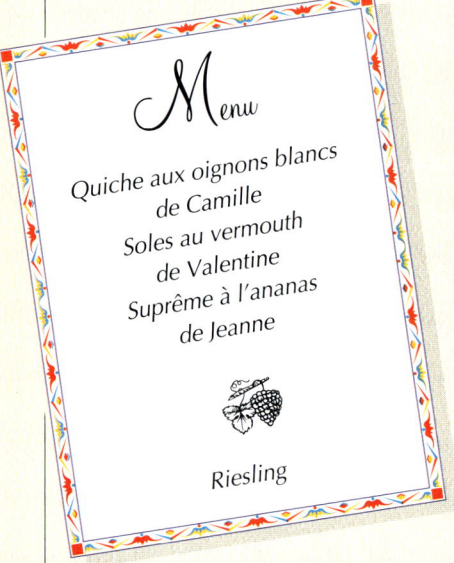

Menu

Quiche aux oignons blancs
de Camille
Soles au vermouth
de Valentine
Suprême à l'ananas
de Jeanne

Riesling

IDÉES DÉCO

Table : une nappe (dentelle...) venue de loin, de toute évidence brodée par une grand-mère ou une aïeule.

Vaisselle : le service de famille...! Et s'il est incomplet, compléter un service de porcelaine blanche avec les différents accessoires hérités.

Éclairage : pour faire ressortir le charme et l'éclat de ce dîner d'antan, constituer un cortège de lumière (voir p. 37), ou choisir un éclairage doux, un peu rosé, éventuellement poser des foulards de mousseline sur les lampes trop fortes.

Fleurs : bouquet de fleurs séchées (roses) disposé dans la pièce.

Astuce : faire retirer une photo de famille en 6 exemplaires (ou plus) et la coller sur un Bristol blanc au dos duquel sera recopié le menu. Les noms donnés ici seront remplacés par ceux des membres de la famille.

LISTE DES COURSES

Décoration

Papier Bristol pour les menus ■ bougies pour le cortège de lumière ■ bouquet de fleurs séchées ■

Cuisine

Prévoir à l'avance : vermouth ■ kirsch ■ œufs ■ farine ■ beurre ■ champignons en boîte ■ oignon ■ curry ■ ananas en boîte ■ sucre vanillé ■ sucre ■ Maïzena ■

Prévoir la veille ou le jour même : oignons blancs à longue tige ■ filets de sole ■ orange ■ carotte ■ blanc de poireau ■ crème fraîche épaisse ■ petits-suisses ■ lait entier ■ citron ■ pâtes fraîches ■

COMPTE À REBOURS

Décoration

À L'AVANCE	réunir les différents accessoires hérités de la famille, afin de les mettre en valeur ce jour-là ; nettoyer l'argenterie et les vieux verres ; repasser la nappe.
LA VEILLE	dresser le décor et constituer le cortège de lumière.

Cuisine

3 H À L'AVANCE OU LA VEILLE	la quiche aux oignons blancs du point 1 au point 3 inclus.
2 H À L'AVANCE	le suprême à l'ananas du point 1 au point 6 inclus ; la crème anglaise.
1 H À L'AVANCE	la quiche aux oignons blancs points 4 et 5 ; les soles au vermouth du point 1 au point 3 inclus et les enfourner au moment de passer à table.

Solution traiteur : remplacer la quiche aux oignons blancs par une tarte aux légumes achetée chez le traiteur.

Plat pouvant être congelé : la quiche aux oignons blancs. Congeler séparément le moule garni de pâte et la farce aux oignons (employer un moule jetable).

Soles au vermouth de Valentine

Quiche aux oignons blancs de Camille

POUR 6 PERSONNES
Préparation : 2 mn pour la pâte
+ 20 mn pour les oignons
Cuisson : 45 mn pour les oignons
+ 45 mn pour la quiche

1 kg d'oignons blancs à longue tige
50 g de beurre
75 cl de lait entier
4 œufs
sel, poivre, beurre

Pour la pâte semi-feuilletée
2 gros petits-suisses (120 g)
125 g de farine
75 g de beurre mou
2 bonnes pincées de sel

1. Préparer la pâte. Mettre le beurre mou dans le mixeur avec les petits-suisses et le sel. Mixer quelques tours, ajouter la farine et mixer rapidement en pâte lisse. Laisser reposer 30 mn au froid enveloppée d'un film plastique.

2. Préparer les oignons blancs. Les éplucher et les couper en morceaux avec pratiquement toutes leurs tiges. Les laver et les égoutter.

3. Dans une sauteuse, faire juste fondre le beurre, ajouter les oignons et couvrir de lait. Saler, poivrer, faire cuire 45 mn à feu doux, laisser refroidir.

4. Battre les œufs avec une fourchette. Les incorporer aux oignons.

5. Préchauffer le four à 200 °C. Étaler la pâte semi-feuilletée et en garnir un moule à tarte préalablement beurré, de 26 cm de diamètre. Y verser la préparation aux oignons blancs. Parsemer de quelques flocons de beurre et faire cuire 45 mn. Servir tiède.

Pour cette quiche, on peut remplacer les oignons blancs par des blancs de poireaux, et la pâte semi-feuilletée par une pâte feuilletée toute prête.

Soles au vermouth de Valentine

POUR 6 PERSONNES
Préparation : 20 mn
Cuisson : 20 mn

6 gros filets de sole (ou 12 petits)
1 verre (20 cl) de vermouth
le jus de 1 orange
500 g de petits champignons en boîte
1 carotte râpée
1 blanc de poireau émincé
1 oignon (60 g) émincé
3 grosses cuil. à soupe de crème fraîche épaisse
1 pincée de curry
50 g de beurre
sel, poivre, farine

1. Verser le vermouth dans une casserole. Ajouter le jus d'orange, le curry, le jus des champignons, sel et poivre. Faire réduire à 1/2 verre sur feu vif. Incorporer la crème fraîche. Laisser bouillonner encore 2 mn. Réserver.

2. Dans une poêle, faire étuver la carotte, l'oignon et le poireau avec le beurre, sur feu moyen (2 mn). Ajouter les champignons et remuer quelques secondes. Y mélanger la sauce. Verser le tout dans un grand plat à four, de préférence en porcelaine à feu.

3. Fariner les filets de sole, les secouer, les plier en deux et les glisser dans la sauce tiède ou froide.

4. Faire cuire 20 mn dans le four préchauffé à 200 °C. Servir dans le plat et accompagner de pâtes fraîches ou de riz.

Ce plat peut se réaliser avec d'autres poissons tels que des filets de grenadier, des joues de lotte, etc.

Suprême à l'ananas de Jeanne

POUR 6 PERSONNES
Préparation : 30 mn
Cuisson : 1 h

1 boîte (1 kg) d'ananas en morceaux
200 g de sucre + 100 g pour le caramel
6 œufs
1 cuil. à soupe de farine
le jus de 1/2 citron
3 cuil. à soupe de bon kirsch

Pour la crème anglaise au kirsch
4 jaunes d'œufs
30 cl (2 verres) de lait
2 cuil. à soupe de sucre
1 sachet de sucre vanillé
3 cuil. à soupe de kirsch
1 cuil. à café de Maïzena

1. Prélever de 4 à 5 cuillerées à soupe de morceaux d'ananas. Verser le reste avec le jus dans le mixeur. Ajouter 200 g de sucre et mixer en purée.

2. Verser dans une casserole, faire cuire et légèrement réduire 10 mn.

3. Pendant ce temps, préparer le caramel. Dans une petite casserole, faire fondre sur feu doux le sucre restant avec 2 cuillerées à soupe d'eau en remuant. Augmenter le feu et faire tourner le liquide dans la casserole en tenant celle-ci par le manche. Dès l'obtention d'une jolie couleur un peu soutenue, retirer du feu et ajouter délicatement 1 cuillerée à soupe d'eau tiède. Mettre 1 seconde sur le feu pour liquéfier, puis en chemiser un moule à charlotte antiadhésif muni de deux anses. Réserver.

4. Casser les œufs dans une jatte. Délayer la farine avec le jus de citron et le kirsch. Verser sur les œufs. Battre au fouet en incorporant la purée d'ananas chaude. (Cela peut se faire dans le mixeur).

5. Verser les morceaux d'ananas réservés dans le moule, puis la purée d'ananas. Poser le moule à cheval sur ses anses dans une casserole d'eau chaude. Couvrir et faire cuire 1 h sur feu doux (le centre du suprême doit résister sous le doigt mais être encore très mou).

6. Faire alors sécher le dessus du suprême 5 mn dans le four préchauffé à 200 °C en le plaçant assez proche du gril. Laisser tiédir.

7. Préparer la crème anglaise au kirsch. Mélanger tous les ingrédients dans une casserole. Remuer, sur feu doux, au petit fouet à main jusqu'à obtenir une consistance nappante. Retirer du feu, fouetter encore un peu.

8. Démouler le suprême dans un plat creux et napper de crème anglaise.

Ce vieux dessert de famille ne se sert pas froid. Si vous le préparez à l'avance, réchauffez-le 10 mn au bain-marie avant de démouler. Vous pouvez le réaliser aussi avec des poires au sirop.

Suprême à l'ananas de Jeanne

RECEVOIR EN TOUTES OCCASIONS

Week-end à la campagne

Vous avez convié des amis à venir partager avec vous les charmes bucoliques d'un printemps éclatant ou d'un automne flamboyant.

Ils vous rejoindront le vendredi soir et resteront jusqu'au dimanche en fin d'après-midi.

Voici quatre menus qui feront de vous une maîtresse de maison attentive sans pour autant vous priver des longues promenades en forêt.

Sans façon

Des amis ne vont pas tarder à vous rejoindre dans votre maison de campagne.

Menu

Velouté de tomate
Côtes de porc sur lit de pommes
Quatre-quarts au citron
Mousseline de poires

Beaujolais-villages

IDÉES DÉCO

Table : le temps manque pour réaliser une décoration particulière, mais veiller cependant à ce que l'ambiance soit chaleureuse. Acheter, avant de partir, un ensemble en papier (nappe et serviettes) aux couleurs chaudes, ainsi que des bougies assorties. Ramasser quelques feuilles ou petites branches en arrivant et les disposer sur la table.

Vaisselle : habituelle.

Éclairage : normal, réchauffé par des bougies sur la table.

Centre de table : bougies flottantes aux couleurs de la nappe (voir p. 37).

Astuce : avant l'arrivée des amis, allumer un bon feu de cheminée.

LISTE DES COURSES

Décoration

Nappes ▪ serviettes en papier ▪ bougies flottantes assorties ▪

Cuisine

Prévoir à l'avance : vin blanc ▪ gin ou alcool de poire ▪ tomates pelées en boîte ▪ concentré de tomate ▪ champignons en boîte ▪ tablette de bouillon de bœuf ▪ cannelle en poudre ▪ thym ▪ laurier ▪ oignons ▪ ail ▪ Maïzena ▪ purée Mousline ▪ moutarde ▪ poires au sirop en bocal ▪ gelée de coing ▪ cerises confites ▪ gâteaux secs ▪ beurre ▪ sucre ▪ œufs ▪ farine à gâteaux ▪

Prévoir la veille : citrons ▪ crème fraîche épaisse ▪ sachet de croûtons ▪ côtes de porc ▪ pommes acidulées ▪ pain ▪ salade et fromages (facultatif) ▪

COMPTE À REBOURS

Décoration

À L'AVANCE	prévoir le décor papier et les bougies.

Cuisine

1 H À L'AVANCE	velouté de tomate point 1 ; mousseline de poires points 1 et 2 ; côtes de porc sur lit de pommes du point 1 au point 3 inclus ; préparer une purée Mousline ; velouté de tomate point 2.
AU MOMENT DE SERVIR	faire chauffer les croûtons pour le velouté de tomate dans une poêle, avec un peu de beurre ; servir les côtes de porc sur lit de pommes avec la purée Mousline.
AU DESSERT	mousseline de poires point 3 ; découper le quatre-quarts au citron.

Solution traiteur : remplacer le velouté de tomate par un potage tout prêt.

Velouté de tomate

Velouté de tomate

POUR 6 PERSONNES
Préparation : 15 mn
Cuisson : 20 mn

1 boîte (1 kg) de tomates pelées
1 boîte (70 g) de concentré de tomate
4 oignons (250 g) hachés
1 grosse gousse d'ail hachée
1 citron
1 petite boîte de champignons
1 cuil. à soupe de sucre
1 cuil. à soupe de Maïzena
1 tablette de bouillon de bœuf
1 bonne pincée de cannelle en poudre
2 cuil. à soupe de crème fraîche épaisse
1 branchette de thym
1 feuille de laurier
1 cuil. à soupe d'huile
sel, poivre, beurre

1. Faire blondir les oignons et l'ail avec 40 g de beurre et l'huile dans une casserole, sur feu moyen. Ajouter la cannelle et le sucre, remuer encore pour mélanger les parfums. Verser les tomates avec leur jus, le concentré, les champignons avec leur jus, le citron coupé en quatre, la tablette de bouillon de bœuf, le thym, le laurier, sel, poivre et 1,5 litre d'eau. Laisser cuire 20 mn.

2. Retirer le thym, le laurier et le citron. Mixer ou passer au moulin à légumes. Remettre à chauffer, ajouter la crème fraîche et la Maïzena délayée dans un peu d'eau froide. Donner un petit bouillon pour épaissir. Ajouter 1 noisette de beurre.

3. Servir avec des croûtons frits.

Côtes de porc sur lit de pommes

POUR 6 PERSONNES
Préparation : 20 mn
Cuisson : 15 mn

6 côtes de porc dans le filet
1 kg de pommes acidulées (reinettes)
1 verre (15 cl) de vin blanc
6 cuil. à café de moutarde de Dijon
6 grosses cuil. à soupe de crème fraîche
2 cuil. à soupe rases de sucre
sel, poivre, beurre

1. Préchauffer le four à 200 °C. Éplucher les pommes et les couper en lamelles. Dans une poêle, faire chauffer 50 g de beurre sur feu vif et y faire dorer rapidement les pommes. Ajouter le sucre et secouer la poêle pour qu'il caramélise légèrement. Saler, poivrer, verser dans un grand plat et enfourner.

2. Préparer les côtes de porc. Les faire cuire de 5 à 6 mn dans la poêle avec 30 g de beurre. Les retourner lorsqu'elles sont dorées, saler et poivrer. Laisser cuire encore 3 mn l'autre face. Les ranger sur les pommes, au four.

3. Déglacer la poêle avec le vin blanc en raclant bien les sucs avec une spatule en bois. Laisser réduire de 2 à 3 mn avant d'incorporer la moutarde et la crème fraîche. Remuer sur feu vif pour obtenir une sauce onctueuse. La verser sur les côtes de porc en secouant un peu le plat afin qu'elle pénètre dans les pommes. Laisser cuire encore le tout 15 mn dans le four.

4. Servir dans le plat et accompagner d'une purée Mousline.

Quatre-quarts au citron

POUR 6 À 8 PERSONNES
Préparation : 20 mn
Cuisson : 35 à 45 mn

4 œufs (calibre 55) à température tiède
225 g de beurre mou
225 g de sucre
225 g de farine à gâteaux (avec levure incorporée)
1 citron non traité
1 pincée de sel

1. Dans une grande jatte, tourner le beurre en mousse avec le sucre de 3 à 4 mn jusqu'à ce qu'il blanchisse et soit bien souple. Y incorporer les œufs un à un en tournant longuement entre chaque.

2. Ajouter la pincée de sel, le zeste râpé et le jus du citron. Mélanger 1 mn, puis ajouter petit à petit la farine. Mélanger en pâte homogène.

3. Beurrer un moule à cake, y verser la pâte et faire cuire à mi-hauteur du four préchauffé à 200 °C de 35 à 45 mn. Vérifier la cuisson après 35 mn en piquant une lame de couteau au centre : elle doit ressortir sèche. Laisser refroidir avant de démouler.

Vous pouvez préparer ce quatre-quarts la veille du départ et l'envelopper, lorsqu'il est froid, d'un film plastique. Protégé ainsi, il se conserve plusieurs jours.

Mousseline de poires

POUR 6 PERSONNES
Préparation : 5 mn

1 bocal (1 kg) de poires au sirop
3 bonnes cuil. à soupe de gelée de coing
2 cuil. à soupe de gin ou d'alcool de poire
6 cerises confites
gâteaux secs

1. Verser les poires avec leur sirop dans le mixeur. Ajouter la gelée de coing et l'alcool choisi. Mixer en compote fine.

2. Verser dans des coupes et mettre au froid de 30 mn à 1 h.

3. Pour servir, piquer 1 cerise confite et 1 gâteau sec dans chaque coupe.

RECEVOIR EN TOUTES OCCASIONS

Campagnard

Un déjeuner léger et facile à préparer, en prévision d'un dîner plus important le soir.

IDÉES DÉCO

Table : choisir une satinette fermière (pour la nappe) ou des sets de table. Différentes marques en proposent en papier, de formes diverses (fleurs, feuilles...). Pliés, ils sont faciles à emporter. Utiliser également de jolis torchons à carreaux à la place des sets.

Vaisselle : habituelle.

Éclairage : naturel.

Centre de table : couronne gourmande (voir p. 33) garnie de fruits secs (abricots, figues, dattes, noix...) et de feuilles.

Astuce : réaliser la couronne à l'avance.

LISTE DES COURSES

Décoration

Matériel pour la couronne gourmande ■ sets de table en papier ■

Cuisine

Prévoir à l'avance : vin blanc ■ chapelure ■ échalotes ■ ail ■ moutarde ■ huile d'olive ■ riz long grain ■ sauce au poivre ■ cannelle en poudre ■ crème anglaise instantanée ■ sucre ■ gâteaux secs ■

Prévoir sur place : bûche de chèvre ■ œufs ■ salade ■ cèpes ou autres champignons de forêt ■ persil ■ oignon ■ raisin muscat ■ bananes ■ pommes ■ poires ■ citron ■ orange ■

COMPTE À REBOURS

Décoration

À L'AVANCE	réaliser la couronne.

Cuisine

1 H 15 À L'AVANCE	la fricassée de cèpes en couronne de riz points 1 et 2 ; la compote de quatre fruits points 1 et 2 ; pendant la cuisson de la compote, préparer le riz pour la fricassée de cèpes points 4 et 5 ; terminer la cuisson des cèpes et les réserver au chaud ; la compote de quatre fruits point 3.
15 MN À L'AVANCE	le chèvre chaud sur salade et servir.
AU MOMENT DE SERVIR	faire chauffer la sauce au poivre et servir la fricassée de cèpes en couronne de riz point 6.

*S*olution traiteur : *remplacer le chèvre chaud sur salade par une salade composée achetée chez le traiteur.*

Chèvre chaud sur salade

Chèvre chaud sur salade

POUR 6 PERSONNES
Préparation : 15 mn

6 tranches de bûche de chèvre
épaisses de 1 cm
2 jaunes d'œufs
1 tasse de chapelure
50 g de beurre
1 cuil. à soupe d'huile
1 salade (scarole ou mesclun)

Pour la vinaigrette

1 cuil. à café de moutarde de Dijon
4 cuil. à soupe de vinaigre
3 cuil. à soupe d'huile
2 échalotes (50 g) finement hachées
1 pointe de couteau d'ail haché
1 pincée de sucre
sel, poivre

1. Préparer la vinaigrette. Dans une jatte, délayer la moutarde avec le vinaigre. Ajouter les échalotes, l'ail, sel, poivre et la pincée de sucre. Incorporer l'huile en tournant vivement .

2. Y mélanger la salade lavée et coupée en petits morceaux.

3. Préparer le chèvre chaud. Mélanger les jaunes d'œufs dans une assiette avec sel, poivre et quelques gouttes d'huile. Verser la chapelure dans une autre assiette. Tremper successivement les tranches de chèvre dans le jaune d'œuf, puis dans la chapelure.

4. Juste avant de servir, disposer la salade sur les assiettes. Faire chauffer le beurre et l'huile dans une poêle, sur feu vif, et y faire frire rapidement les tranches de fromage sur les deux faces (procéder en deux fois). Au fur et à mesure de leur cuisson, les poser sur la salade et servir aussitôt.

Fricassée de cèpes en couronne de riz

POUR 6 PERSONNES
Préparation : 25 mn
Cuisson : 25 mn

1 kg de petits ou moyens cèpes bien frais
10 cl (1/2 verre) d'huile d'olive
2 échalotes (50 g) hachées
2 gousses d'ail hachées
3 cuil. à soupe de persil plat haché
sel, poivre

Pour la couronne de riz
350 g de riz long grain (2 tasses à thé rases)
1 gros oignon (80 g) finement émincé
15 cl (1 verre) de bon vin blanc
50 g de beurre
2 cuil. à soupe d'huile

1. Préparer les cèpes. Retirer la partie terreuse et abîmée du pied, essuyer les cèpes avec un torchon humide (si possible ne pas les laver). Séparer les chapeaux des pieds et couper ces derniers en tout petits dés. Couper séparément les chapeaux en lamelles.

2. Faire chauffer l'huile d'olive dans une grande poêle, sur feu moyen. Y faire fondre doucement les échalotes, l'ail et les pieds de cèpes en remuant de 2 à 3 mn. Ajouter les lamelles de chapeaux de cèpes et laisser cuire de 25 à 30 mn sur feu doux en remuant de temps en temps (jusqu'à ce que le liquide rendu par les cèpes soit résorbé).

3. Ajouter le persil, sel et poivre, et faire dorer sur feu vif. Réserver au chaud.

4. Préparer le riz. Faire chauffer le beurre et l'huile dans une sauteuse, sur feu moyen. Y faire revenir l'oignon 1 mn, ajouter le riz et faire dorer de 7 à 8 mn en remuant constamment. Saler, poivrer, verser le vin blanc et compléter avec de l'eau pour juste recouvrir le riz sans le noyer.

5. Couvrir, réduire à feu doux et laisser cuire 20 mn sans découvrir. Le riz doit être sec et s'égrener, sinon laisser cuire encore 2 mn sur feu vif et à découvert.

6. Pour servir, disposer le riz en couronne sur un plat rond et verser la fricassée de cèpes au centre.

Accompagner d'une sauce poivre vendue toute prête. La réchauffer selon les indications données sur le paquet.

Si les cèpes sont un peu plus vieux et que le foin sous le chapeau est vert, retirer celui-ci.

Compote aux quatre fruits

POUR 6 PERSONNES
Préparation : 10 mn
Cuisson : 20 mn

1 grappe de raisin muscat
2 bananes
2 pommes
2 poires passe-crassane
1/2 citron
1 orange
1 pincée de cannelle en poudre
150 g de sucre
1 noisette de beurre

1. Peler les bananes et les détailler en rondelles. Éplucher les pommes et les poires, ôter les pépins, et couper les fuits en cubes.

2. Égrener la grappe de raisin muscat dans une casserole. Ajouter les bananes, les pommes, les poires et 1 petite lamelle de zeste de citron et d'orange. Arroser avec le jus de ces agrumes. Saupoudrer de sucre et de cannelle et faire cuire 20 mn à feu moyen en remuant de temps en temps.

3. Verser dans un compotier, ajouter le beurre.

Servir tiède ou froid, mais non glacé, avec des gâteaux secs et une crème anglaise instantanée.

Compote aux quatre fruits

RECEVOIR EN TOUTES OCCASIONS

Veillée d'automne

Pour cette soirée campagnarde, un menu conçu autour d'un plat unique.

Menu

Cocktail feuilles mortes
Canapés à la banane
Gigot à la cuillère
Gâteau au chocolat
et aux noix

Châteauneuf-du-pape

IDÉES DÉCO

Table : créer une ambiance terroir en réalisant la décoration proposée (voir p. 15). Personnaliser le décor en mettant l'accent sur tel ou tel objet. Répartir un peu partout dans la pièce des bouquets de feuillage (en utilisant en guise de vases des carafes, bocaux, pots en grès, jolis arrosoirs, étains...).

Vaisselle : celle qu'il y a. De préférence faïence, grès, étain.

Éclairage : fabriquer des bougeoirs en passant des pommes à la bombe or et en creusant le centre de façon à pouvoir y planter une bougie. Les disposer ensuite sur la table, à gauche de chaque assiette.

Centre de table : choisir l'un des bouquets fleurs et fruits ou fleurs et légumes (voir p. 31).

LISTE DES COURSES

Décoration

Bombe or ▪ 6 belles pommes ▪ 6 bougies assorties à la nappe ▪ matériel pour le bouquet (voir p. 31) ▪

Cuisine

Prévoir à l'avance : rosé d'Anjou ▪ liqueur de mûre ▪ armagnac ou cognac ▪ rhum ▪ madère ▪ porto ▪ Perrier ▪ ail ▪ tablette de bouillon de bœuf ▪ poivre à steak ▪ huile d'olive ▪ œufs ▪ cerneaux de noix ▪ chocolat noir ▪ levure chimique ▪ sucre ▪ beurre ▪ farine ▪

Prévoir la veille ou le jour même : raisin muscat ▪ bananes ▪ pain de mie ▪ toastinettes ▪ gigot d'agneau désossé ▪ rognons d'agneau ▪ couenne de porc ▪ jambon de Parme ▪ bouquet garni (thym, laurier, persil, céleri) ▪ carottes ▪ navets ▪ tomates ▪ petits oignons blancs surgelés (ou échalotes) ▪ flageolets verts surgelés (ou en boîte) ▪ orange ▪ crème fraîche épaisse ▪ salade ▪ pain de campagne ▪

COMPTE À REBOURS

Décoration

LA VEILLE OU LE MATIN	préparer les bougeoirs et le bouquet.

Cuisine

LE MATIN MÊME OU LA VEILLE AU SOIR	le gâteau au chocolat et aux noix du point 1 au point 4 inclus, l'envelopper d'un film plastique et le réserver à température fraîche.
7 H 30 À L'AVANCE APRÈS LE DÉJEUNER	le gigot à la cuillère du point 1 au point 4 inclus.
1 H À L'AVANCE	le cocktail feuilles mortes point 1 ; le gâteau au chocolat et aux noix point 5.
10 MN À L'AVANCE	préparer la salade (facultatif) et servir avec le gigot ; les canapés à la banane points 1 et 2.
AU MOMENT DE SERVIR	les canapés point 3 ; le cocktail point 3.

*S*olution traiteur : remplacer le gâteau au chocolat et aux noix par un gâteau de pâtissier ou une glace.

Cocktail feuilles mortes et canapés à la banane

Canapés à la banane

POUR 6 CANAPÉS
Préparation : 10 mn

3 à 4 bananes mûres
1 cuil. à café de rhum
6 tranches de pain de mie
6 tranches de toastinette
(ou de gruyère)
sel, poivre, beurre

1. Préchauffer le gril du four. Faire griller les tranches de pain d'un seul côté. Les beurrer.

2. Malaxer les bananes avec le rhum, sel et poivre, et en tartiner les tranches de pain. Les recouvrir d'une toastinette et les remettre 2 mn sous le gril.

3. Les couper en quatre et servir chaud à l'apéritif.

*E*toffer éventuellement l'apéritif en présentant, en plus de ces canapés, diverses friandises salées telles que saucisson sec, jambon fumé, qui feront également office d'entrée légère avant le plat unique.

Cocktail feuilles mortes

POUR 6 PERSONNES
Préparation : 5 mn
Réfrigération : 1 ou 2 h

1 bouteille de rosé d'Anjou
10 cl (1/2 verre) de liqueur de mûre
1 petite bouteille de Perrier
5 cl d'armagnac ou de cognac
1 grappe de raisin muscat

1. Égrener le raisin dans une coupe à punch et écraser grossièrement les grains. Ajouter la liqueur de mûre et l'armagnac. Mettre de 1 à 2 h au réfrigérateur ainsi que la bouteille de rosé d'Anjou.

2. Au moment de servir, verser le vin dans la coupe, ajouter le Perrier et servir à la louche.

Gigot à la cuillère

POUR 6 PERSONNES
Préparation : 25 mn
Cuisson : 7 h

1 gigot d'agneau de 2,5 kg environ, désossé mais avec le manche
3 rognons d'agneau coupés en deux
3 tranches de jambon de Parme
1 grande couenne de porc un peu grasse
1 bouquet garni (thym, laurier, persil)
1 branche de céleri
4 carottes taillées en petits dés
3 navets taillés en petits dés
500 g de flageolets verts surgelés ou en boîte
500 g de petits oignons blancs (surgelés) ou d'échalotes
1 orange non traitée
3 grosses gousses d'ail hachées
2 tomates pelées et coupées en morceaux
1 tablette de bouillon de bœuf
10 cl (1/2 verre) d'armagnac ou de cognac
20 cl de madère
20 cl de porto rouge
sel, poivre à steak, huile d'olive

1. Faire chauffer 2 cuillerées à soupe d'huile d'olive dans une grande cocotte, sur feu vif, et y faire dorer le gigot sur toutes ses faces. Le retirer et saisir rapidement les rognons dans la graisse de la cocotte. Les retirer également, éteindre le feu.

2. Étaler la couenne de porc dans la cocotte, côté gras sur le fond, et y coucher le gigot. L'arroser d'armagnac, saupoudrer avec 1 grosse cuillerée à café de sel et 1 cuillerée à café rase de poivre à steak. Couvrir des 3 tranches de jambon de Parme et poser dessus une longue et fine lamelle d'écorce prélevée sur l'orange. Ajouter le jus de celle-ci. Entourer le gigot avec les légumes (les tomates en dernier) et le bouquet garni.

3. Arroser de madère et de porto, émietter la tablette de bouillon de bœuf, couvrir.

4. Amener à début d'ébullition sur feu moyen, puis placer la cocotte dans le four préchauffé à 140 °C et laisser cuire doucement 7 h.

5. Pour servir, servir dans la cocotte, en défaisant la viande fondante à souhait avec une cuillère. Accompagner d'une scarole ou frisée légèrement aillée et de pain de campagne

L'idéal pour cuire ce gigot au four est de le mettre dans un Römertopf (sorte de cocotte en terre) qui conserve merveilleusement la saveur des aliments. Dans ce cas, faire dorer le gigot dans une poêle sans oublier de tremper le Römertopf de 10 à 15 mn dans de l'eau chaude avant usage.

Gigot à la cuillère

Gâteau au chocolat et aux noix

POUR 6 À 8 PERSONNES
Préparation : 20 mn
Cuisson : 30 mn

3 œufs (calibre 60) (180 g environ)
180 g de chocolat noir cassé en morceaux
180 g de sucre
180 g de beurre
180 g de farine
100 g de noix grossièrement hachées
1 sachet de levure chimique

Pour napper le gâteau

150 g de chocolat noir
3 cuil. à soupe de crème fraîche épaisse

1. Préparer le gâteau. Préchauffer le four à 180 °C. Faire fondre le chocolat avec le beurre dans une casserole au bain-marie, puis le lisser.

2. Fouetter les œufs entiers avec le sucre en mousse blanchâtre (6 mn). Y incorporer le chocolat fondu.

3. Tamiser la farine et la levure petit à petit sur la pâte en l'incorporant à la cuillère en bois. Ajouter les noix hachées.

4. Beurrer et sucrer un moule à manqué. Y verser la pâte. Poser le moule dans un bain-marie pas très haut et faire cuire 30 mn dans le four. Vérifier la cuisson après 25 mn (la lame d'un couteau piquée au centre doit en ressortir légèrement humide). Laisser refroidir avant de démouler.

5. Napper le gâteau. Faire fondre le chocolat avec la crème fraîche. Lisser en crème et couler sur le gâteau.

RECEVOIR EN TOUTES OCCASIONS

Brunch

Pour ce brunch du dimanche qui fait office de déjeuner, tout doit être servi en même temps !

Menu

Petits pâtés de viande
Tomates aux crevettes
Œufs au bacon
Cake à l'orange
Salade de figues fraîches

Thé, café, jus de fruits

IDÉES DÉCO

Table : utiliser sans scrupule une nappe en papier (style soleiado ou à carreaux...) et tous les accessoires de la même gamme (serviettes, assiettes en carton de différentes tailles pour présenter les accompagnements).

Vaisselle : quelques idées astucieuses et amusantes à suivre : intercaler les assiettes dans un égouttoir en bois, planter les couverts dans des pots en grès ou des pichets, disposer les serviettes ainsi que le pain dans un petit panier, remplir une jatte en bois ou en paille (garnie d'une serviette) de viennoiseries, répartir les crudités sur un grand plat ou plateau, et utiliser pour sel, poivre, beurre, confitures et autres garnitures, tous les petits objets chinés dans la maison.

Éclairage : naturel.

Centre de table : un bouquet de feuillage dans un pichet ou une carafe.

Astuce : présenter café et thé dans des bouteilles Thermos afin que les boissons restent chaudes assez longtemps.

LISTE DES COURSES

Décoration

Nappe en papier (décor soleiado, à carreaux ou autre) ▪ accessoires assortis (serviettes et assiettes en cartons de différentes tailles) ▪

Cuisine

Prévoir à l'avance : porto ▪ rhum ▪ oignons ▪ échalotes ▪ œufs ▪ farine ▪ eau gazeuse ▪ grains de maïs en boîte ▪ mayonnaise ▪ ketchup ▪ sucre roux ▪ beurre ▪ farine ▪ levure chimique ▪ thé ▪ café ▪ jus de fruits ▪ sirop d'érable ▪

Prévoir avant de partir : pains spéciaux ▪ poitrine fumée en tranches ou bacon anglais ▪ crevettes décortiquées ▪ fruits confits ▪ figues fraîches pas trop mûres ▪

Prévoir sur place : veau et porc hachés ▪ tomates ▪ crudités et salade verte ▪ pains frais de diverses sortes ▪ citron ▪ crème fraîche épaisse ▪

COMPTE À REBOURS

Décoration

À L'AVANCE	prévoir le papier décor ; pour le bouquet sur la table, possibilité de réutiliser ceux qui ont servis la veille au soir.

Cuisine

1 H À L'AVANCE	les petits pâtés de viande points 1 et 2 ; la salade de figues point 1.
30 MN À L'AVANCE	les tomates aux crevettes point 1 au point 4 inclus.
20 MN À L'AVANCE	les petits pâtés de viande point 4 ; les œufs au bacon point 1.
AU MOMENT DE SERVIR	les petits pâtés de viande point 5 ; les tomates aux crevettes point 5 ; la salade de figues point 2.

Plat pouvant être congelé : le cake à l'orange.

Petits pâtés de viande, tomates aux crevettes, œufs au bacon

Petits pâtés de viande

POUR 6 PERSONNES
(12 PETITS PÂTÉS)
Préparation : 15 mn + 20 mn de repos
Cuisson : 12 mn

250 g de veau (ou de bœuf) haché
250 g de porc haché (ou chair à saucisse)
1 oignon moyen (70 g) finement haché
3 cuil. à soupe de farine
1 œuf
15 cl (1 verre) d'eau minérale gazeuse
50 g de beurre
4 cuil. à soupe d'huile
1 cuil. à soupe rase de sel
poivre

1. Mélanger dans un mixeur à vitesse réduite, ou à la main, les viandes avec l'oignon haché, la farine, l'œuf battu, sel et poivre. Ajouter lentement l'eau gazeuse et travailler le tout en pâte homogène.

2. Mettre cette pâte 20 mn dans le freezer.

3. Lorsqu'elle est ferme et bien froide, former 12 galettes de 2,5 cm environ d'épaisseur.

4. Dans une poêle, faire chauffer la moitié du beurre et de l'huile sur feu moyen. Y faire dorer de 4 à 5 mn 6 petits pâtés de viande de chaque côté jusqu'à ce qu'ils prennent une belle couleur. Les réserver sur un plat chaud et faire frire les 6 autres. Les garder à four doux s'ils doivent attendre.

5. Pour servir, les présenter tels quels ou les recouvrir d'un œuf au plat frit dans le jus restant de la poêle. Les poser sur des blinis chauds et les accompagner de sirop d'érable. Chaque convive en coulera 1 cuillerée sur son petit pâté.

Tomates aux crevettes

POUR 6 PERSONNES
Préparation : 10 mn

3 belles tomates
150 g de crevettes décortiquées
1 petite boîte de maïs en grains
2 échalotes hachées
3 cuil. à soupe de mayonnaise toute prête
1 cuil. à café de ketchup
1 cuil. à café de vinaigre
sel, poivre

1. Couper les tomates en deux dans l'épaisseur, les évider et les laisser en attente retournées.

2. Égoutter le maïs et les crevettes.

3. Dans une jatte, mélanger la mayonnaise avec le ketchup, le vinaigre, 1 pincée de sel et 1 de poivre. Ajouter les échalotes hachées, les crevettes et le maïs.

4. En remplir les demi-tomates. Mettre au froid 20 mn et présenter sur des feuilles de salade.

Œufs au bacon

PAR PERSONNE
Préparation et cuisson : 8 mn

1 œuf
2 tranches très fines de poitrine fumée
quelques gouttes de vinaigre
sel, poivre, beurre

1. Faire chauffer 1 petite noisette de beurre dans une poêle et y faire frire le lard fumé 3 mn de chaque côté jusqu'à ce qu'il soit croustillant.

2. Casser l'œuf dessus, laisser cuire selon le goût. Arroser de quelques gouttes de vinaigre en fin de cuisson. Saler légèrement, poivrer et servir sans attendre.

Cake à l'orange

POUR 6 À 8 PERSONNES
Préparation : 20 mn
Cuisson : 45 à 50 mn

10 cl (1 verre) de rhum brun
250 g de zeste d'orange confite, taillé en julienne
6 kumquats confits coupés en quatre
3 cuil. à soupe d'angélique confite, taillée en petits dés
125 g de beurre mou
125 g de sucre roux
3 œufs à température ambiante
1 sachet de levure chimique
180 g de farine
1 pincée de sel

1. Verser le rhum dans une casserole. Ajouter les fruits confits, faire chauffer et flamber hors du feu. Laisser macérer.

2. Préparer la pâte. Dans une jatte, tourner le beurre en mousse avec le sucre et le sel. Incorporer les œufs un à un en tournant longuement entre chaque.

3. Mélanger la levure à la farine et l'amalgamer petit à petit dans la pâte. Ajouter les fruits confits, bien mélanger. Verser dans un moule à cake beurré et fariné.

4. Faire cuire 10 mn dans le four préchauffé à 240 °C. Abaisser la température à 200 °C et laisser cuire encore 35 mn. Vérifier la cuisson du cake en piquant une lame de couteau au centre : elle doit en ressortir sèche ; sinon poursuivre la cuisson encore 5 mn. Laisser refroidir avant de démouler le cake à l'orange.

Si la pâte prend un aspect granuleux après l'adduction d'un œuf, c'est que celui-ci est trop froid. Plonger ceux qui restent 2 mn dans de l'eau chaude avant de les incorporer.
1 à 2 cuillerées à soupe de marmelade d'orange dans la pâte rendront ce cake encore plus moelleux.
Le préparer avant de partir en week-end et l'envelopper d'un film plastique. Ainsi, il se conserve plusieurs jours au réfrigérateur.

Cake à l'orange

Salade de figues fraîches

POUR 6 PERSONNES
Préparation : 5 mn

12 figues fraîches
1/2 citron pressé
10 cl (1 verre) de porto
4 cuil. à soupe de sucre roux
1 petit pot de crème fraîche épaisse

1. Laver les figues, ôter les queues et détailler chaque fruit en quatre. Arroser de jus de citron, saupoudrer de sucre roux. Ajouter le porto, mélanger le tout. Mettre 15 mn au réfrigérateur.

2. Ajouter la crème fraîche au moment de servir.

Le brunch peut être complété par des crudités (carottes râpées, salade verte, etc.), diverses sortes de pains (blanc, seigle, pumpernikel, pain de mie grillé) et être accompagné de thé, café, jus de fruits.

RECEVOIR EN TOUTES OCCASIONS

Menus à Huit, Dix

Dimanche : déjeuner élégant
Noël-Noël : Noël traditionnel
Joyeux Noël : Noël original
Noël de givre : déjeuner de Noël

Avec les réceptions à huit ou dix,
vous abordez les grands dîners.
Rien ne doit être laissé au hasard, tout doit être
parfait, aucune fausse note ne doit venir troubler
l'harmonie de votre table. Si vous prenez
la peine de convier dix personnes,
il faut vous en donner les moyens, cuisine parfaite,
table impeccable.
Les recettes choisies sont toutes raffinées et de
grande cuisine, le timing a été soigneusement
étudié pour vous permettre de faire face, sans
panique ni précipitation de dernière minute
(la plupart des plats seront prêts la veille
ou plusieurs heures à l'avance).
Les idées déco sont là pour vous aider à disposer
votre table, et toutes les courses à faire à l'avance
sont scrupuleusement notées pour
que vous n'ayez pas à courir acheter des bougies
au dernier moment.
Déjeuner raffiné pour célébrer une fête
ou un anniversaire,
dîners de Noël traditionnels, ou originaux et
inattendus si vous avez envie de changement !

RECEVOIR EN TOUTES OCCASIONS

Dimanche

Déjeuner raffiné pour fêter en famille un événement particulier.

Menu

Champagne
Mini-toasts au foie gras
Héklas aux deux saumons
Quasi de veau aux morilles
Nougat glacé

Bourgogne passetoutgrain

IDÉES DÉCO

Table : choisir parmi les plus belles, une nappe (ou drap) unie, de couleur, avec, en guise de sets de table, des napperons amidonnés (de famille par exemple, même s'ils sont dépareillés) ou en papier.

Vaisselle : l'argenterie est à l'honneur ainsi que les verres en cristal.

Éclairage : naturel.

Centre de table : réaliser une couronne (voir p. 32) assez importante pour donner un air majestueux à la table. La décorer de perles et de mini-paquets en carton (ou petites boîtes d'allumettes) aux couleurs de la nappe. Pousser même la délicatesse jusqu'à y cacher de véritables petits cadeaux. S'il s'agit de l'anniversaire d'un enfant, remplir chacun d'eux avec un petit cadeau fantaisie (bonbons, billes, petits bijoux, mini-jouets...).

Astuce : écrire le menu sur un Bristol décoré (voir pp. 8-9) en rappelant le motif de la fête. Reprendre même un petit texte ou poème à cette intention et le recopier sur la page de gauche. S'il s'agit d'un anniversaire de mariage, représenter le nombre d'années communes par des accessoires (bougies, pains, sujets en sucre ou en pâte d'amande en forme de chiffre).

LISTE DES COURSES

Décoration

Napperons en papier ▪ papier Bristol ou menus ▪ matériel pour fabriquer la couronne ▪

Cuisine

Prévoir à l'avance : champagne ▪ vin blanc sec ▪ rhum blanc ▪ foie gras de canard ▪ mayonnaise ▪ ketchup ▪ tabasco ▪ morilles au jus en bocal ▪ tablette de bouillon de bœuf ▪ œufs ▪ curry ▪ fruits confits ▪ Maïzena ▪ sucre ▪ pralin en poudre ▪ crème fraîche liquide UHT ▪ sucre vanillé ▪

Prévoir la veille : pain de mie ▪ pain de mie rond petit modèle tranché ▪ saumon fumé ▪ saumon frais ▪ citrons ▪ ail ▪ échalotes ▪ oignons ▪ persil ▪ aneth ▪ crème fraîche épaisse ▪ quasi de veau ▪ lardons demi-sel ▪ jambon de Parme ▪ oignons grelots surgelés ▪ carottes ▪ champignons précuits surgelés ▪ estragon ▪ coulis de fruits surgelé ▪ fours secs ▪

COMPTE À REBOURS

Décoration

À L'AVANCE	prévoir nappe et sets ; essuyer verres et couverts ; amidonner napperon et nappe (si nécessaire).
LA VEILLE	ménage, rangements ; fabriquer la couronne.
LE MATIN MÊME	dresser la table.

Cuisine

LA VEILLE	le nougat glacé du point 1 au point 4 inclus, éventuellement le quasi de veau aux morilles du point 1 au point 7 inclus.
LE JOUR MÊME 4 H À L'AVANCE	réfrigérer le champagne.
2 H À L'AVANCE	les héklas aux deux saumons du point 1 au point 4 inclus.
30 MN À L'AVANCE	préchauffer le four sur gril et griller le pain de mie ; abaisser la température à 160 °C pour le quasi de veau.
15 MN À L'AVANCE	les héklas aux deux saumons point 5 ; poser les assiettes sur la table ; préparer les mini-toasts au foie gras.
EN PASSANT À TABLE	enfourner le quasi de veau.
AU DESSERT	démouler le nougat glacé et le napper de coulis.

Plat pouvant être congelé : le quasi de veau aux morilles.

Héklas aux deux saumons

Héklas aux deux saumons

POUR 8 PERSONNES
Préparation : 20 mn
Réfrigération : 1 h

8 tranches de saumon fumé
300 g de saumon frais sans peau ni arêtes
2 cuil. à soupe de jus de citron
1 cuil. à soupe de mayonnaise toute prête
1 cuil. à café de ketchup
quelques gouttes de tabasco
1 petite cuil. à café d'échalote hachée
1 pointe de couteau d'ail finement haché
sel, poivre

Pour la sauce
1 cuil. à soupe de persil finement haché
1 cuil. à café d'aneth finement haché
20 cl de crème fraîche
sel, poivre
quelques brins d'aneth

1. Défaire le saumon frais dans le bol du mixeur et l'arroser de jus de citron. Mixer quelques tours.

2. Ajouter l'échalote, l'ail, le tabasco, sel, poivre. Mixer, incorporer la mayonnaise et le ketchup sans cesser de mixer. Mettre 1 h au réfrigérateur.

3. Farcir chaque tranche de saumon fumé avec 1 cuillerée à soupe de purée de saumon et la rouler. Réserver au réfrigérateur.

4. Préparer la sauce. Mélanger tous les ingrédients dans une petite casserole et faire chauffer 3 mn sur feu doux. Tamiser cette sauce en écrasant bien les herbes pour obtenir un coulis vert. Laisser refroidir.

5. Pour servir, verser 1 cuillerée à soupe de sauce dans chaque assiette et poser un hékla au centre. Décorer avec 1 brin d'aneth. Accompagner de pain de mie grillé.

Mini-toasts au foie gras

POUR 8 PERSONNES
Préparation : 10 mn

1 pain de mie rond petit modèle
(32 tranches)
1 boîte de foie gras de canard (200 g)

1. Faire griller les tranches de pain de mie sous le gril du four d'un côté seulement.

2. Les recouvrir de foie gras. Les disposer sur un joli plat et servir avec le champagne.

Quasi de veau aux morilles

POUR 8 PERSONNES
Préparation : 35 mn
Cuisson : 1 h
Réchauffage : 20 mn

1,2 kg de quasi de veau
1 bocal (500 g) de morilles au jus
200 g de lardons demi-sel
1 tranche épaisse de jambon de Parme, taillée en dés
500 g d'échalotes pelées ou de petits oignons grelots surgelés
3 carottes (100 g) râpées
1 tablette de bouillon de bœuf
500 g de petits champignons précuits surgelés
100 g de beurre
1 cuil. à soupe de farine
25 cl de bon vin blanc sec
1 cuil. à soupe d'estragon ciselé (frais ou surgelé)
3 jaunes d'œufs
20 cl de crème fraîche
1 cuil. à café de Maïzena
1/2 cuil. à café de curry + 1 pincée
sel, poivre

1. Mélanger 1/2 cuillerée à café de curry avec 1 cuillerée à café rase de sel et du poivre. En frotter la viande et laisser reposer le temps de la préparation.

2. Faire blanchir les lardons 2 mn dans de l'eau bouillante, les égoutter.

3. Faire chauffer la moitié du beurre dans une cocotte, sur feu moyen, et y faire blondir les lardons 3 mn en remuant. Ajouter le jambon de Parme, remuer 1 mn. Retirer et faire dorer la viande, dans la graisse des lardons, sur toutes ses faces. Saupoudrer de farine et faire dorer encore de 2 à 3 mn.

4. Ajouter les échalotes, les carottes râpées, les faire dorer également de 2 à 3 mn, sans cesser de remuer. Ajouter les lardons et le jambon, les champignons précuits, les morilles avec leur jus, 1 pincée de curry, la tablette de bouillon de bœuf émiettée, le vin et 1/2 verre d'eau, encore un peu de poivre et le reste du beurre. Racler le fond de la cocotte avec une spatule en bois pour décoller les sucs. Couvrir et laisser mijoter 1 h sur feu doux.

5. Retirer la viande, ajouter l'estragon dans la cocotte et faire réduire le jus de cuisson sur feu vif.

6. Découper la viande en tranches. Les disposer dans un grand plat à four en porcelaine à feu ou en terre.

7. Délayer les jaunes d'œufs avec la crème fraîche, ajouter 1 petite louche du jus de cuisson. Verser le tout dans la cocotte en remuant vivement jusqu'à épaississement. Si cette sauce est encore un peu trop liquide, ajouter 1 cuillerée à café de Maïzena délayée dans 1 cuillerée à soupe d'eau. Napper la viande avec cette sauce en poussant les champignons sur les bords du plat. Réserver.

8. Faire réchauffer le quasi aux morilles, 20 mn avant de servir, dans le four préchauffé à 160 °C.

Nougat glacé

Nougat glacé

POUR 8 PERSONNES
Préparation : 20 mn
Congélation : 6 h au minimum

250 g de fruits confits taillés en petits dés (orange, citron, cerises et raisins secs)
100 g de pralin en poudre
50 cl de crème fraîche liquide très froide
3 blancs d'œufs
200 g de sucre en poudre
2 sachets de sucre vanillé
10 cl (1/2 verre) de rhum blanc
1 pincée de sel

Pour servir
coulis de fruits (au choix)
gâteaux secs (achetés chez le pâtissier)

1. Mettre les fruits confits et le rhum dans une casserole. Faire chauffer 5 mn sur feu doux, puis flamber. Laisser macérer et refroidir totalement.

2. Monter les blancs d'œufs en neige ferme avec 1 pincée de sel, en leur ajoutant, à mi-parcours, 2 cuillerées à soupe de sucre, puis le reste de sucre lorsqu'ils sont bien fermes, sans cesser de fouetter. Incorporer le pralin en poudre.

3. Fouetter la crème fraîche en chantilly ferme avec le sucre vanillé. La mélanger délicatement aux blancs en neige et ajouter les fruits confits.

4. Tapisser un moule à cake d'un film plastique débordant largement. Le remplir de la préparation. Lisser le dessus et rabattre le film. Laisser 6 h au minimum au congélateur, voire 1 nuit.

5. Pour servir, démouler le nougat glacé sur un plat à cake. Accompagner d'un coulis de fruits et de gâteaux secs. Le décorer éventuellement de bougies d'anniversaire.

RECEVOIR EN TOUTES OCCASIONS

Noël-Noël

Pour ce dîner de Noël traditionnel, deux couleurs s'imposent : le rouge et le vert.

Menu

Cocktail or
Roulés de saumon
Roulés de jambon
Buisson de homards
Oie aux pommes de Noël
Purée de pommes de terre
Bûche au moka

Pouilly-fuissé, saint-estèphe

IDÉES DÉCO

Table : tout le décor est basé sur le thème du rouge et vert, de la couronne de la porte d'entrée (branches de sapin et gros nœuds en satin rouge) jusqu'aux couettes sur les lits, sans oublier un énorme sapin vert et rouge. Il existe de nombreuses nappes au décor rouge et vert prêtes ou à réaliser soi-même (en papier, en tissu ou en intissé).

Vaisselle : resplendissante et en harmonie avec le décor (dessous d'assiettes or ou vert foncé - métal argenté, émail, carton...-, assiettes rouges, petites assiettes vertes...), verres à pied.

Éclairage : candélabres, bougeoirs et bougies en forme de sujets de Noël répartis dans toute la pièce.

Centre de table : utiliser à cet effet le buisson de homards du menu.

Astuce : confectionner un bouquet d'invité par convive (un brin de mimosa lié à une rose rouge) et le fixer sur le pied de chaque verre ; disposer des bougies sur la table ; empaquetez les cadeaux dans du papier crépon rouge et vert.

LISTE DES COURSES

Décoration

Nappe et serviettes ■ bougies ■ fleurs ■ couronne ■ papier crépon ■

Cuisine

Prévoir à l'avance : porto blanc ■ Cointreau ■ champagne ■ vin blanc sec ■ calvados ■ kirsch ■ cornichons ■ 1/2 boîte d'ananas ■ court-bouillon ■ gros sel ■ moutarde ■ sauce Worcestershire ■ poivre en grains ■ ketchup ■ macédoine de légumes ■ gélatine ■ oignons ■ échalotes ■ chapelure ■ sauge sèche ■ muscade ■ pruneaux ■ fécule ■ œufs ■ extrait de café ■ cacao ■ sucre glace ■ lait ■ beurre ■ cerises confites ■ angélique ■ brochettes en bois ■

Prévoir la veille : orange ■ citrons ■ saumon fumé ■ Boursin au saumon fumé ■ jambon ■ Boursin ail et fines herbes ■ homards surgelés ■ pommes ■ 1 oie ■ pommes de terre ■ fleurs en pâte d'amandes ■

Prévoir le jour même : laitues ■ tomates ■ persil ■ pain de seigle ■

COMPTE À REBOURS

Décoration

À L'AVANCE	faire le sapin, la couronne de l'entrée ; prévoir la nappe et les serviettes.
LA VEILLE	dresser la table ; installer des bougies dans toute la pièce ; donner un air rouge et vert à toute la maison.
LE JOUR MÊME	confectionner les bouquets d'invités.

Cuisine

2 JOURS À L'AVANCE	la bûche de Noël au moka.
LA VEILLE	le buisson de homards du point 1 au point 6 inclus ; l'oie aux pommes de Noël du point 1 au point 3 inclus ; les roulés de saumon point 1 ; les roulés de jambon point 1.
LE JOUR MÊME	l'oie aux pommes de Noël du point 4 au point 6 inclus.
4 H À L'AVANCE	préparer la purée de pommes de terre maison points 1 et 2, puis la tenir au chaud dans un bain-marie.
3 H À L'AVANCE	le cocktail or points 1 et 2 ; le buisson de homards du point 7 au point 9 inclus et réserver le plat dans un endroit frais.
1 H À L'AVANCE	faire réchauffer les assiettes.
15 MN À L'AVANCE	terminer les roulés de saumon et les roulés de jambon.
AU DERNIER MOMENT	verser le champagne dans le cocktail or.

Solution traiteur : commander le buisson de homards chez le traiteur, et la bûche au moka chez un bon pâtissier.

Plat pouvant être congelé : la bûche au moka.

Cocktail or

Cocktail or

POUR 8 PERSONNES
Préparation : 10 mn
Macération : 3 h minimum

20 cl de porto blanc
10 cl de Cointreau
1 orange
1 citron
2 cuil. à soupe de sucre
1 bouteille de champagne brut

1. Prélever le zeste du citron en spirale. Couper en rondelles fines l'orange non épluchée et lavée.

2. Dans une jolie jatte en verre, déposer le zeste du citron, les rondelles d'orange et le sucre. Arroser de porto et de Cointreau. Laisser macérer plusieurs heures au froid.

3. Au moment de servir, ajouter le champagne ou le crémant frappé.

Roulés de saumon

POUR 8 PERSONNES
Préparation : 10 mn
Réfrigération : plusieurs heures

4 grandes tranches de saumon fumé
1 Boursin au saumon fumé
2 gros cornichons à l'aigre-doux
Mini-brochettes en bois

1. Tartiner les tranches de saumon fumé avec le Boursin au saumon, puis les rouler en un long cigare. Les envelopper séparément dans un film plastique serré. Les mettre quelques heures au réfrigérateur.

2. Au moment de les servir, couper chaque roulé au saumon en tronçons de 2 cm environ. Tailler les cornichons en fines rondelles. Garnir les brochettes en alternant 1 rondelle de cornichon et 1 de roulé de saumon. Disposer sur une assiette et servir à l'apéritif.

Roulés de jambon

POUR 8 PERSONNES
Préparation : 10 mn
Réfrigération : plusieurs heures

4 tranches fines de jambon
1 Boursin à l'ail et aux fines herbes
2 ou 3 tranches d'ananas en boîte
Mini-brochettes en bois

1. Tartiner les tranches de jambon avec le Boursin aux fines herbes, puis les rouler en forme de cigare. Les envelopper séparément dans un film plastique et les mettre quelques heures (voire 1 nuit) au réfrigérateur.

2. Au moment de servir, couper chaque roulé en tronçons de 2 cm.

3. Tailler les tranches d'ananas en petits triangles. Garnir des mini-brochettes en bois en alternant 1 triangle d'ananas et 1 morceau de roulé.

Buisson de homards

POUR 8 PERSONNES
Préparation : 1 h 30 (la veille) + 30 mn (le jour même)

8 petits homards portions (250 g) surgelés crus

Pour le court-bouillon
50 cl de vin blanc sec (gros-plant)
1 sachet de court-bouillon marin
1 pomme non épluchée dans une gaze nouée
3 cuil. à soupe de calvados
1 cuil. à café de poivre en grains
3 cuil. à soupe de gros sel

Pour la mayonnaise
2 jaunes d'œufs
1 cuil. à soupe de moutarde forte
1 petite cuil. à café de sauce Worcestershire
2 cuil. à soupe de porto
1 cuil. à soupe de ketchup
30 cl d'huile
sel, poivre

Pour coller la mayonnaise
1 cuil. à soupe de jus de citron
3 feuilles de gélatine (6 g)

Pour la garniture
1 grosse laitue ou 2 petites
4 œufs durs
8 petites tomates fermes
1/2 boîte de macédoine de légumes
2 échalotes (50 g) finement hachées
1 bouquet de persil

Pour la composition du plat
1 grand plateau recouvert de papier or
1 pain rassis taillé en forme de moule à cake, recouvert de papier or et collé solidement sur le centre du plateau
16 fines brochettes en bois

1. Faire cuire les homards au court-bouillon (la veille). Les décongeler selon la méthode indiquée sur les paquets et recueillir l'eau si c'est de l'eau de mer. La verser dans une marmite et compléter jusqu'à obtention de 4 litres. Ajouter le vin blanc et le reste des ingrédients et amener à ébullition sur feu vif. Réduire le feu, laisser doucement bouillir de 15 à 20 mn.

2. Retirer la pomme, plonger les homards dans le court-bouillon. Amener à début d'ébullition. Laisser frémir 15 mn. Retirer les homards en évitant de casser les pinces. Les laisser refroidir couverts d'un torchon.

3. Les ouvrir en deux avec un couteau à lame courte et solide. Jeter la poche à gravier qui se trouve près des yeux. Retirer et réserver les parties crémeuses qui sont dans les coffres. Refermer les homards chair contre chair, les couvrir et les mettre au froid.

4. Préparer la mayonnaise. Placer les jaunes d'œufs dans le bol du mixeur. Ajouter la moutarde, sel, poivre et les parties crémeuses. Mixer quelques secondes, puis verser l'huile en un mince filet. Lorsque la mayonnaise est très ferme, ajouter le ketchup, le porto et la sauce Worcestershire. Mixer encore.

5. Coller la mayonnaise. Ramollir la gélatine à l'eau froide. L'égoutter et la faire fondre avec le jus de citron, en remuant, sur feu doux. Laisser refroidir avant de l'incorporer à la mayonnaise dans le mixeur. Verser celle-ci dans une jatte, la réserver au froid.

6. Égoutter la macédoine de légumes, l'essorer, la réserver.

7. Préparer les tomates (2 à 3 h à l'avance, le jour même). Couper les tomates aux deux tiers de leur hauteur. Les évider. Ajouter la moitié de la mayonnaise et les échalotes hachées dans la macédoine de légumes et en remplir abondamment les tomates. Poser dessus les chapeaux.

8. Couper les œufs durs en deux, en dents de scie.

9. Monter le buisson de homards. Réserver quelques feuilles petites et tendres du cœur de la laitue, tailler le reste en lanières. Les répartir sur le plateau autour du socle. Piquer les demi-homards debout, tout autour du socle, carapace vers l'extérieur, pinces dressées, avec les brochettes en bois. Décorer avec les tomates, les œufs durs, des feuilles de salade et des petits bouquets de persil. Mettre le plat au frais et le présenter 20 mn avant de passer à table. Accompagner du reste de mayonnaise en saucière et de fines tranches de pain de seigle.

Roulés de saumon et de jambon

Oie aux pommes de Noël

POUR 8 À 10 PERSONNES
Préparation : 30 mn
Cuisson : 3 h

1 jeune oie de 3,5 à 4 kg
1/2 citron

Pour la farce

6 pommes coupées en petits cubes
200 g de pruneaux dénoyautés
3 gros oignons émincés (250 g)
1 tasse de chapelure
10 cl (1/2 verre) de calvados
1 cuil. à café de sauge émiettée
50 g de beurre
sel, poivre

1. Préparer l'oie. Retirer l'excédent de graisse qui se trouve à l'intérieur et le jeter. Saler, poivrer l'intérieur. Frotter entièrement la peau de l'oie avec le citron. Laisser sécher.

2. Préparer la farce. Mettre les pruneaux dans une grande jatte. Les arroser de calvados. Laisser macérer.

3. Faire chauffer le beurre dans une poêle, sur feu vif, et y faire dorer les oignons jusqu'à ce qu'ils soient translucides et d'une jolie couleur caramel blond. Les verser sur les pruneaux. Ajouter la sauge, les pommes, la chapelure, sel et poivre. Remplir l'oie de cette farce et coudre l'ouverture.

4. Préchauffer le four à 200 °C. Poser l'oie dans un grand plat à four et la frotter avec 1 cuillerée à café d'un mélange de sel et poivre.

5. Enfourner, abaisser la température du four à 180 °C. Lorsque l'oie commence à être bien dorée, retirer la graisse dans le fond du plat.

6. Pour s'assurer de la cuisson, piquer une cuisse avec la pointe d'un couteau. Si le jus qui s'écoule est encore rose, prolonger la cuisson de 10 à 15 mn. Si le jus est jaune pâle, l'oie est cuite. Éteindre le four et laisser reposer 10 mn porte ouverte. L'oie sera ainsi plus facile à découper.

7. Pour servir, il est de tradition pour Noël de présenter l'oie toute dorée dans son plat de cuisson ou sur un grand plat de service. Le maître de maison la découpe ensuite à table en commençant par extraire la farce de l'intérieur qui sera servie dans un légumier chaud. Puis il sert lui-même ses invités en présentant les morceaux sur des assiettes chaudes et les en arrosant avec 1 petite cuillerée de sauce du plat.

Purée de pommes de terre maison

POUR 8 À 10 PERSONNES
Préparation : 20 mn
Cuisson : 20 mn

2 kg de pommes de terre farineuses (bintje)
100 g de beurre frais
0,5 litre de lait entier frais
1 pincée de noix muscade râpée
gros sel, sel fin

1. Couper les pommes de terre épluchées en grosses rondelles. Les faire cuire 20 mn dans une grande casserole d'eau salée. Faire chauffer le lait.

2. Égoutter sommairement les pommes de terre, les réduire en purée avec un presse-purée ou un fouet en leur incorporant petit à petit le lait bouillant. Ajouter la noix muscade, le beurre et du sel. Fouetter bien le mélange et tenir au chaud dans un bain-marie.

Bûche au moka

POUR 8 À 10 PERSONNES
Préparation et cuisson : 1 h 40
Refroidissement : 30 mn
Décoration : 30 mn

Pour le biscuit
150 g de sucre en poudre
75 g de farine
75 g de fécule de pomme de terre
50 g de beurre mou presque fondu
6 œufs + 2 jaunes
1 cuil. à café de jus de citron

Pour la crème au moka
6 blancs d'œufs
300 g de sucre glace
450 g de beurre extrêmement mou
1 cuil. à café de jus de citron
2 cuil. à soupe d'extrait de café +
1 petite cuil. à café de café lyophilisé

Pour la finition
4 cuil. à soupe de kirsch
quelques petits champignons en meringue, des fleurs en pâte d'amande rose ou blanche, des feuilles en pâte d'amande verte, cerises confites, bâtons d'angélique
1 cuil. à soupe de cacao
sucre glace

1. Préparer le biscuit. Casser les 6 œufs en séparant les blancs des jaunes. Réserver les blancs. Dans une jatte, placer les 8 jaunes, ajouter le sucre et les monter en mousse 5 mn avec un fouet électrique à vitesse moyenne.

2. Mélanger la farine et la fécule de pomme de terre et tamiser sur les jaunes. Incorporer petit à petit en pâte souple.

3. Monter les 6 blancs en neige ferme avec le jus de citron. Verser le beurre très mou sur la pâte, puis les blancs montés, mélanger délicatement le tout.

4. Préchauffer le four à 240 °C. Recouvrir une tôle à pâtisserie de papier sulfurisé beurré et y étaler la pâte. Enfourner et faire cuire de 10 à 12 mn, jusqu'à ce que le centre du biscuit soit ferme sous le doigt.

5. Poser un torchon mouillé sur un plan de travail. Retourner le biscuit sur le torchon, le recouvrir d'un second torchon mouillé, sans retirer le papier sulfurisé, et laisser refroidir.

6. Préparer la crème au moka. Placer les blancs d'œufs, le sucre glace et le jus de citron dans une grande jatte posée sur un bain-marie frémissant. Bien mélanger, puis fouetter 15 mn au batteur électrique pour obtenir un meringage ferme et lisse. Retirer du bain-marie, fouetter encore de 1 à 2 mn, laisser refroidir.

7. Incorporer le beurre très mou dans le meringage froid. Prélever 3 cuillerées à soupe de cette crème claire et les garder à température ambiante.

8. Terminer la crème au moka en lui ajoutant l'extrait de café et le café lyophilisé délayé dans 1/2 cuillerée à café d'eau tiède. Au moment du mélange, la crème doit devenir granuleuse, puis lisse comme une mayonnaise. Sinon rajouter du beurre mou. Ne jamais mettre la crème au froid avant de l'étaler, mais la garder dans une ambiance tiède.

9. Préparer la bûche. Retirer le torchon et le papier sulfurisé qui recouvrent le biscuit, mais laisser celui-ci sur le second torchon. Diluer le kirsch dans le même volume d'eau et en asperger largement le biscuit avant de le recouvrir d'une couche épaisse de 1/2 cm de crème au moka. Le rouler serré en s'aidant du torchon.

Bûche au moka

10. Couper les extrémités en biseau et placer la bûche sur un plat long ou une planche recouverte d'un napperon de papier. Glisser de chaque côté une bande d'aluminium ménager pour protéger le plat des taches.

11. Poser sur le dessus de la bûche les 2 extrémités taillées en biseau, de manière à simuler des départs de branches. Recouvrir les extrémités de la bûche et des branches avec la crème réservée, le reste de crème au moka. À l'aide d'une fourchette, dessiner des stries inégales pour simuler l'écorce d'un arbre. Saupoudrer la crème claire d'une spirale de cacao. Décorer la bûche de feuilles, de fleurs, de champignons. Retirer les bandes de protection. Poudrer le tout de sucre glace tamisé.

12. Mettre la bûche au réfrigérateur jusqu'au moment de servir.

RECEVOIR EN TOUTES OCCASIONS

Joyeux Noël

Cette année, changement de décor ! Pour un Noël créatif, jeune et pimpant...

Menu

Cocktail rose-rouge
Délicieuses
Duos d'ouverture
Sublimes de canard
au foie gras frais
Sauce cassis-mangue
Bombe glacée Joyeux Noël

Muscadet sur lie, médoc

IDÉES DÉCO

Table : confectionner une nappe argentée (lamé argent, pailleté argent ou même papier métallisé) et la juponner autour des pieds de la table à l'aide d'une bande du même tissu (30 cm de large), fermée par un gros nœud (à l'un des coins si elle est carrée ou rectangulaire, entre deux chaises si elle est ronde). Pour raffiner encore plus, réaliser des housses de chaise assorties ou garnir le dossier de chaque chaise d'un gros nœud du même tissu.

Vaisselle : dessous d'assiettes (métal argenté, étain ou carton, couleur argent ou noir), vaisselle blanche, verres à pied.

Éclairage : bougies dispersées dans toute la pièce.

Centre de table : réaliser le plateau d'huîtres insolite (voir p. 37).

Astuce : pousser la coquetterie jusqu'à fixer sur les double-rideaux des tentures improvisées dans le même tissu que la nappe.

LISTE DES COURSES

Décoration

Tissu argenté ■ cire et mèche à bougie ■ coquilles d'huîtres ■ gui ■ bougies ■

Cuisine

Prévoir à l'avance : champagne ■ cerises au marasquin ■ Grand Marnier ■ armagnac ■ pineau rouge ■ whisky ■ vodka ■ eau de rose ■ cristaux de sucre candi brun ■ mini-bouchées ■ ail ■ échalotes ■ tabasco ■ sauce béarnaise ■ mayonnaise ■ œufs de saumon ■ gélatine ■ fond de veau ■ gingembre ■ poivre rose ■ sucre glace ■ sucre vanillé ■ paillettes de chocolat ■ crème liquide UHT ■ olives noires ■

Prévoir la veille : framboises ■ angélique ■ huîtres ■ tarama ■ citrons ■ crème fraîche épaisse ■ avocats ■ champignons ■ estragon ■ laitue ■ blinis ■ gelée au madère ■ magrets de canard ■ foie gras frais ■ mangue ■ cassis surgelé ■ purée de céleri ■ glace aux pruneaux et à l'armagnac ■ marrons glacés ■ crème Chantilly ■

COMPTE À REBOURS

Décoration

À L'AVANCE	fabriquer les bougies pour le plateau d'huîtres insolite ; confectionner la nappe, les housses ou nœuds sur les chaises, les tentures...
LA VEILLE	dresser la table et le décor.
LE JOUR MÊME	installer le plateau d'huîtres insolite au centre de la table.

Cuisine

2 JOURS À L'AVANCE	le moule à bombe glacée dans le congélateur.
LA VEILLE	les duos d'ouverture du point 1 au point 6 inclus ; la bombe glacée du point 2 au point 3 inclus.
LE JOUR MÊME	les sublimes de canard du point 1 au point 4 inclus ; préparer éventuellement la purée de céleri.
1 H À L'AVANCE	préparer la décoration des duos d'ouverture ; le cocktail rose-rouge points 1 et 2 ; les délicieuses points 1 et 2.
20 MN À L'AVANCE	les sublimes de canard point 5 ; les duos d'ouverture point 7 ; poser les assiettes sur la table ; faire chauffer les blinis ; sortir la bombe glacée du congélateur et la mettre au réfrigérateur.
5 MN À L'AVANCE	faire chauffer les délicieuses ; terminer le cocktail rose-rouge point 3 et servir ; allumer le gril du four au moment de passer à table.
10 MN AVANT DE SERVIR	faire griller les sublimes de canard ; faire chauffer la sauce.
EN FIN DE REPAS	démouler la bombe glacée et la décorer.

Solution traiteur : commander la bombe glacée chez un bon pâtissier.

Cocktail rose-rouge et délicieuses

Cocktail rose-rouge

POUR 8 À 10 PERSONNES
Préparation : 10 mn
Réfrigération : 30 mn à 1 h

1 bouteille de champagne brut
1 petit bocal de cerises au marasquin
4 cuil. à soupe de framboises surgelées
1 morceau d'angélique confite (6 à 8 cm)
1 cuil. à soupe d'eau de rose
7,5 cl de Grand Marnier
15 cl de pineau rouge (ou de porto)
4 cuil. à soupe de sucre candi brun en cristaux
1 grosse rose rouge épanouie

1. Verser le sucre candi dans une jolie coupe à punch transparente. Ajouter 8 cerises au marasquin et l'alcool du bocal, les framboises surgelées, l'angélique taillée en petits bâtonnets.

2. Arroser d'eau de rose, de pineau et de Grand Marnier. Réfrigérer la coupe de 30 mn à 1 h, mais pas plus longtemps, car les cristaux de sucre doivent rester entiers.

3. Au moment de servir, verser le champagne bien froid et faire flotter la rose rouge en surface. Servir à la louche dans des coupes.

Délicieuses

POUR 8 PERSONNES
Préparation : 15 mn
Réchauffage : 15 mn

24 huîtres creuses
24 mini-bouchées en pâte feuilletée
1 pot de sauce béarnaise
poivre

1. Préchauffer le four à 240 °C. Rincer les huîtres à l'eau claire, les ranger sur une tôle, un peu écartées les unes des autres. Les mettre à ouvrir dans le four en les surveillant. Dès qu'elles bâillent, les retirer.

2. Les extraire des coquilles, les égoutter. Garnir chaque mini-bouchée avec 1/2 cuillerée à café de béarnaise. Y glisser 1 huître, la poivrer et la recouvrir avec 1/2 cuillerée à café de béarnaise. Ranger les délicieuses sur une tôle et les réserver au frais.

3. Pour les servir, les réchauffer 15 mn dans le four à 180 °C. Les présenter à l'apéritif.

Duos d'ouverture

POUR 8 PERSONNES
Préparation : 30 mn
Présentation : 20 mn
Réfrigération : 6 h au minimum, voire 1 nuit

Pour la mousse de tarama

250 g de tarama tout prêt
(ou 2 barquettes)
4 cuil. à soupe de jus de citron
3 cuil. à soupe de crème fraîche épaisse
1 cuil. à café d'ail finement écrasé
2 feuilles de gélatine (4 g)
quelques gouttes de tabasco

Pour la mousse d'avocat

5 cuil. à soupe de jus de citron
3 feuilles de gélatine (6 g)
3 gros avocats mûrs à point
200 g de petits champignons bien blancs
2 échalotes (50 g) finement émincées
1 cuil. à soupe d'estragon ciselé
1 cuil. à soupe de mayonnaise toute prête
3 cuil. à soupe de crème fraîche épaisse
sel, poivre

Pour la décoration

1 ou 2 petits bocaux, selon la taille, d'œufs de saumon
1 laitue taillée en chiffonnade
1 citron
1 branche d'estragon frais
10 petites olives noires dénoyautées
200 g de gelée au madère toute prête
8 petits moules à dariole

1. Préparer la mousse de tarama. Ramollir la gélatine à l'eau froide, l'égoutter et la faire fondre dans le jus de citron, sur feu doux.

2. Mettre le tarama dans une jatte. Le tourner en mousse avec la gélatine fondue, l'ail, le tabasco et la crème fraîche.

3. Rincer rapidement les moules à dariole à l'eau froide et y répartir la mousse de tarama. Bien l'étaler. Réserver au froid.

4. Préparer la mousse d'avocat. Ramollir les 3 feuilles de gélatine à l'eau froide et les faire fondre avec le jus de citron.

5. Mettre les petits champignons nettoyés et essuyés dans le bol du mixeur avec la mayonnaise, l'échalote et l'estragon. Mixer en purée tout en versant la gélatine fondue. Ajouter la crème fraîche, la chair des avocats, sel et poivre. Mixer le tout en mousse homogène.

6. Répartir cette mousse d'avocat dans les moules, sur la mousse de tarama. Bien l'étaler et remettre le tout, de préférence posé sur un plateau et recouvert d'un film plastique, au réfrigérateur jusqu'au lendemain, ou 6 h au minimum.

7. Pour servir, tremper rapidement un par un les moules dans de l'eau chaude. Les retourner sur une assiette et taper légèrement. Entourer chaque duo d'une petite couronne de chiffonnade de laitue, cerclée de gelée au madère taillée en petits cubes. Poser sur chacun 1/2 cuillerée à café d'œufs de saumon, 1 olive noire et 2 petites feuilles d'estragon frais. Accompagner de petits blinis chauds ou de pain grillé.

Servir également ces duos d'ouverture avec un petit verre de vodka glacée.

Sublimes de canard au foie gras frais

Sublimes de canard au foie gras frais et sauce cassis-mangue

POUR 8 PERSONNES
Préparation : 1 h
Cuisson : 10 mn

4 magrets de canard (environ 1,2 kg)
1 foie gras frais de 300 g
10 cl (1/2 verre) d'armagnac
20 cl (1 verre) de très bon pineau rouge
2 cuil. à soupe de fond de veau déshydraté
1/2 cuil. à café de gingembre en poudre
1 cuil. à café bombée de poivre rose
4 cuil. à soupe de cassis surgelé
1 mangue
sel, poivre

1. Retirer toute trace verdâtre de fiel qui pourrait subsister sur le foie gras frais. Le tailler en huit tranches assez fines et légèrement biaisées. Les poser sur une assiette en les séparant les unes des autres avec de l'aluminium ménager. Les couvrir et les réserver au froid afin qu'elles restent bien fermes.

2. Inciser la peau des magrets en croisillons jusqu'à la chair. Faire chauffer une sauteuse à blanc sur feu vif et, lorsqu'elle est brûlante, y déposer les magrets peau contre le fond. Les faire saisir et suer leur graisse 5 mn, les retourner, les couvrir et faire cuire légèrement (2 mn) la chair. Les retirer et jeter la graisse rendue. Les arroser d'armagnac et les flamber. Laisser tiédir. Les presser de la paume de la main en les tournant et retournant pour bien les imprégner d'alcool. Laisser macérer le temps de préparer la sauce.

3. Préparer la sauce cassis-mangue. Verser le pineau dans une petite casserole. Ajouter le fond de veau déshydraté, le gingembre en poudre, le poivre rose grossièrement écrasé et 10 cl (1/2 verre) d'eau. Faire réduire de moitié sur feu moyen à doux. Ajouter le jus de macération et les grains de cassis surgelés. Laisser chauffer 2 mn en remuant délicatement, puis retirer du feu. Goûter et rectifier l'assaisonnement en sel, le fond de veau étant déjà salé. Peler et couper la mangue en petits dés de 1 cm x 1 cm, les ajouter dans la sauce, réserver.

4. Préparer les sublimes de canard. Tailler chaque magret en quatre escalopes larges : poser le magret sur la planche à découper, peau vers le haut. À l'aide d'un couteau long et fin, tailler à 5 cm de la pointe gauche du magret une première tranche, le couteau presque à plat. Jeter cette entame particulièrement grasse. De la même manière, tailler 4 escalopes, le couteau toujours dans la même position. Réserver pour un autre usage la pointe droite du magret.

5. Confectionner les sublimes. Recouvrir la lèchefrite du four d'aluminium ménager légèrement huilé. Poser 1 escalope de magret sur la lèchefrite, la recouvrir avec 1 tranche de foie gras frais et 1 escalope. Disposer en éventail. Recommencer pour les autres sublimes. Saler et poivrer le tout. Laisser en attente.

6. Pour servir, réchauffer la sauce cassis-mangue à feu doux. Allumer le gril. Glisser les sublimes à environ 9 cm sous le gril et les faire dorer et cuire 10 mn. Servir sur assiettes chaudes et napper de sauce cassis-mangue

Accompagner les sublimes de 1 cuillerée à soupe de purée de céleri ou tout simplement de 2 fleurons en pâte feuilletée préalablement chauffés.

NOËL

Bombe glacée Joyeux Noël

Bombe glacée Joyeux Noël

POUR 8 À 10 PERSONNES
Préparation : 30 mn
Décoration : 5 mn
Congélation : 6 h au minimum

1 litre de glace aux pruneaux et
à l'armagnac
250 g de marrons glacés
20 cl de crème fraîche liquide très froide
2 cuil. à soupe de sucre glace
1 sachet de sucre vanillé
4 cuil. à soupe de whisky

Pour la décoration
1 bombe de crème Chantilly
1 petite boîte de paillettes de chocolat
1 petit bouquet de roses de Noël fraîches

1. Choisir un moule d'une contenance de 1,5 litre soit à bombe glacée, soit n'importe quel autre pouvant remplir le même office (grand verre-mesureur en plastique, par exemple). Le mettre plusieurs heures au congélateur.

2. Laisser ramollir la glace environ 25 mn à température ambiante. En chemiser l'intérieur du moule à l'aide d'une spatule souple, sur 2 à 3 cm d'épaisseur. Remettre le moule dans le congélateur de 1 à 2 h.

3. Émietter les marrons glacés dans un bol et les arroser de whisky. Fouetter la crème fraîche liquide avec les sucres glace et vanillé en chantilly ferme. Y incorporer délicatement les marrons glacés. En remplir le centre du moule en tassant bien. Égaliser le dessus. Terminer par un peu de glace s'il en reste. Recouvrir d'aluminium ménager et mettre 6 h au minimum, voire une nuit, dans le congélateur.

4. Pour servir, si la bombe glacée est restée 1 nuit dans le congélateur, la sortir 20 mn avant de la servir et la mettre au réfrigérateur.

5. Garnir un plat rond d'un napperon en dentelle de papier doré. Retourner la bombe glacée dessus et l'entourer d'un torchon mouillé d'eau chaude et essoré. Retirer le moule. Décorer de crème Chantilly, saupoudrer de paillettes de chocolat. Entourer de petites roses de Noël fraîches.

RECEVOIR EN TOUTES OCCASIONS

Noël de givre

Un décor de givre sorti tout droit d'un conte de fée pour ce déjeuner de Noël !

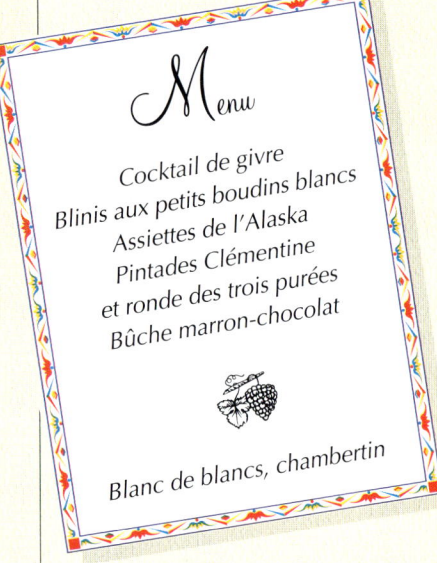

Menu

Cocktail de givre
Blinis aux petits boudins blancs
Assiettes de l'Alaska
Pintades Clémentine
et ronde des trois purées
Bûche marron-chocolat

Blanc de blancs, chambertin

IDÉES DÉCO

Table : une nappe blanche (damassée ou lin), emballée dans un grand morceau de tulle ou de mousseline blanche noué en plusieurs endroits. Au centre de chaque nœud, glisser une boule dorée.

Vaisselle : vaisselle blanche, argenterie, verres en cristal.

Éclairage : naturel, réchauffé par quelques lampes d'appoint.

Centre de table : réaliser le décor "C'est chou" (voir p. 37), puis une fois terminé, le passer légèrement à la bombe neige pour lui donner un bel aspect givré.

Astuce : décorer les vitres au pochoir et à la bombe neige ;
empaqueter les cadeaux dans du papier glacé blanc (ruban doré) ;
harmoniser le décor du sapin avec celui de la table (boules blanches, dorées et transparentes, sapin givré blanc…).

LISTE DES COURSES

Décoration

Grand morceau de tulle ou de mousseline blanche ■ beau chou vert frisé ■ bombe or et bombe neige ■ bougies blanches fines et longues ■ pochoirs ■ boules de Noël dorées, (blanches et transparentes) ■ sapin givré ■ papier glacé blanc et ruban doré ■

Cuisine

Prévoir à l'avance : champagne brut ■ rhum blanc ■ Cointreau ■ vin blanc sec ■ cognac ou kirsch ■ Schweppes ■ anis étoilé (rayon tisa-nerie) ■ sucre candi blanc en cristaux ■ sucre cristallisé ■ crousti-pommes ■ œufs de lump rouges ■ œufs de lump noirs ■ huile d'olive ■ pain de mie ■ tablette de bouillon de volaille ■ œufs ■ échalotes ■ oignons ■ ail ■ curry ■ pommes de terre farineuses ■ lait ■ beurre ■ crème fraîche liquide UHT ■ chocolat noir ■ extrait de vanille ■

COMPTE À REBOURS

Décoration

À L'AVANCE	installer et décorer le sapin.
LA VEILLE	réaliser le décor "C'est chou" ; amidonner la nappe ; découper le tulle ou la mousseline pour emballer la table.
LE JOUR MÊME	dresser la table.

Cuisine

2 JOURS À L'AVANCE	la bûche marron-chocolat du point 1 au point 3 inclus ; préparer les glaçons du cocktail de givre point 1.
LA VEILLE	la bûche marron-chocolat du point 4 au point 7 inclus ; les pintades Clémentine du point 1 au point 5 inclus.
LE JOUR MÊME 2 À 3 H À L'AVANCE	les blinis aux petits boudins blancs points 1 et 2 ; les assiettes de l'Alaska du point 1 au point 3 inclus ; givrer les verres pour le cocktail.
1 H 15 À L'AVANCE	les trois purées du point 1 au point 4 inclus ; les pintades Clémentine point 6.
20 MN À L'AVANCE	le cocktail de givre point 3 ; réfrigérer le champagne ; préparer les pintades Clémentine point 7 ; composer les assiettes de l'Alaska point 4.
10 MN À L'AVANCE	faire chauffer les blinis aux petits boudins blancs.

NOËL

Assiettes de l'Alaska

extrait de café ▪ sucre glace ▪ purée de marrons au naturel ▪ mini-brochettes en bois ▪
Prévoir la veille : carambole ▪ framboises surgelées ▪ menthe fraîche ▪ citrons ▪ mini-boudins blancs ▪ beurre de crevette ▪ crème fraîche épaisse ▪ blinis portions ▪ saumon fumé ▪ espadon fumé ▪ filets de hareng fumés ▪ salade mélangée ▪ mâche ▪ ciboulette ▪ pintades ▪ clémentines ▪ citron vert ▪ foies de volaille ▪ boudins blancs truffés ▪ purées de carottes, de haricots verts et de céleri surgelées ▪ fleurs et feuilles en pâte d'amande ▪

AU MOMENT DE SERVIR terminer le cocktail de givre et le servir avec les blinis ; éteindre le four, y laisser reposer les pintades ; terminer les assiettes de l'Alaska.

*S*olution traiteur : remplacer les blinis aux petits boudins blancs par des petites bouchées à réchauffer, achetées chez le traiteur.
Commander une bûche chez le pâtissier.

*P*lat pouvant être congelé : la bûche marron-chocolat.

Cocktail de givre

POUR 8 À 10 PERSONNES
Préparation : 10 mn + 5 mn (la veille)

1 bouteille de champagne brut
10 cl de rhum blanc
15 cl de Cointreau
4 étoiles d'anis
1 carambole
4 grosses cuil. à soupe de cristaux de sucre candi blanc
Pour les glaçons
8 à 10 framboises surgelées
8 à 10 petites feuilles de menthe fraîche
1 à 2 petites bouteilles de Schweppes
Pour givrer verres et coupe à cocktail
sucre cristallisé, 1/2 citron

1. **La veille.** Préparer les glaçons. Poser dans 8 ou 10 alvéoles du bac à glaçons 1 framboise surgelée et dans 8 ou 10 autres 1 petite feuille de menthe. Les remplir de Schweppes et mettre dans le congélateur jusqu'au lendemain.

2. **Le jour même.** Givrer les verres et la coupe. Frotter les bords avec le citron. Verser du sucre cristallisé dans une assiette et y tremper le bord des verres et de la coupe.

3. Préparer le cocktail de givre. Verser le sucre candi en un petit monticule sur le fond de la coupe. Ajouter les étoiles d'anis et la carambole coupée en tranches fines. Arroser de rhum blanc et de Cointreau. Mettre au réfrigérateur jusqu'au moment de servir. Réfrigérer le champagne.

4. Pour servir, placer au fond de chaque verre 1 glaçon à la framboise et 1 glaçon à la menthe. Verser le champagne dans la coupe. Servir immédiatement.

Blinis aux petits boudins blancs

POUR 8 À 10 PERSONNES
Préparation : 20 mn
Réchauffage : 15 mn au four

500 g de mini-boudins blancs
15 g de beurre
2 petits pots de beurre de crevette
1 grosse cuil. à soupe de crème fraîche
2 paquets de petits blinis portions
Mini-brochettes en bois

1. Verser les petits boudins blancs dans une passoire et les rincer 1 mn sous l'eau chaude. Faire chauffer le beurre dans une poêle, sur feu vif, et y faire dorer les boudins en secouant fréquemment. Réserver.

2. Mélanger la crème fraîche avec le beurre de crevette et en tartiner les blinis. Poser 1 petit boudin blanc sur chaque blini et refermer celui-ci en piquant 1 brochette en bois.

3. Pour servir, faire chauffer 4 mn dans le micro-ondes ou 15 mn dans le four préchauffé à 200 °C. Disposer sur un plat et servir immédiatement.

Assiettes de l'Alaska

POUR 8 À 10 PERSONNES
Préparation : 30 mn

8 à 10 tranches de saumon fumé
8 à 10 tranches d'espadon fumé
4 à 5 filets de hareng fumé
1 sachet de salades mélangées
1 sachet de mâche
2 sachets de crousti-pommes
2 cuil. à soupe de ciboulette ciselée
1 bocal d'œufs de lump rouges
1 bocal d'œufs de lump noirs
10 très fines rondelles de citron
le jus de 2 citrons
20 cl de crème fraîche
4 cuil. à soupe d'huile d'olive
sel, poivre

1. Découper les poissons fumés en languettes et les réserver au froid.

2. Mélanger la crème fraîche avec la ciboulette, réserver également au froid.

3. Préparer la vinaigrette. Mélanger le jus de citron avec l'huile d'olive, sel et poivre. Laisser à température ambiante.

4. 15 mn avant de servir, préparer les assiettes. Disposer au centre de chacune une poignée de salades mélangées. L'entourer d'une couronne de mâche surmontée d'une couronne de crousti-pommes, puis des languettes de poissons fumés en intercalant les différentes variétés.

5. Verser la vinaigrette sur la salade. Garnir le centre avec 1 cuillerée à café d'œufs de lump rouges et 1 cuillerée à café d'œufs de lump noirs. Les séparer par 1/2 rondelle de citron. Poser les assiettes à table juste avant de convier les invités.

Pintades Clémentine

Pintades Clémentine

POUR 10 PERSONNES
Préparation : 45 mn
Cuisson : 1 h

3 pintades
15 cl (3/4 verre) de Cointreau
1 cuil. à café de curry
4 clémentines
10 échalotes (250 g) pelées
1 citron vert
sel, poivre, beurre

Pour la farce

6 foies de volaille
3 boudins blancs truffés
3 oignons (200 g environ) hachés
4 à 5 cuil. à soupe de purée de carottes surgelée
2 gousses d'ail hachées
4 cuil. à soupe de ciboulette hachée
3 tranches de pain de mie
15 cl de vin blanc sec
1 tablette de bouillon de volaille
2 jaunes d'œufs

1. Couper le citron vert en deux, en frotter entièrement la peau des pintades et presser le jus à l'intérieur. Faire rouler les pintades pour que le jus imbibe bien les chairs, saler et poivrer l'intérieur. Laisser en attente.

2. Faire légèrement chauffer le vin blanc avec la tablette de bouillon de volaille. Y émietter le pain de mie. Réduire en bouillie.

3. Faire chauffer 50 g de beurre dans une poêle, sur feu vif. Y faire dorer les oignons et l'ail hachés 5 mn, jusqu'à ce qu'ils deviennent transparents et légèrement colorés.

4. Ajouter les foies de volaille coupés en petits morceaux et les boudins blancs coupés en rondelles. Réduire le feu et laisser cuire 3 mn, en remuant de temps en temps. Ajouter la purée de carottes, la ciboulette, les jaunes d'œufs, sel, poivre, la bouillie de pain et retirer du feu. Laisser refroidir.

5. Préparer les pintades. Éplucher les clémentines. Introduire 1 morceau d'écorce de 5 cm x 5 cm au fond de chaque pintade. Remplir de farce et terminer par un autre zeste. Refermer l'ouverture des volatiles par des brochettes en bois. Poser les pintades dans un grand plat de cuisson.

6. Réduire de 60 à 70 g de beurre en pommade avec le curry, sel et poivre. En tartiner la peau des pintades, arroser de Cointreau. Répandre les échalotes au fond du plat. Enfourner dans le four préchauffé à 200 °C. Laisser cuire 1 h en arrosant de temps en temps avec le jus rendu.

7. 20 mn avant la fin de cuisson, ajouter les clémentines, défaites en tranches, autour des pintades.

8. Pour servir, laisser reposer de 10 à 15 mn, four éteint et entrouvert. Découper les pintades et les disposer sur un plat de service. Entourer de farce et de clémentines. Servir avec les trois purées.

Ronde des trois purées

POUR 10 PERSONNES
Préparation : 15 mn
Cuisson : 20 mn

250 g de purée de carottes surgelée
250 g de purée de haricots verts surgelée
250 g de purée de céleri surgelée
1 à 1,2 kg de grosses pommes de terre (bintje)
1 gros oignon (80 g) émincé
150 g de beurre
20 cl (1 verre) de lait tiède
10 cl de crème fraîche
sel, poivre

1. Faire décongeler séparément les trois purées de légumes.

2. Pendant ce temps, éplucher les pommes de terre, les couper en rondelles dans une casserole. Ajouter l'oignon émincé, 1 grosse cuillerée à soupe de gros sel et recouvrir d'eau. Faire cuire 20 mn à couvert, sur feu moyen.

3. Égoutter sommairement et remettre sur feu doux. Écraser avec un presse-purée ou un fouet en incorporant peu à peu le lait tiède, la crème fraîche et le beurre. Saler, poivrer, bien fouetter le tout et retirer du feu.

4. Partager cette purée en trois et mélanger chaque tiers à l'une des purées de légumes décongelées.

Ces purées se réchauffent dans le micro-ondes ou à four doux.

Bûche marron-chocolat

POUR 8 À 10 PERSONNES
Préparation : 1 h
Réfrigération : 2 fois 1 nuit

500 g de purée de marrons au naturel
150 g de beurre
300 g de chocolat noir à 72% ou 64% de cacao
100 g de sucre
1/2 cuil. à café d'extrait de vanille
1/2 cuil. à café d'extrait de café
6 cuil. à soupe de cognac
+ 2 cuil. à café
sucre glace
fleurs en pâte d'amande blanche
feuilles en pâte d'amande verte

1. **La veille.** Faire fondre au bain-marie 150 g de chocolat avec 6 cuillerées à soupe de cognac, la vanille et l'extrait de café, sans remuer jusqu'à ce que le chocolat soit mou. Ajouter 100 g de beurre, retirer du feu et mélanger en pommade.

2. Verser la purée de marrons dans le bol du mixeur. Ajouter le sucre et le chocolat fondu. Bien mixer.

3. Tapisser un moule à cake d'aluminium ménager. Y verser la préparation précédente et faire prendre 1 nuit au réfrigérateur.

4. **Le jour même.** Façonner la bûche. Retirer la préparation du moule, la poser sur un plan de travail, retirer l'aluminium et la façonner en forme de bûche avec les mains. Couper les extrémités en biseau et les poser sur le tronc pour former des départs de branches.

5. Poser la bûche sur un plat de service et remettre 1 h au réfrigérateur.

6. Préparer le glaçage. Faire fondre 150 g de chocolat avec 50 g de beurre et 2 cuillerées à café de cognac ou de kirsch comme indiqué précédemment. Mélanger en pommade.

7. Sortir la bûche du réfrigérateur lorsque le glaçage est bien nappant. En recouvrir la bûche à l'aide d'une spatule souple. Puis strier le glaçage avec une fourchette de façon inégale pour simuler l'écorce d'un arbre. Décorer de fleurs et de feuilles en pâte d'amande. Remettre plusieurs heures, voire 1 nuit, au réfrigérateur. Saupoudrer de sucre glace avant de servir.

Bûche marron-chocolat

RECEVOIR EN TOUTES OCCASIONS

Au gui l'An neuf

Cup champagne pick-me-up
Cocktail Mai Tai
Chou piqué
Canapés au beurre d'anchois
Canapés aux œufs de lump noirs
Canapés aux œufs de lump rouges
Canapés au tarama
Canapés au foie gras
Pruneaux et figues bardés
Bananes bardées
Mini-bouchées du berger
Mini-bouchées au boudin noir
Mini-bouchées au boudin blanc
Mini-bouchées bolognaises
Mini-bouchées aux crevettes
Saumon fumé
Salade verte
Petit plateau de fromages
Salade de fruits
Gâteau de l'An neuf
Café glacé

Le réveillon du 31 décembre est une tradition que beaucoup ne voudraient manquer sous aucun prétexte. Si vous êtes de ceux-là, et si vous avez décidé cette année de convier vos amis chez vous à enterrer l'année qui finie, voici de quoi les recevoir brillamment et fêter dignement l'année qui vient. Tout a été conçu autour d'un buffet que vous aurez mis en place avant l'arrivée de vos invités. Chacun n'aura qu'à se servir, et vous serez disponible pour danser jusqu'à l'aube !

Au gui l'An neuf !

LISTE DES COURSES

Décoration

Nappe en tissu ou en papier et serviettes en papier assorties ▪ éventuellement accessoires en carton dans la même gamme ▪ bougies ▪ guirlandes d'ampoules ▪ gui ▪ ballons de baudruche ▪ bombe or et bombe argent ▪ matériel pour confectionner les pyramides (voir pp. 34-35) ▪ matériel pour confectionner les pommes d'amour (voir p. 34) ▪

Cuisine

Prévoir à l'avance : fine champagne ▪ champagne brut ▪ liqueur d'abricot ▪ curaçao ou Cointreau ▪ rhum brun de la Jamaïque ▪ cerises au marasquin ▪ kirsch ou Cointreau ▪ angostura ▪ sirop de grenadine ▪ sucre cristallisé ▪ cornichons à l'aigre-doux ▪ moutarde ▪ thym ▪ olives vertes dénoyautées ▪ ananas en boîte ▪ anchois à l'huile ▪ œufs de lump rouges ▪ œufs de lump noirs ▪ œufs ▪ olives noires ▪ échalotes ▪ oignons ▪ ail ▪ compote de pomme en boîte ▪ sauce bolognaise ▪ bisque de homard en boîte ▪ chocolat noir à 72% ou 64% de cacao ▪ beurre ▪ sucre ▪ lait ▪ cacao ▪ boudoirs ▪ noisettes en poudre ▪ extrait de café ▪ extrait de vanille ▪ café moulu ▪ pêches au sirop ▪ litchis au sirop ▪ lait concentré sucré ▪ crème fraîche liquide UHT ▪ crème anglaise instantanée ▪ papier Bristol quadrillé ▪ 70 brochettes longues en bois ▪ 60 mini-brochettes en bois ▪ cassolettes en papier gaufré ▪

Prévoir la veille ou l'avant-veille : ananas ▪ clémentines ▪ bananes ▪ poires ▪ raisins ▪ kiwis ▪ fruits de la Passion (ou coulis) ▪ framboises surgelées ▪ oranges ▪ citrons ▪ grenade ▪ citrons verts ▪ chou vert ▪ céleri-

IDÉES DÉCO

Table : un décor de fête brillant (tissu ou papier), la table doit rayonner.

Vaisselle : piles d'assiettes, pyramides de verres, buissons de couverts.

Éclairage : plusieurs chandeliers ou bougeoirs entortillés de gui, répartis sur le buffet ; guirlandes d'ampoules suspendues dans la pièce.

Centre de table : 2 belles pyramides à croquer (voir pp. 34-35) garnies de réductions (mini-éclairs, choux à la crème, petits feuilletés, mini-viennoiseries...) et de chocolats de toutes sortes ; 3 coupes de pommes d'amour (voir p. 34).

Astuce : au-dessus du buffet, suspendre au plafond une rangée de boules de gui et de ballons de baudruches en alternance (ballons pailletés ou ballons blancs passés à la bombe or ou argent).

COMPTE À REBOURS

	Décoration
À L'AVANCE	prévoir nappe, serviettes, vaisselle ; préparer les ballons et les guirlandes d'ampoules.
LA VEILLE	dresser le décor ; confectionner les pommes d'amour.
LE JOUR MÊME	confectionner les pyramides à croquer.
	Cuisine
2 JOURS À L'AVANCE	le gâteau de l'An neuf du point 1 au point 6 inclus.
LA VEILLE	le gâteau de l'An neuf du point 7 au point 12 inclus et soigneusement le recouvrir ; le beurre d'anchois points 1 et 2, le tarama point 1, les pruneaux et figues bardés points 1 et 2, les mini-bouchées aux boudins blancs points 1 et 2 et aux boudins noirs point 1 ; le café glacé points 1 et 2.
LE JOUR MÊME	faire griller les canapés plusieurs heures à l'avance sous le gril du four.
4 À 5 H À L'AVANCE	préparer la salade de fruits, poser les framboises non décongelées dessus.
3 H À L'AVANCE	le cocktail Cup champagne pick-me-up points 1 et 2, le cocktail Mai Tai du point 1 au point 3 inclus et givrer les verres ; remplir les mini-bouchées ; préparer les bananes bardées.
2 H À L'AVANCE	préparer le chou piqué et le mettre en place.
1 H À L'AVANCE	tartiner les canapés ; préparer la salade verte, le saumon fumé, le plateau de fromages (les disposer à l'arrière du buffet) ; étaler les blinis dans le cuit-vapeur.

JOUR DE L'AN

branche ■ tomates-cerises ■ endives ■ pommes ■ figues fraîches ou raisin blanc ■ radis ■ gruyère ■ jambon ■ saucisson sec ■ jambon de Parme ■ chorizo ■ saumon fumé en tranches + 1 grand saumon fumé ■ 2 pains de mie grand modèle ■ 1 pain de mie rond ■ gingembre frais ■ crème fraîche épaisse ■ ciboulette ■ persil ■ tarama ■ foie gras ■ gelée au madère ■ pruneaux dénoyautés ■ figues sèches ■ 25 tranches fines de poitrine fumée ■ 100 mini-bouchées en pâte feuilletée (5 boîtes) ■ fromage de chèvre frais ■ mini-boudins blancs ■ mini-boudins noirs antillais ■ parmesan ■ gruyère ■ basilic frais ou surgelé ■ crevettes décortiquées ■ blinis ■ pain aux noix tranché ■ salade verte ■ petit plateau de fromages ■

Le jour même : pain pour le fromage ■ chocolats ■ tuiles aux amandes ■ réductions ■

Déroulement de la soirée

	terminer et présenter les cocktails lorsque les invités arrivent ; laisser déguster le chou piqué et les canapés.
AU BOUT DE 1 H	terminer et présenter les pruneaux, figues et bananes bardés ; apporter ensuite les mini-bouchées (plusieurs sortes à la fois) ; ramener ensuite le saumon fumé, la salade verte, le plateau de fromages sur l'avant du buffet ; faire chauffer les blinis, présenter le pain aux noix et le pain de mie rond.
VERS MINUIT	terminer la décoration du gâteau de l'An neuf et le poser sur le buffet ainsi que la salade de fruits, les chocolats, les tuiles aux amandes, les réductions, la crème anglaise ; mettre le café glacé dans des bouteilles Thermos et le servir en fin de soirée.

*S*olution traiteur : commander des mini-bouchées toutes prêtes chez un bon traiteur ainsi que les pruneaux bardés.
Remplacer le gâteau de l'An neuf par un gâteau de pâtissier.
Commander des pains-surprises si le nombre de convives est plus élevé.

Cup champagne pick-me-up

POUR 15 À 20 PERSONNES
Préparation : 15 mn
Réfrigération : 1 ou 2 h

1 kg d'oranges juteuses
4 citrons
1 grenade
20 cl de sirop de grenadine
50 cl de fine champagne
2 bouteilles de champagne brut
1 petite cuillerée à café d'angostura

1. À l'aide d'un couteau-économe, prélever une spirale de zeste longue et fine sur 1 orange et sur 1 citron. Couper la grenade en deux et en extraire les grains. Déposer les zestes et les grains de grenade dans une grande boîte en plastique munie d'un couvercle. Y ajouter la fine champagne, le sirop de grenadine et l'angostura.

2. Presser les oranges jusqu'à obtenir 60 cl de jus. Ajouter ensuite le jus des 4 citrons et verser le tout dans la boîte. Fermer, secouer pour bien mélanger. Mettre au réfrigérateur jusqu'au moment de servir.

3. Verser le contenu de la boîte dans une grande coupe à punch et arroser des 2 bouteilles de champagne bien glacé. Servir à la louche.

Cocktail Mai Tai

POUR 10 PERSONNES
Préparation : 20 mn

5 citrons verts
2 citrons jaunes
15 cl de liqueur d'abricot
15 cl de curaçao ou de Cointreau
60 cl de rhum brun de la Jamaïque
1 petit ananas frais avec un joli plumeau
1 bocal de cerises au marasquin
10 brochettes longues en bois

Pour givrer les verres
1/2 citron
1/2 tasse de sucre cristallisé

1. Presser les 7 citrons et verser le jus dans le bol du mixeur. Ajouter la liqueur d'abricot, le curaçao et le rhum et faire tourner 20 secondes. Verser le mélange dans une coupe à punch.

2. Éplucher l'ananas. Prélever 10 petites feuilles dans le plumeau, au besoin couper des feuilles en deux. Couper 5 tranches dans l'ananas et les tailler en huit.

3. Garnir chaque brochette avec 1 petite feuille, 1 cerise au marasquin et 1 morceau d'ananas. Réserver au froid sous film plastique. Verser le reste des morceaux d'ananas dans la coupe à punch et la mettre au réfrigérateur.

4. Givrer les verres 15 mn avant de servir. Frotter le bord des 10 verres à whisky avec 1/2 citron, puis les tremper dans le sucre cristallisé. Planter 1 brochette dans chaque verre. Pour servir, glisser 2 glaçons dans un verre et les recouvrir d'une petite louche de Mai Tai.

JOUR DE L'AN

Chou piqué

Chou piqué

POUR 25 À 30 PERSONNES
Préparation : 1 h

1 gros chou vert frisé
250 g de gruyère
250 g de jambon
20 tranches fines de saucisson sec
5 tranches très fines de jambon de Parme
1 chorizo coupé en tranches épaisses
5 tranches de saumon fumé
1 bocal de gros cornichons
à l'aigre-doux
1 bocal d'olives vertes dénoyautées
1/2 boîte d'ananas
1 cœur de céleri-branche
20 tomates-cerises
3 endives (les feuilles coupées en quatre)
2 pommes
2 citrons
10 figues fraîches coupées en deux ou
40 gros grains de raisin blanc
1 botte de petits radis

1. Couper le gruyère et le jambon en cubes de même grosseur. Nettoyer les radis et ôter les feuilles.

2. Couper en deux les tranches de jambon de Parme et de saumon fumé. Couper le cœur de céleri-branche en bâtonnets. Détailler les pommes en cubes et les arroser avec le jus de 1 citron. Couper en deux l'autre citron et le recouper en fines lamelles.

3. Préparer 6 séries de 10 brochettes en bois longues et fines.

4. Composer les brochettes avec les divers ingrédients. Première série : jambon, cornichon, ananas ; deuxième série : gruyère, céleri, pomme ; troisième série : endive, saumon fumé, citron ; quatrième série : saucisson, radis ; cinquième série : jambon de Parme, figue ou raisin ; sixième série : tomate-cerise, chorizo, olive.

5. Écarter les feuilles du chou pour bien l'ouvrir, le poser légèrement incliné sur un support. Piquer les brochettes lorsque le chou est en place sur le buffet.

Canapés au beurre d'anchois

POUR 10 CANAPÉS
Préparation : 15 mn

5 tranches de pain de mie grand modèle
1 petite boîte d'anchois à l'huile
60 g de beurre mou
1 cuil. à café d'échalote finement hachée
1/2 cuil. à café de moutarde
1 œuf dur
1 cuil. à café de persil haché

1. Mixer ou écraser à la fourchette le beurre et les anchois (avec l'huile contenue dans la boîte) jusqu'à obtention d'une pâte lisse. Ajouter la moutarde, le jaune de l'œuf dur et le persil.

2. Verser dans un bol et ajouter le blanc de l'œuf dur écrasé à la fourchette. Réserver à température ambiante.

3. Faire griller les tranches de pain d'un côté et les couper en deux. Tartiner les canapés froids avec ce beurre d'anchois.

Canapés aux œufs de lump noirs

POUR 10 CANAPÉS
Préparation : 15 mn

5 tranches de pain de mie grand modèle
2 œufs
1 cuil. à soupe de crème fraîche épaisse
1 cuil. à soupe de ciboulette ciselée
1 petit bocal d'œufs de lump noirs (100 g)
3 rondelles fines de citron avec l'écorce
sel, poivre, beurre

1. Battre légèrement les œufs à la fourchette avec la crème fraîche, la ciboulette, sel et poivre.

2. Faire fondre 20 g de beurre dans une petite casserole à fond épais, sur feu doux. Ajouter les œufs et tourner avec une cuillère en bois jusqu'à consistance d'œufs brouillés. Retirer du feu et laisser refroidir.

3. Faire griller d'un côté les tranches de pain et les couper en deux. Tartiner largement les canapés avec les œufs brouillés. Recouvrir d'œufs de lump noirs et poser sur chaque canapé 1/4 rondelle de citron.

Canapés aux œufs de lump rouges

POUR 10 CANAPÉS
Préparation: 10 mn

5 tranches de pain de mie grand modèle
1 petit bocal d'œufs de lump rouges
60 à 70 g de beurre mou
1 cuil. à soupe de gingembre frais râpé
3 fines rondelles de citron, avec l'écorce

1. Faire griller d'un côté les tranches de pain et les couper en deux.

2. Amalgamer le beurre avec le gingembre et en tartiner largement les canapés.

3. Recouvrir d'œufs de lump rouges et poser sur chaque canapé 1/4 rondelle de citron.

Pruneaux, bananes et figues bardés

Canapés au tarama

POUR 12 CANAPÉS
Préparation : 10 mn

6 tranches de pain de mie grand modèle
150 g de tarama tout prêt
1/2 cuil. à café d'ail finement écrasé
1 grosse cuil. à café de crème fraîche épaisse
1/2 cuil. à café de zeste de citron râpé
6 olives noires dénoyautées

1. Mélanger le tarama, la crème fraîche, l'ail et le zeste de citron.

2. Faire griller d'un côté le pain de mie. Couper chaque tranche en deux.

3. Tartiner les canapés de la préparation au tarama et poser sur chacun 1/2 olive.

Canapés au foie gras

POUR 25 CANAPÉS
Préparation : 15 mn

1 rouleau de foie gras de 300 g
25 tranches de pain de mie rond grillées
150 g de gelée au madère toute prête

1. Couper le rouleau de foie gras en 25 tranches fines, à l'aide d'une lame de couteau trempée dans de l'eau chaude.

2. Les poser sur les tranches de pain en pressant légèrement pour qu'elles adhèrent.

3. Déposer au centre 1/2 cuillerée à café de gelée au madère taillée en tout petits cubes.

Pruneaux et figues bardés

POUR 40 PIÈCES
Préparation : 20 mn

30 pruneaux dénoyautés (très moelleux)
10 figues sèches coupées en deux (moelleuses)
15 fines tranches de poitrine fumée
40 mini-brochettes en bois

1. Entourer les pruneaux et les figues avec 1/2 tranche de poitrine fumée, bien serrée. Traverser d'une brochette en bois.

2. Passer rapidement les pruneaux et les figues bardés sous le gril du four en les retournant une fois.

Les pruneaux et les figues peuvent se faire grillés à l'avance et être réchauffés au four juste avant de servir.

Bananes bardées

POUR 20 PIÈCES
Préparation : 10 mn

5 bananes
le jus de 1 citron
10 tranches fines de poitrine fumée
20 mini-brochettes en bois

1. Éplucher les bananes, les couper en quatre dans une jatte et les arroser de jus de citron.

2. Enrouler chaque morceau de banane dans 1/2 tranche de poitrine fumée et traverser d'une brochette en bois.

3. Faire griller les bananes sous le gril du four en les retournant une fois.

Il est préférable de faire griller les bananes juste avant de servir.

Mini-bouchées du berger

POUR 20 PIÈCES
Préparation : 5 mn
Réchauffage : 15 mn au four

200 g de fromage de chèvre frais
20 mini-bouchées en pâte feuilletée
poivre, thym émietté

1. Couper le fromage de chèvre frais en 20 petits cubes et en garnir les bouchées. Saupoudrer de poivre et d'un soupçon de thym.

2. Pour servir, faire chauffer 15 mn dans le four préchauffé à 180 °C. Présenter immédiatement.

Mini-bouchées au boudin noir

POUR 20 PIÈCES
Préparation : 10 mn
Réchauffage : 15 mn au four

20 mini-bouchées en pâte feuilletée
20 mini-boudins noirs antillais
1/2 boîte de compote de pomme
40 g de beurre

1. Dans une poêle, faire chauffer le beurre sur feu vif et y faire dorer les boudins noir en les secouant fréquemment.

2. Garnir chaque bouchée avec 1 petite cuillerée à café de compote de pomme et 1 petit boudin noir.

3. Pour servir, faire réchauffer 15 mn dans le four préchauffé à 180 °C. Servir aussitôt.

Mini-bouchées bolognaises, du berger et aux crevettes

Mini-bouchées au boudin blanc

POUR 20 PIÈCES
Préparation : 20 mn
Réchauffage : 15 mn au four

20 mini-boudins blancs
20 mini-bouchées en pâte feuilletée
5 cuil. à soupe bombées d'oignons hachés
1 cuil. à soupe de crème fraîche épaisse
30 g (1 noisette) de beurre
2 cuil. à café d'huile
sel, poivre, sucre

1. Dans une poêle, faire chauffer le beurre avec 1 cuillerée à café d'huile, sur feu moyen. Y faire dorer les oignons hachés en remuant jusqu'à ce qu'ils soient transparents et légèrement colorés. Saler, poivrer et ajouter 1 petite cuillerée à café de sucre. Faire dorer encore pour obtenir une coloration caramel. Retirer du feu, incorporer la crème fraîche.

2. Faire frire les petits boudins blancs avec 1 cuillerée à café d'huile dans une poêle, sur feu vif, en les secouant fréquemment.

3. Garnir chaque bouchée avec 1 petite cuillerée à café d'oignons et 1 petit boudin blanc.

4. Pour servir, faire réchauffer 15 mn dans le four préchauffé à 180 °C. Servir aussitôt.

Mini-bouchées bolognaises

POUR 20 PIÈCES
Préparation : 10 mn
Réchauffage : 15 à 20 mn au four

20 mini-bouchées en pâte feuilletée
450 g de sauce bolognaise de qualité
50 g de parmesan râpé
60 à 75 g de gruyère râpé
2 cuil. à soupe de basilic haché

1. Dans un bol, mélanger la sauce bolognaise avec le parmesan et le basilic. Garnir chaque bouchée avec 1 cuillerée à café de ce mélange. Saupoudrer 1 petite pincée de gruyère râpé.

2. Pour servir, faire réchauffer de 15 à 20 mn dans le four préchauffé à 180 °C. Servir aussitôt.

Mini-bouchées aux crevettes

POUR 20 PIÈCES
Préparation : 10 mn
Réchauffage : 15 mn au four

20 mini-bouchées en pâte feuilletée
40 crevettes (150 g environ) décortiquées
1/2 boîte d'excellente bisque de homard

1. Égoutter soigneusement les crevettes et les essuyer dans du papier absorbant.

2. Garnir chaque bouchée avec 1 cuillerée à café de bisque de homard et 2 crevettes.

3. Pour servir, faire réchauffer 15 mn dans le four préchauffé à 180 °C. Servir aussitôt.

Saumon fumé

POUR 25 PERSONNES
Préparation : 10 mn

1 saumon fumé de 1 kg
5 citrons taillés en six
500 g de crème fraîche
2 cuil. à soupe de ciboulette fraîche ciselée
quelques brins de persil
poivre
25 blinis (portions ou entiers)
1 pain aux noix tranché

1. Défaire les tranches du saumon fumé et couper les plus grandes en deux. Poser la peau du saumon sur un grand plat long, rouler les tranches en cornet et les disposer dessus en reconstituant la forme du poisson. Entourer de quartiers de citron et de petits bouquets de persil. Recouvrir d'un film plastique et mettre au réfrigérateur jusqu'au moment d'en garnir le buffet.

2. Dans une jolie jatte, mélanger la crème fraîche avec la ciboulette et du poivre.

3. Étaler les blinis dans la passoire d'un cuit-vapeur (ou une grande passoire posée sur une casserole). Verser de l'eau à l'étage inférieur. Les faire réchauffer à la vapeur au moment voulu.

4. Disposer le pain aux noix dans une corbeille garnie d'une serviette et la rabattre dessus.

Salade de fruits

Salade de fruits

POUR 25 PERSONNES
Préparation : 35 mn
Réfrigération : 2 à 3 h

1 petit ananas
4 oranges
4 clémentines
4 bananes
2 à 3 poires passe-crassane
3 pommes
500 g de raisin
3 kiwis
3 citrons
3 fruits de la Passion
1/2 boîte de pêches au sirop
1/2 boîte de litchis au sirop
250 g de framboises surgelées
5 figues sèches moelleuses
175 g de sucre
10 cl de kirsch ou de Cointreau

1. Râper le zeste de 1/2 orange et de 1/2 citron et les verser dans une grande jatte. Ajouter le jus des citrons, puis les pommes épluchées et coupées en petits morceaux, les bananes en rondelles. Bien mélanger pour imprégner les fruits de jus de citron.

2. Couper les fruits de la Passion en deux et vider l'intérieur dans la jatte. Ajouter tous les autres fruits, épluchés et coupés, à l'exception des framboises.

3. Mélanger avec le sucre et l'alcool. Réfrigérer 3 h ou plus. Ajouter les framboises décongelées juste avant de servir.

*V*ous pouvez remplacer les fruits de la Passion par un coulis du même fruit.

Gâteau de l'An neuf

POUR 20 À 25 PERSONNES
Préparation : 20 mn
Réfrigération : 1 nuit
Décoration : 1 h

500 g de chocolat noir à 72% ou 64% de cacao
400 g de beurre
600 g de boudoirs
250 g de noisettes en poudre
400 g de sucre
8 jaunes d'œufs
60 cl de lait
4 cuil. à café d'extrait de café
2 cuil. à café d'extrait de vanille
6 cuil. à soupe de fine champagne

Pour le glaçage
200 g de chocolat noir
100 g de beurre
4 cuil. à soupe de fine champagne

Pour la décoration
cacao
1 grande feuille de Bristol quadrillé
20 petites cassolettes en papier gaufré
1 cutter
1 spatule longue en fer
épingles

1. **La veille.** Passer les boudoirs au moulin à légumes, grille moyenne, de manière à obtenir une chapelure.

2. Casser le chocolat en morceaux et le faire fondre au bain-marie, dans une casserole assez grande, avec 6 cuillerées à soupe de fine champagne (le bain-marie doit être à peine frémissant, sinon le chocolat risque de faire des grumeaux). Sitôt le chocolat fondu, ajouter hors du bain-marie les jaunes d'œufs un à un, en mélangeant.

3. Faire chauffer le lait avec les extraits de café et de vanille. Le verser bouillant sur le chocolat fondu en remuant vivement.

4. Remettre cette crème sur feu doux et, tout en remuant, faire prendre consistance de crème anglaise sans faire bouillir. La verser alors dans une grande jatte. La remuer de temps en temps et, lorsqu'elle est tiède, lui incorporer le beurre par petits morceaux et le sucre.

5. Ajouter les noisettes en poudre et les boudoirs. Bien mélanger en pâte.

6. Recouvrir un grand plateau de 45 cm x 35 cm d'aluminium ménager. Y étaler la pâte sur 45 cm x 30 cm et sur une épaisseur de 4 à 5 cm. La lisser avec une spatule trempée dans de l'eau froide et remonter l'aluminium aux dimensions voulues. Recouvrir d'aluminium ménager fermé sur les bords du plateau. Mettre 1 nuit au réfrigérateur.

7. **Le jour même.** Tailler le Bristol aux dimensions de la pâte. Y tracer les 4 chiffres de l'an nouveau et les découper au cutter.

8. Retirer l'aluminium qui recouvre la pâte et le mettre de côté. Poudrer largement celle-ci de cacao tamisé et remettre l'aluminium en place. Puis, d'un mouvement rapide, retourner le tout sur un plan de travail. Retirer le plateau et l'aluminium qui se trouvait sous la pâte.

9. Poser les chiffres en Bristol sur la pâte, les maintenir avec des épingles et découper la pâte avec une lame pointue. Retirer l'excédent de pâte entre les chiffres, la réserver, puis évider les chiffres et retirer le Bristol.

10. Habiller entièrement le plateau avec du papier or, puis le recouvrir d'un napperon rectangulaire en dentelle de papier or. Y installer les chiffres de pâte à l'aide d'une longue spatule métallique. Mettre au réfrigérateur le temps de préparer la finition.

11. Remplir les cassolettes en papier avec les débris de pâte.

12. Préparer le glaçage. Faire fondre le chocolat avec la fine champagne. Lorsqu'il est mou, retirer du bain-marie et y incorporer le beurre par petits morceaux. Laisser tiédir jusqu'à texture de pommade non coulante. En badigeonner alors les chiffres de pâte à l'aide d'un pinceau ou d'un couteau. Napper également les cassolettes et les disposer autour du plateau en les espaçant. Laisser au réfrigérateur, jusqu'au moment de servir, recouvert d'aluminium ménager.

13. Terminer la décoration en intercalant des petites branches de gui entre les cassolettes.

Accompagner ce gâteau de l'An neuf d'une crème anglaise.

Gâteau de l'An neuf

Café glacé

POUR 20 À 25 PERSONNES
Préparation : 25 mn
Réfrigération : plusieurs heures

10 cuil. à café bombées de café moulu
800 g de lait concentré sucré (2 boîtes)
80 cl de crème fraîche liquide
bien froide
1 cuil. à café d'extrait de vanille

1. Préparer un café très fort avec le café moulu et 60 cl d'eau. Y ajouter le lait concentré sucré et l'extrait de vanille. Laisser totalement refroidir.

2. Fouetter la crème fraîche en chantilly molle et l'incorporer à la préparation au café en battant de 2 à 3 secondes. Verser cette crème dans 2 boîtes en plastique et les placer de 2 à 3 h au minimum dans le freezer. Elle doit être bien glacée mais non prise en glace.

3. Servir dans des verres à pied, ou des jolis gobelets en carton, avec des pailles.

RECEVOIR EN TOUTES OCCASIONS

Garden party

Sangria
Coconut
Rayta à la menthe
Rayta à la banane
Chapatis
Galettes de maïs
Satsikis
Taramosalata
Mititei
Brochettes de foies de volaille
Brochettes de porc mexicaines
Brochettes de cailles
Taboulé antillais
Pastèque passion
Cheesecake

Cette année vous avez décidé de fêter
dignement la Saint-Jean et d'organiser
une grande fête dans votre jardin.
Si vous n'adoptez pas le traditionnel méchoui,
voici une façon de rester barbecue
tout en goûtant des saveurs exotiques.
Des parfums d'Espagne, de Grèce, des Antilles,
des Indes, du Mexique, d'Afrique,
embaumeront ainsi votre jardin
de leurs senteurs chaleureuses.
Vous n'oublierez pas d'accrocher des lampions
aux arbres et, le soir venu,
de parsemer le jardin de torches de cires
pour saluer l'été qui vient.

Summertime

Une grande table dressée dans le jardin donne le ton de la garden-party !

LISTE DES COURSES

Décoration

Nappe et serviettes en papier ▪ assiettes en carton ▪ couverts en plastique ▪ pots de fleurs en terre ▪ petits arrosoirs en plastique ▪ torches et lampions ▪

Cuisine

Prévoir à l'avance : vin rosé ou rouge ▪ cognac ▪ rhum blanc ▪ vin blanc ▪ Perrier ▪ jus de fruits exotiques ▪ cannelle en bâton ▪ clou de girofle ▪ lait de coco ▪ pâte de piment ▪ paprika ▪ graines de cumin ▪ olives noires ▪ noix de coco râpée ▪ huile d'olive ▪ farine complète ▪ sucre ▪ sucre vanillé ▪ beurre ▪ levure chimique ▪ sucre glace ▪ maïs en boîte ▪ pruneaux dénoyautés ▪ quatre-épices ▪ cayenne ▪ thym ▪ couscous grain moyen ▪ boudoirs ▪ amandes en poudre ▪ extrait de vanille ▪ ail ▪ échalotes ▪ oignons ▪ brochettes en bois ▪

Prévoir la veille : pastèque ▪ melon ▪ cerises ▪ fraises ▪ abricots ▪ kiwis ▪ citrons non traités ▪ pommes ▪ pêches ▪ bananes ▪ oranges ▪ framboises ▪ menthe fraîche ▪ yaourts bulgares ▪ œufs de cabillaud (ou poutargue) ▪ concombres ▪ crème fraîche ▪ pain de mie ▪ foies de volaille ▪ poitrine fumée en tranches ▪ steak haché ▪ laitue ▪ oignons doux ▪ tomates-cerises ▪ tomates ▪ citrons verts ▪ cailles ▪ porc dans l'échine ▪ chorizo ▪ laurier frais ▪ poivrons verts ▪ oignons blancs à longue tige ▪ persil plat ▪ sauces à barbecue ▪ Cottage-Cheese ▪ œufs ▪ blinis ▪

Prévoir le jour même : pain ▪

IDÉES DÉCO

Table : une table, ou à défaut une porte décrochée, posée sur des tréteaux. Recouvrir d'un grand drap de couleur vive ou d'une nappe en papier très coloré, style USA. Veiller à ce qu'elle tombe jusqu'au sol sur le devant, afin de pouvoir cacher les boissons sous le buffet.

Vaisselle : en carton, assortie à la nappe ; décliner toute la gamme : grandes assiettes, petites assiettes, gobelets, serviettes en papier, couverts en plastique disposés à chaque extrémité du buffet. Pour les ranger, prévoir des objets originaux tels que pots de fleurs en terre (pour les couverts), casier à bouteilles (pour le vin), égouttoir à vaisselle (pour les assiettes), grand panier ou caissette en bois (pour les gobelets).

Éclairage : si la garden-party doit se dérouler en soirée, accrocher des lampions dans les arbres et au-dessus du buffet ; planter des torches dans les parterres du jardin.

Fleurs : fleurs champêtres et feuillages dans de petits arrosoirs en plastique pour enfants, répartis sur le buffet.

Astuce : placer à côté du barbecue une brouette contenant les ustensiles et torchons nécessaires au rôtisseur.

COMPTE À REBOURS

Décoration

À L'AVANCE	prévoir le décor ; acheter nappe et vaisselle.
LA VEILLE	réunir tous les accessoires nécessaires à la décoration.
LE JOUR MÊME	dresser le buffet et y répartir les bouquets.

Cuisine

LA VEILLE	la rayta à la menthe, la rayta à la banane, la taramosalata du point 1 au point 3 inclus ; les chapatis du point 1 au point 5 inclus et les enfermer dans de l'aluminium ménager ; les galettes de maïs du point au point 4 inclus ; les brochettes de foies de volaille point 1 ; le cheesecake.
LE JOUR MÊME	la sangria, le coconut, les satsikis.
3 H À L'AVANCE	les mititei points 1 et 2 ; les brochettes de foies de volaille point 2 ; les brochettes de cailles point 1 ; les brochettes de porc mexicaines points 1 et 2 ; le taboulé antillais ; la pastèque passion.
30 MN À L'AVANCE	enfiler les brochettes ; préparer la salade en feuilles et les tomates qui l'accompagnent ; faire réchauffer doucement les chapatis, les galettes de maïs et les blinis.
AU MOMENT DE SERVIR	ajouter le Perrier dans la sangria ; terminer la taramosalata point 4.

Solution traiteur : ajouter des petites entrées toutes prêtes - caviar d'aubergine, crustacés en vinaigrette, salade chinoise, etc. - vendues en barquettes ou en bocaux.

Sangria et coconut

Sangria

POUR 12 PERSONNES
Préparation : 10 mn
Réfrigération : 2 h au minimum

1 pomme
3 pêches
1 banane
2 oranges
3 cuil. à soupe de framboises
1 citron
1 petit bâton de cannelle
1 clou de girofle
1 sachet de sucre vanillé
4 cuil. à soupe de sucre
2 bouteilles de vin rosé ou rouge
6 cuil. à soupe de cognac
1 à 2 petites bouteilles de Perrier

1. Laver les fruits sans les éplucher, excepté la banane et les framboises. Les couper tous en petits morceaux dans un bol à punch.

2. Ajouter le sucre, le sucre vanillé, la cannelle, le clou de girofle et le cognac. Mélanger, puis arroser de vin, et laisser 2 h au minimum au réfrigérateur.

3. Au moment de servir, ajouter le Perrier. Servir à la louche.

A défaut de framboises fraîches, il est possible d'utiliser pour cette recette des framboises surgelées.

Coconut

POUR 8 PERSONNES
Préparation : 5 mn
Réfrigération : 2 h

1 bouteille de cocktail de fruits exotiques
500 g de lait de coco en boîte
le jus de 1 citron
3 cuil. à soupe de rhum blanc

1. Mixer le lait de coco avec le jus de citron et le rhum. Mélanger le cocktail de fruits exotiques. Réfrigérer 2 h.

2. Servir bien glacé, avec des glaçons, dans des verres à orangeade.

Veiller à ce que le cocktail de fruits exotiques soit bien pur jus.

Rayta à la menthe

POUR 6 PERSONNES
Préparation : 5 mn

3 branches de menthe fraîche
2 oignons (120 g environ) hachés
1/2 cuil. à café de piment en pâte
2 yaourts bulgares
1/2 cuil. à café de sel
1/2 cuil. à café de paprika

1. Ciseler finement la menthe dans un bol. Ajouter les yaourts, les oignons, le piment et le sel. Mélanger, saupoudrer de paprika. Réserver au froid.

2. Servir bien frais avec des chapatis, des galettes de maïs ou des blinis.

Rayta à la banane

POUR 6 PERSONNES
Préparation : 5 mn

2 bananes mûres
2 cuil. à soupe de noix de coco râpée
1 cuil. à soupe de graines de cumin
2 yaourts bulgares
le jus de 1/2 citron
1/2 cuil. à café de sel, poivre

1. Dans une poêle, faire chauffer les graines de cumin en les remuant.

2. Les mélanger bien chaudes aux yaourts, ajouter la noix de coco, les bananes coupées en rondelles fines, le jus de citron, sel et poivre. Mettre au froid.

3. Servir bien frais avec des chapatis, des galettes de maïs ou des blinis.

GARDEN-PARTY

Chapatis

Chapatis

POUR 12 À 24 PIÈCES
Préparation : 5 mn
Repos : 1 h
Cuisson : 20 mn

Pour la pâte
250 g de farine complète
50 g de beurre fondu
1 yaourt (100 g) bulgare nature

Pour enduire les chapatis
50 g de beurre fondu
1 cuil. à soupe d'huile

1. Préparer la pâte. Mélanger le beurre fondu avec le yaourt et le sel.

2. Verser la farine dans une jatte. Y creuser un puits et verser le mélange précédent. Tourner avec une cuillère en bois en commençant par le centre et en incorporant petit à petit la farine.

3. Sortir cette pâte de la jatte et la pétrir sur un plan de travail fariné, de 2 à 3 mn, jusqu'à ce qu'elle soit bien lisse et élastique. L'entourer d'un film plastique et la laisser reposer 1 h à température ambiante.

4. Diviser la pâte en 12 ou 24 petites parts et les étaler, toujours à la main, en galettes fines. Les poser au fur et à mesure sur un linge.

5. Faire chauffer une poêle antiadhésive sur feu doux. Préparer à portée de main le beurre fondu, l'huile et un pinceau. Déposer 1 ou 2 chapatis dans la poêle chaude et faire cuire de chaque côté jusqu'à ce que des cloques brunes apparaissent. Disposer sur un plat et badigeonner de beurre fondu. Procéder ainsi pour tous les chapatis.

6. Les maintenir au chaud en posant le plat sur une casserole d'eau frémissante, ou les faire réchauffer 20 mn dans le four à 150 °C.

7. Pour servir, les poser sur la table ou sur l'extrémité d'un barbecue, aluminium entrouvert. Chacun se servira et dégustera avec les raytas et autres préparations.

Galettes de maïs

POUR ENVIRON 20 GALETTES
Préparation : 10 mn
Repos : 15 mn
Cuisson : 20 mn

300 g (1 boîte) de maïs en grains
2 œufs, blancs séparés des jaunes
125 g de farine
1 sachet de levure chimique
sel, poivre, huile

1. Mixer les grains de maïs avec les jaunes d'œufs, 2 cuillerées à café rases de sel et du poivre. Ajouter la farine et la levure chimique. Mixer en pâte.

2. Fouetter les blancs d'œufs en neige avec 1 pincée de sel. Y incorporer la purée de maïs. Laisser reposer 15 mn.

3. Dans une grande poêle, faire chauffer 3 cuillerées à soupe d'huile sur feu moyen. Lorsqu'elle est bien chaude, y déposer quelques cuillerées de pâte. Étaler chaque cuillerée en galette et les faire blondir de 2 à 3 mn de chaque côté.

4. Enfermer les galettes par petites piles de 5 dans de l'aluminium ménager.

5. Pour servir, les faire réchauffer 20 mn dans le four à 150 °C. Les poser sur une assiette, aluminium entrouvert.

Satsikis

POUR 6 PERSONNES
Préparation : 15 mn

2 petits concombres
1 oignon (60 g) doux
1 yaourt nature
2 cuil. à soupe de crème fraîche
2 gousses d'ail finement écrasées
le jus de 1 citron
sel, poivre

1. Peler les concombres et les râper, ainsi que l'oignon, comme des carottes. Saler et laisser dégorger 10 mn.

2. Égoutter dans un tamis fin en pressant pour extraire le maximum d'eau. Mettre dans une jatte, ajouter l'ail, le yaourt et la crème, le jus de citron, poivre. Mélanger. Rectifier en sel si nécessaire.

3. Servir bien frais dans un bol ou une assiette creuse.

Taramosalata

POUR 6 PERSONNES
Préparation : 10 mn
Réfrigération : 1 h au minimum

4 tranches de pain de mie
125 g d'œufs de cabillaud (sous vide) ou de poutargue
le jus de 1 citron
2 échalotes très finement hachées
15 cl (1 verre) d'huile d'olive très fruitée
poivre

Pour la garniture
feuilles de salade, olives noires, rondelles de citron

1. Retirer la croûte du pain, détremper la mie avec un peu d'eau, l'essorer et la mettre dans le mixeur.

2. Ôter la peau qui enferme la poche d'œufs de cabillaud (si c'est difficile, la tremper quelques secondes dans de l'eau tiède). Ajouter les œufs dans le mixeur ainsi que les échalotes hachées.

3. Mixer en ajoutant petit à petit le jus de citron, l'huile d'olive et le poivre. La pâte doit monter comme une mayonnaise. Mettre 1 h au froid.

4. Pour servir, mettre dans une assiette et décorer de feuilles de salade, d'olives et de rondelles de citron.

Rayta à la menthe, rayta à la banane, chapatis et galettes de maïs

Mititei

POUR 12 BROCHETTES
Préparation : 15 mn
Repos : 1 h au minimum
Cuisson : 8 mn au barbecue

600 g de steak haché pas trop maigre
2 cuil. à café d'ail finement haché
2 tomates
1 cuil. à café de quatre-épices
1 cuil. à café de paprika doux
1 bonne pincée de cayenne
1 cuil. à café de sel
12 longues brochettes en bois

Pour servir
12 feuilles de laitue (ou batavia)
12 petites feuilles de menthe fraîche
24 tomates-cerises

1. Peler et épépiner les tomates.

2. Mixer la viande hachée avec la chair des tomates. Ajouter le reste des ingrédients. Mixer encore quelques secondes.

3. Diviser ce mélange homogène en 12 parts égales. Piquer chaque part sur 1 brochette et en façonner 1 saucisse longue d'environ 9 cm et épaisse de 2 cm en humectant les mains à l'eau froide. Poser ces brochettes sur une planche, sans qu'elles se touchent, et les mettre au froid de 1 à 2 h.

4. Les faire griller 8 mn sur le barbecue en les retournant. Servir sur 1 feuille de salade avec 1 petite feuille de menthe et 2 tomates-cerises à croquer en même temps.

Brochettes de foies de volaille

**POUR 6 PERSONNES OU
6 BROCHETTES**
Préparation : 15 mn
Cuisson : 8 mn au barbecue

*6 foies de volaille
12 tranches fines de poitrine fumée
9 pruneaux moelleux
15 cl (1 verre) de vin blanc
sel, poivre*

1. Mettre les foies de volaille dans une petite casserole. Ajouter le vin blanc et faire cuire de 3 à 4 mn en remuant. Égoutter les foies, les laisser refroidir, les couper en deux. Saler, poivrer.

2. Enrouler chaque moitié dans 1 tranche de poitrine fumée. Dénoyauter les pruneaux et les couper en deux. Puis enfiler sur la brochette 1/2 pruneau, 1/2 foie de volaille et recommencer. Préparer ainsi 6 brochettes.

3. Pour servir, faire griller quelques minutes sur le barbecue jusqu'à ce que la poitrine fumée soit croustillante. Accompagner de taboulé.

Brochettes de porc mexicaines

POUR 6 BROCHETTES
Préparation : 20 mn
Macération : 30 mn

*300 g de porc dans l'échine
1 chorizo pimenté
6 feuilles de laurier frais, coupées en deux
2 poivrons verts
3 gros oignons doux (250 g environ)
10 cl (1/2 verre) d'huile
1 grosse gousse d'ail
2 cuil. à soupe de jus de citron
1 cuil. à soupe de thym émietté
sel, poivre*

1. Couper le porc en 12 cubes et détailler le chorizo en 12 rondelles épaisses. Laver les poivrons, les couper en six et les épépiner. Peler les oignons et les couper également en six. Peler l'ail et le hacher finement.

2. Dans une jatte, mettre les morceaux de viande avec l'huile, le thym, l'ail, le jus de citron, sel et poivre, et laisser macérer de 30 mn à 1 h au frais.

3. Enfiler par brochette 1/2 feuille de laurier, 1 morceau d'oignon, 1 morceau de viande, 1 rondelle de chorizo, 1 morceau de poivron et recommencer.

4. Pour servir, faire griller les brochettes de 10 à 15 mn sur le barbecue. Présenter avec des sauces à barbecue toutes prêtes et des galettes de maïs.

Brochettes de cailles

**POUR 6 PERSONNES OU
6 BROCHETTES**
Préparation : 10 mn
Macération : 2 à 3 h

*6 petites cailles
le jus de 6 citrons verts
2 échalotes (50 g) hachées
1/2 cuil. à café de pâte de piment
sel, poivre*

1. Ouvrir les cailles en "crapaudine", c'est-à-dire en coupant le bréchet avec des ciseaux et en le mettant à plat. Les étaler dans un plat creux. Mélanger le jus de citron avec la pâte de piment et les échalotes. En arroser les cailles. Laisser macérer de 2 à 3 h.

2. Pour servir, enfiler 1 caille ouverte par brochette. Saler, poivrer et les faire griller quelques minutes sur le barbecue. Attention, elles sont déjà presque cuites dans le jus de citron. Accompagner de taboulé.

Vous pouvez aussi prendre des cailles plus grosses et mettre 1/2 caille par brochette.

GARDEN-PARTY

Brochettes de foies de volaille, de cailles, de porc mexicaines et mititei

Taboulé antillais

POUR 12 PERSONNES
Préparation : 25 mn
Réfrigération : 2 h au minimum

500 g de couscous grain moyen
le jus de 7 citrons
1 verre (20 cl) d'huile
10 à 12 oignons blancs
à longue tige
2 concombres pelés
5 tomates
1 botte de persil plat
1 botte de menthe fraîche
sel, poivre

1. Verser la graine de couscous dans un très grand saladier et l'arroser avec le jus des citrons. Mélanger et laisser gonfler en remuant de temps en temps pour séparer les grains.

2. Pendant ce temps, éplucher les oignons en gardant les deux tiers de leur tige. Les hacher grossièrement. Ciseler finement les feuilles de menthe en réservant les pointes pour la décoration. Peler les concombres et les couper en petits cubes. Ébouillanter les tomates, les peler et couper leur chair en morceaux. Laver et hacher le persil.

3. Ajouter huile, sel et poivre dans le saladier. Bien mélanger, puis ajouter le reste des ingrédients. Mettre quelques heures au réfrigérateur.

4. Au moment de servir, mélanger encore une fois, puis décorer des pointes de menthe.

Pastèque passion

POUR 12 PERSONNES
Préparation : 25 mn
Réfrigération : 2 à 3 h

1 grosse et belle pastèque ronde de 2 kg environ
1 petit melon mûr et parfumé
300 g de cerises fermes (reverchon, cœur-de-pigeon, etc.)
500 g de fraises
4 abricots du Roussillon
2 kiwis
2 bananes
2 citrons non traités
100 g de framboises fraîches ou surgelées
4 cuil. à soupe de rhum blanc
200 g de sucre

1. Laver la pastèque, l'essuyer, puis l'entourer d'un ruban de Scotch aux deux tiers de sa hauteur. À l'aide d'un couteau-scie à lame longue et fine, détacher un couvercle en la perçant jusqu'au cœur tout autour au-dessus du ruban de Scotch et en dents de scie. Retirer le couvercle et le Scotch.

2. Évider le couvercle et l'intérieur de la pastèque. Couper ces morceaux de chair dans une jatte en prenant soin de les débarrasser de leurs pépins. Réserver la pastèque posée à l'envers pour qu'elle se vide de son trop-plein de jus.

3. Ajouter dans la jatte 1 cuillerée à café de zeste de citron râpé, le jus des citrons, le melon en petites boules, les cerises dénoyautées, les fraises équeutées, les abricots coupés en morceaux, les kiwis pelés et coupés en cubes, les bananes en rondelles, les framboises, le rhum et le sucre. Mélanger délicatement le tout.

4. Remplir la pastèque avec cette salade de fruits. Remettre le couvercle dessus et réserver au froid de 2 à 3 h avant de servir.

Cheesecake

POUR 1 MOULE À MANQUÉ DÉMONTABLE DE 24 CM DE DIAMÈTRE
Préparation : 15 mn
Cuisson : 1 h

Pour la pâte
24 boudoirs
75 g de beurre fondu
100 g d'amandes en poudre
1 cuil. à café d'extrait de vanille
beurre pour le moule

Pour la garniture
700 g de Cottage-Cheese (ou de fromage blanc très égoutté)
300 g de sucre
50 cl de crème fraîche
6 œufs, blancs séparés des jaunes
3 cuil. à soupe de farine
2 cuil. à café d'extrait de vanille
1 cuil. à soupe de jus de citron
1 cuil. à soupe de zeste de citron râpé
2 cuil. à soupe de sucre glace
1 pincée de sel

1. Préparer la pâte. Mixer les boudoirs en poudre, puis ajouter le reste des ingrédients. Mixer encore quelques secondes pour obtenir une pâte.

2. Beurrer largement le moule. En travaillant avec les doigts, recouvrir son fond et ses parois de pâte. Mettre au réfrigérateur le temps de préparer la garniture.

3. Préparer la garniture. Placer le Cottage-Cheese dans le mixeur. Faire tourner à vitesse moyenne. Incorporer peu à peu le sucre, les 6 jaunes d'œufs un à un sans cesser de mixer, puis la farine, la vanille, la crème fraîche, le jus et le zeste de citron.

4. Verser ce mélange bien lisse et homogène dans une jatte. Fouetter les 6 blancs d'œufs en neige avec 1 pincée de sel. Les incorporer délicatement au mélange précédent à l'aide d'une spatule souple.

5. Verser cette préparation dans le moule et faire cuire 1 h dans le four préchauffé à 180 °C. Laisser le gâteau reposer 15 mn dans le four éteint entrouvert, puis refroidir à température ambiante.

6. Au moment de servir, retirer le cercle du moule. Saupoudrer de sucre glace.

Ne pas hésiter à préparer plusieurs cheesecakes car ce dessert très frais est toujours apprécié.

GARDEN-PARTY

Cheesecake et pastèque passion

RECEVOIR EN TOUTES OCCASIONS

Baptême

Tartelettes piémontaises
Barquettes océanes
Barquettes andalouses
Œufs de caille cocotte
Koulibiac de saumon
Koulibiac à la viande et au chou
Émincé de veau à l'engadine
Ananas givrés
Salade ananas-fraises
Petits fours

Vous avez décidé de faire baptiser votre enfant et de réunir à cette occasion la famille et quelques proches amis. Pour célébrer cet événement, tout en ayant le temps de vous occuper de vos invités et de votre enfant, nous vous proposons un buffet dînatoire qui servira à la fois de goûter, d'apéritif et de dîner.
Vous aurez dressé le buffet avant de partir pour la cérémonie et n'aurez qu'à sortir les plats juste avant l'arrivée de vos convives.
Vous ferez simplement réchauffer le plat chaud et les koulibiacs avant de les mettre sur le buffet le moment venu.
Vous pouvez également confectionner un buffet spécial pour les enfants (s'ils sont nombreux) sur une table basse à leur hauteur, et disposer chips, bonbons, gâteaux, jus de fruits et fruits de saison.
Pensez à consacrer un peu de temps à la décoration qui vous est proposée et votre réception sera parfaitement réussie.

Baptême

LISTE DES COURSES

Décoration

Nappes pastel et serviettes en papier assorties ▪ dragées de toutes les couleurs ▪ matériel pour confectionner les couronnes (polystyrène, fleurs en tissu, tulle brodé ou non) ▪ feuillage et fleurs pour la guirlande du buffet ▪ petits paniers laqués ▪ mousse fraîche et petits pots de fleurs ▪ ruban ▪ napperons en papier dentelle ▪

Cuisine

Prévoir à l'avance : bon vin blanc sec (1 bouteille) ▪ 24 tartelettes rondes en pâte brisée et 24 barquettes ▪ 1 bocal de câpres ▪ cornichons ▪ 1 pot de moutarde ▪ 3 tubes de mayonnaise à embout décoratif ou 1 flacon de 430 g ▪ 1 bocal d'œufs de truite (90 g) ▪ 1 bocal ou 1 boîte de poivrons rouges ▪ 1 boîte de 6 filets d'anchois allongés ▪ olives noires ▪ purée Mousline ▪ 1 sachet de court-bouillon au poisson ▪ riz long grain ▪ 1 tablette de bouillon de volaille ▪ 1 tablette de bouillon de bœuf ▪ vinaigre de vin vieux ▪ paprika ▪ fond de veau déshydraté (en boîte) ▪ 2 kg de pâte feuilletée surgelée à étaler ▪ champignons émincés surgelés ▪ 1 kg d'échalotes émincées surgelées ▪ 3 à 4 litres de sorbet à l'ananas ▪ 2 barquettes de tarama ▪ 12 œufs de caille ▪ 4 gros petits-suisses ▪ 3 grands pots + 1 moyen de crème fraîche épaisse ▪ 12 œufs ▪

Prévoir la veille ou l'avant-veille : 250 g de salade piémontaise (traiteur) ▪ 4 tranches de jambon de Parme ▪ 750 g de beurre ▪ 500 g de chou vert ▪ ail ▪ oignons ▪ basilic ▪ échalotes ▪ persil ▪ ciboulette ▪ aneth ▪ fraises ▪ 2 beaux ananas à plumet bien vert ▪ 4 à 5 citrons ▪ 12 tomates-cerises ▪ 12 grosses crevettes roses cuites ▪

IDÉES DÉCO

Table : prévoir une grande table rectangulaire ou ovale (planche sur tréteaux ou table de jardin) pour le buffet et plusieurs petites tables dressées (4 à 8 couverts) pour les convives. Recouvrir le buffet d'un grand drap blanc habillé d'une guirlande de feuillage et fleurs, et les petites tables de différentes nappes unies, aux couleurs des dragées (rose pastel, bleu pastel, vert amande...).

Vaisselle : vaisselle blanche, argenterie, verres en cristal. Prévoir des porte-couteaux (en emprunter éventuellement) et des dessous d'assiettes.

Éclairage : naturel dans la journée ; candélabres sur le buffet le soir.

Centre de table : orner le buffet de plusieurs petits paniers laqués blancs, rose pâle ou bleu pâle (selon le bébé !), doublés d'une feuille plastique avant de recouvrir les bords de dentelle en papier (napperons coupés en deux). Tapisser leur fond avec de la mousse fraîche et humide et disposer dessus de petits pots de fleurs (pâquerettes, primevères, petits rosiers) en les serrant suffisamment pour dissimuler entièrement la mousse. Compléter l'ensemble en nouant de petits rubans autour de l'anse du panier. Pour chaque table, confectionner une couronne (anneau de polystyrène piqué de fleurs en tissu très serrées, pâquerettes, primevères ou toutes petites roses) et placer en son centre un cercle de tulle de 35 cm de diamètre garni de dragées.

Astuce : réaliser une coupe en glace pour présenter les ananas givrés : prendre 2 saladiers de tailles différentes, les encastrer en les isolant l'un de l'autre par de l'eau, quelques branches de feuillage et des dragées. Lester le plus petit pour éviter qu'il flotte en le centrant bien. Mettre quelques heures au congélateur et démouler sous un filet d'eau tiède.

COMPTE À REBOURS

Décoration

À L'AVANCE	confectionner les couronnes ; prévoir la vaisselle, les nappes, les tables...
LA VEILLE	confectionner les petits paniers ; dresser les petites tables ; confectionner la coupe de glace.
LE JOUR MÊME	dresser le buffet.

Cuisine

L'AVANT-VEILLE	préparer le koulibiac de saumon du point 1 au point 9 et le koulibiac de viande du point 1 au point 5.
LA VEILLE	faire cuire les koulibiacs, préparer les sauces ; les ananas givrés du point 1 au point 5 ; l'émincé de veau à l'engadine du point 1 au point 7 ; préparer, rangés par catégorie, les ingrédients pour les tartelettes et barquettes ; pour la piémontaise, couper le jambon de Parme, le réserver dans de l'aluminium ménager ; préparer 24 câpres et les cornichons (point 4) ; faire durcir les œufs de caille, les écaler, les réserver dans de l'eau froide ; préparer les tomates point 3, les réserver à l'envers au réfrigérateur ; les barquettes océanes points 1 et 2, réserver les feuilles dans de l'aluminium ménager, décortiquer

Barquettes andalouses et barquettes océanes

1 barquette de cresson prêt à l'emploi
■ 1,250 kg de saumon frais levé en filets
■ 750 g bœuf haché ■ 3 kg d'escalopes de veau ■ 2 kg de fraises ■ salade et fromage ■

Le jour même : pain ■ petits fours ■

	Cuisine
	les crevettes ; les barquettes andalouses point 1 ; les torsades points 3 et 4, les réserver ainsi que 12 petits brins de persil.
LE JOUR MÊME	réchauffer les tartelettes et les barquettes 15 mn dans le four préchauffé à 200 °C.
2 H À L'AVANCE	les garnir et les disposer sur les plats ; ajouter les fraises dans la salade ananas-fraises ; sortir les sauces des koulibiacs du réfrigérateur ; préparer la purée Mousline pour l'émincé.
30 MN AVANT DE SERVIR	réchauffer les koulibiacs point 11 ; l'émincé de veau à l'engadine point 8.
AU MOMENT DU DESSERT	présenter les ananas givrés dans des coupes garnies de glaçons (laisser de 10 à 15 mn sur le buffet avant de servir) ; accompagner de la salade ananas-fraises et de petits fours.

*S*****olution traiteur :** commander les koulibiacs chez le traiteur. Remplacer l'émincé de veau par un plat acheté chez le traiteur.

*P*****lat pouvant être congelé :** l'émincé de veau à l'engadine.

Tartelettes piémontaises

POUR 12 PERSONNES
Préparation : 15 mn

12 petites tartelettes en pâte brisée
250 g de salade piémontaise (traiteur)
4 tranches extrêmement fines
de jambon de Parme
24 câpres
2 cornichons d'environ 4 cm de long
1 tube de mayonnaise

1. Déposer 1 grosse cuillerée à café de salade piémontaise dans chaque tartelette. Recouvrir entièrement d'une spirale de mayonnaise.

2. Découper chaque tranche de jambon de Parme en 3 bandes d'environ 20 cm x 3 cm. Recouper chaque bande en deux afin d'obtenir 6 bandes de 10 cm x 3 cm par tranche.

3. Rouler joliment chaque bande en forme de fleur (ou rosace). Piquer 1 câpre au centre et disposer 2 fleurs s'opposant par la queue sur chaque tartelette.

4. Couper les cornichons en deux et tailler dans chaque moitié 3 lamelles fines. Piquer 2 lamelles pour simuler des feuilles entre les 2 fleurs de chaque tartelette.

5. Pour servir, présenter sur un plat garni d'une dentelle de papier.

Barquettes océanes

POUR 12 PERSONNES
Préparation : 15 mn

12 barquettes en pâte brisée
1 barquette de cresson prêt à l'emploi
1 petit bocal d'œufs de truite
2 gros petits-suisses
1 cuil. à soupe de crème fraîche épaisse
1 cuil. à café de jus de citron
12 grosses crevettes roses décortiquées
1 tube de mayonnaise à embout décoratif
sel, poivre

1. Prélever et réserver 12 jolies petites feuilles de cresson.

2. Mixer 2 bonnes poignées de cresson avec les petits-suisses, la crème fraîche et le jus de citron. Verser dans une jatte et y mélanger les œufs de truite, sel et poivre.

3. Remplir les barquettes de cette préparation. Les décorer avec 1 crevette, 1 petite feuille de cresson et 2 petites rosaces de mayonnaise.

4. Pour servir, les ranger en alternance avec d'autres barquettes sur un plateau garni d'une dentelle de papier.

Barquettes andalouses

POUR 12 PERSONNES
Préparation : 20 mn

12 barquettes en pâte brisée
3 œufs durs, écalés et froids
2 gros petits-suisses
6 olives noires hachées
2 cuil. à soupe de câpres hachées
2 échalotes (50 g) finement hachées
1 cuil. à soupe de persil + 12 brins
1 cuil. à café de moutarde
sel, poivre
1 poivron rouge cuit (en bocal)
6 filets d'anchois à l'huile (1 boîte)
1 tube de mayonnaise à embout décoratif

1. Écraser les œufs durs, y incorporer les petits-suisses, la moutarde, les olives, les câpres, la cuillerée de persil haché, les échalotes. Saler, poivrer, bien mélanger.

2. Remplir les barquettes de cette préparation en formant un petit dôme au centre.

3. Couper les anchois en deux dans la longueur.

4. Tailler le poivron en lanières de même taille que les anchois. Torsader avec précaution 1 lanière de poivron avec 1 lanière d'anchois. Poser la torsade en long sur 1 barquette et l'encadrer de deux traits en zigzag de mayonnaise. Piquer 1 petit brin de persil au centre.

5. Pour servir, ranger en alternance avec d'autres barquettes sur un plateau garni d'une dentelle de papier.

Tartelettes piémontaises et œufs de caille cocotte

Œufs de caille cocotte

POUR 12 PERSONNES
Préparation : 20 mn

12 mini-tartelettes rondes en pâte brisée
2 barquettes de tarama
12 œufs de caille durs, écalés
12 tomates-cerises pas trop petites
1 tube de mayonnaise à embout décoratif
12 câpres
1 citron taillé en rondelles fines, puis en triangles

1. Déposer au fond de chaque tartelette 1 cuillerée à café de tarama.

2. Prélever une calotte sur le dessus des tomates. Avec des petits ciseaux pointus, denteler le bord des tomates. En extraire la chair. Poser chaque tomate sur son assise dans une tartelette.

3. Remplir les tomates avec une petite noisette de tarama, y enfoncer légèrement l'œuf de caille. Décorer le dessus d'une mini-rosace de mayonnaise surmontée de 1 câpre. Cerner la tomate d'un fin ruban de mayonnaise et piquer de chaque côté 1 triangle de citron.

4. Pour servir, présenter sur un plat garni d'une dentelle de papier.

Koulibiac de saumon

POUR 15 PERSONNES
Préparation : 1 h
Réfrigération : 30 mn à 1 nuit
Cuisson : 1 h

1 kg de pâte feuilletée à étaler
1,250 kg de saumon frais levé en filets
1 sachet de court-bouillon au poisson
200 g de beurre
120 g de riz long grain
1 tablette de bouillon de volaille
250 g de champignons émincés surgelés
3 cuil. à soupe de jus de citron
6 oignons moyens (400 g environ) finement hachés
6 cuil. à soupe d'aneth (ou de fenouil) finement ciselé
3 œufs durs hachés grossièrement
sel, poivre, huile, farine

Pour la dorure
1 jaune d'œuf
1 cuil. à soupe de crème fraîche

Pour la sauce
30 à 40 cl de crème fraîche
le jus de 1 citron
3 cuil. à soupe de ciboulette ciselée

1. Préparer la farce au saumon. Mélanger le court-bouillon avec 2 litres d'eau. Amener à ébullition sur feu vif, puis réduire à feu doux et y plonger le saumon. Laisser frémir 8 mn (à partir du premier frémissement). Retirer le saumon et, lorsqu'il est tiède, le réduire en petits morceaux dans une grande jatte.

2. Dans une poêle, faire revenir les champignons avec 50 g de beurre sur feu vif. Les remuer 5 mn, les arroser de jus de citron. Les assaisonner avec 1/2 cuillerée à café de sel et 1/4 cuillerée à café de poivre et les verser sur le saumon.

3. Faire fondre 50 g de beurre dans la poêle. Y faire blondir 5 cuillerées à soupe d'oignons hachés en remuant. Assaisonner avec 1/2 cuillerée à café de sel et 1/4 cuillerée à café de poivre et les verser sur le saumon.

4. Dans une sauteuse, faire chauffer 50 g de beurre et 1 cuillerée à soupe d'huile sur feu vif. Y faire blondir 1 mn le reste des oignons, ajouter le riz et faire dorer 5 mn en remuant. Y émietter la tablette de bouillon de volaille, arroser avec 15 cl (1 verre moyen) d'eau. Couvrir, réduire le feu à doux et laisser mijoter 15 mn. Retirer du feu, ajouter l'aneth, mélanger, verser sur le saumon.

5. Mélanger le saumon à tous ces ingrédients ainsi que les œufs durs. Laisser totalement refroidir.

6. Composer le koulibiac. Sur un plan de travail fariné, étaler la moitié de la pâte feuilletée sur 0,5 cm d'épaisseur. Y découper un rectangle de 40 cm x 17,5 cm. Le poser sur une plaque à pâtisserie légèrement humide.

7. Mouler la farce en forme de rôti de 34 cm de long. Le poser sur la pâte en ménageant un bord de 3 cm. Mélanger le jaune d'œuf et la crème fraîche prévus pour la dorure. En badigeonner le bord.

8. Étaler le reste de pâte sur 3 mm d'épaisseur. Y découper un rectangle de 45 cm x 22 cm et le badigeonner. Le strier de croisillons avec les dents d'une fourchette sans percer la pâte. Découper une cheminée, au centre, de 2,5 cm de diamètre. Poser la pâte sur le koulibiac. Souder les bords à la fourchette, puis les tailler d'un trait net avec un couteau fin. Les replier vers le centre sans trop appuyer afin qu'à la cuisson ils gonflent joliment.

9. Découper des motifs décoratifs dans les chutes de pâte et en orner le dessus du koulibiac. Les badigeonner. Réfrigérer le koulibiac au minimum 30 mn (voire 1 nuit) avant de le faire cuire.

10. Cuisson du koulibiac. Préchauffer le four à 220 °C. Verser 2 cuillerées de beurre fondu dans la cheminée du koulibiac. L'enfourner au deuxième cran du bas dans le four (la pâte du dessous cuit moins vite que celle du dessus) et laisser cuire 1 h en abaissant la température à 200 °C au bout de 15 mn. Laisser reposer 15 mn dans le four éteint, puis refroidir à température ambiante.

11. Pour servir, faire réchauffer 30 mn dans le four préchauffé à 180 °C. Présenter sur un plat long accompagné d'une saucière de crème fraîche au citron et à la ciboulette. Couper le koulibiac en tranches, l'arroser de sauce.

Koulibiac de saumon

Koulibiac à la viande et au chou

POUR 12 À 15 PERSONNES
Préparation : 1 h
Réfrigération : 30 mn à 1 nuit
Cuisson : 1 h

1 kg de pâte feuilletée à étaler
500 g de chou vert finement émincé
3 très gros oignons (environ 250 g) hachés
1 grosse gousse d'ail hachée
4 œufs durs hachés grossièrement
6 cuil. à soupe de persil haché
1 tablette de bouillon de bœuf
10 cl (1/2 verre) de vinaigre de vin vieux
1 cuil. à café de sucre
150 g de beurre
750 g de bœuf haché
1 cuil. à soupe de paprika
sel, poivre

Pour la dorure
1 jaune d'œuf
1 cuil. à soupe de crème fraîche

Pour la sauce
25 cl de crème fraîche
le jus de 1 citron
2 cuil. à soupe de basilic haché

1. Préparer la farce. Faire fondre 50 g de beurre dans une cocotte sur feu vif et y faire blondir 5 mn les oignons et l'ail en remuant. Ajouter le chou, la tablette de bouillon émiettée, 1/2 cuillerée de sel, 1/4 cuillerée de poivre. Arroser de vinaigre dilué dans 1/2 verre d'eau. Couvrir, laisser mijoter 30 mn sur feu doux.

2. Découvrir, et, sur feu vif, amener rapidement à ébullition jusqu'à complète évaporation du liquide. Ajouter 1 cuillerée à café de sucre et le persil. Remuer quelques secondes avant de verser dans une grande jatte. Y mélanger les œufs durs.

3. Faire chauffer 50 g de beurre dans une grande poêle sur feu moyen. Ajouter le paprika, remuer, puis ajouter le bœuf haché. L'écraser à la fourchette jusqu'à ce que toute teinte rose ait disparu. Assaisonner avec 2 cuillerées à café de sel et 1/4 cuillerée à café de poivre. Retirer du feu et continuer d'écraser la viande pour l'alléger et éviter les grumeaux.

4. La verser sur le chou et bien mélanger. Laisser totalement refroidir.

5. Procéder de la même façon que le koulibiac au saumon pour composer ce koulibiac à la viande et au chou. Faire cuire et servir selon le même principe.

6. Pour servir, faire réchauffer 30 mn dans le four préchauffé à 180°C. Présenter accompagné d'une saucière de crème fraîche au citron et au basilic.

Émincé de veau à l'engadine

POUR 25 À 30 PERSONNES
Préparation et cuisson : 45 mn

3 kg d'escalopes de veau coupées en fines lanières
6 cuil. à soupe d'huile
500 g de beurre
1 kg d'échalotes émincées, fraîches ou surgelées
60 cl (3 verres) de vin blanc sec
1 litre de crème fraîche épaisse
3 cuil. à soupe de fond de veau déshydraté
2 cuil. à soupe de sel
1 cuil. à café de poivre

1. Procéder en 6 fois. Séparer la viande en 6 tas. Partager le beurre en 7 parts égales.

2. Faire chauffer 1 part de beurre dans une grande poêle sur feu vif, avec 1 cuillerée à soupe d'huile. Dès qu'il cesse de mousser, y faire revenir 1 part de viande en la tournant sans cesse de 2 à 3 mn.

3. Lorsque la viande est délicatement dorée, la verser dans une grande passoire, posée sur une jatte pour en recueillir le jus. Procéder de même pour les autres parts de viande en remettant à chaque fois la même quantité de beurre et d'huile dans la poêle.

4. Faire fondre la dernière part de beurre dans une grande sauteuse ou cocotte sur feu moyen et y faire dorer doucement les échalotes en remuant de 6 à 8 mn jusqu'à une coloration caramel clair.

5. Ajouter alors le vin blanc et le fond de veau. Laisser cuire et réduire 10 mn sur feu vif.

6. Y incorporer la crème fraîche, le jus rendu par la viande, le sel et le poivre. Laisser réduire de moitié sur feu moyen.

7. Lorsque cette sauce est bien nappante et d'une jolie couleur caramel, y mélanger la viande. Goûter et rectifier l'assaisonnement. Laisser cuire encore de 2 à 3 mn en remuant pour bien imprégner la viande de sauce. Retirer du feu, couvrir et réserver.

8. Pour servir. Réchauffer l'émincé de veau 20 mn sur feu doux. Servir tel quel ou accompagner d'un peu de purée Mousline, sur assiette.

Vous pouvez préparer cet émincé la veille et le réchauffer le lendemain, il n'en sera que meilleur.
Vous pouvez aussi remplacer le veau par des escalopes de dinde (c'est moins bon mais aussi moins cher !).

Ananas givrés et salade ananas-fraises

POUR 25 À 30 PERSONNES
Préparation : 1 h
Congélation : 1 nuit

2 beaux ananas de 2 kg ou plus à plumet bien vert
4 litres de sorbet à l'ananas de bonne qualité
2 kg de fraises
2 citrons
sucre

1. **La veille.** Trancher la tête des ananas (6 à 7 cm), réserver les plumets. Couper la queue des ananas de manière qu'ils puissent tenir debout, découper une rondelle de 2 à 3 cm d'épaisseur à cet endroit et la réserver.

2. Évider les ananas (leur forme est celle d'un gros tube) à l'aide d'un long couteau-scie sans aller trop près de l'écorce. Extraire le gros boudin de chair en le poussant vers l'ouverture la plus large. Mettre les écorces, les chapeaux et les 2 rondelles 1 h au congélateur.

3. Presser les citrons. Découper la chair des ananas en petits cubes dans une jatte à couvercle. Les arroser avec le jus des citrons, ajouter quelques petites lamelles de zeste de citron et sucrer à volonté. Couvrir et réserver au réfrigérateur jusqu'au lendemain.

4. Lorsque les écorces d'ananas et les chapeaux sont bien gelés, les sortir, les vaporiser d'eau froide et les remettre au congélateur. Recommencer

Ananas givrés et salade ananas-fraises

cette opération plusieurs fois jusqu'à ce qu'ils soient constellés de gouttelettes de givre.

5. Lorsque le résultat est obtenu, remplir les écorces de sorbet ramolli (20 mn à température ambiante). Remettre en place les rondelles du fond qui se souderont à l'écorce avec le sorbet. Puis former un dôme de sorbet sur le dessus des ananas et placer les chapeaux en poussant pour faire légèrement déborder le sorbet. Vaporiser une dernière fois le tout. Ranger au congélateur jusqu'au lendemain.

6. **Le jour même.** Ajouter les fraises dans la salade d'ananas. Rectifier en sucre si nécessaire et présenter dans 2 jolies coupes au moment du dessert. Présenter les ananas givrés dans des coupes garnies de glaçons ou des coupes en glace (voir idées déco p. 182). Servir le sorbet à la cuillère et accompagner de salade ananas-fraises et de petits fours.

Vous pouvez ajouter un peu de kirsch ou de rhum dans la salade ananas-fraises.

RECEVOIR EN TOUTES OCCASIONS

"Que ma joie demeure"

En ce jour solennel, une décoration sobre aux couleurs tendres et classiques s'impose.

Menu

Aspics aux fruits de mer
Côtelettes de volaille à la pojarski
Purées de légumes
Pièce montée
"Que ma joie demeure"

Champagne blanc de blancs,
saint-estèphe

IDÉES DÉCO

Table : vu le nombre de convives, le plus simple est d'utiliser des sets de table en tissu. Se limiter à deux couleurs (vert amande et blanc, rose dragée et blanc ...) est très raffiné. Choisir des serviettes blanches ou vert amande, en tissu.

Vaisselle : vaisselle blanche, argenterie et verres en cristal.

Éclairage : naturel.

Centre de table : confectionner une guirlande de table en lierre panaché et fougère, piquée de petites roses blanches bien ouvertes et de marguerites. Plier les serviettes en lotus (voir p. 28) et les garnir avec des petits ballottins de tulle remplis de dragées vertes et blanches. Nouer chacun d'eux avec un petit ruban de satin vert amande.

Astuce : copier le menu à l'intérieur de Bristol blancs, pliés en deux. Coller au recto une photo-portrait du communiant ou de la communiante.

LISTE DES COURSES

Décoration

Nappes ■ serviettes ■ fleurs, feuillage ■

Cuisine

Prévoir à l'avance : porto blanc ■ gelée au madère ■ olives vertes ■ mayonnaise ■ 1 pain de mie ■ lait ■ poivre blanc ■ muscade ■ chapelure ■ biscuits à la cuiller ■ crème liquide UHT ■ gélatine ■ sucre en poudre ■ sucre vanillé ■ fruits confits ■ amandes en poudre ■ demi-poires au jus ■ caramel ■ 1 pot de fleurs ■ banderilles ■

Prévoir la veille : crevettes surgelées ■ œufs ■ macédoine ■ chair de crabe ■ avocats ■ citrons ■ olives noires de Nice ■ échalotes ■ beurre ■ petits-suisses ■ génoise ■ framboises ■ crème Chantilly ■ dragées ■ purées de légumes ■ laitues ■ tomates-cerises ■ persil ■ escalopes de veau ■ blancs de volaille ■ petites fraises ■ kiwis ■ fromages ■

Prévoir le jour même : 18 petits pains ■ 2 à 3 baguettes de pain ■

COMPTE À REBOURS

Décoration

À L'AVANCE	confectionner les ballottins de dragées et les menus.
LA VEILLE	dresser la table et réaliser la base de la guirlande (feuillage) ; plier les serviettes en lotus.
LE JOUR MÊME	piquer les fleurs dans la guirlande.

Cuisine

L'AVANT-VEILLE	mettre la crème fraîche liquide à réfrigérer.
LA VEILLE	préparer les 3 gâteaux de la pièce montée, les ranger au réfrigérateur ; faire durcir 7 œufs ; aspics point 2.
EN DÉBUT D'APRÈS-MIDI	aspics points 1, 3, 4, 5 et 6 ; les côtelettes à la pojarski du point 1 au point 3 inclus ; les aspics du point 7 au point 11 inclus ; côtelettes à la pojarski point 4 ; préparer les purées de légumes pour n'avoir plus qu'à les réchauffer ; hacher le persil, le réserver au réfrigérateur.
LE JOUR MÊME 4 H À L'AVANCE	composer la pièce montée point 17, la remettre au froid ; préparer la décoration point 8.
1 H À L'AVANCE	les aspics aux fruits de mer point 12.
10 MN AVANT DE PASSER À TABLE	préchauffer le four pour les côtelettes à la pojarski ; réchauffer les purées de légumes.
AU DESSERT	terminer la décoration de la pièce montée point 19.

Solution traiteur : commander des aspics aux fruits de mer chez le traiteur. Commander la pièce montée chez le pâtissier.

Plat pouvant être congelé : les côtelettes à la pojarski après précuisson.

Aspics aux fruits de mer

Aspics aux fruits de mer

POUR 18 PERSONNES OU 3 ASPICS
Préparation : 2 h
Refroidissement de la gelée : 1 h 30 à 2 h
Réfrigération : 1 nuit

5 sachets de gelée au madère
5 paquets de 500 g de crevettes géantes surgelées crues
3 œufs durs
2 bocaux d'olives vertes dénoyautées (ou 320 g d'olives égouttées)
1 kg de salade russe ou piémontaise (du traiteur)
500 g de chair de crabe surgelée ou en boîte
6 avocats moyens mûrs
le jus de 5 citrons
3 moules à charlotte cannelés (contenance 1 litre)

1. **La veille.** Préparer la gelée de 1 h 30 à 2 h à l'avance selon les indications données sur les sachets, de manière à obtenir 2,5 litres de gelée. La répartir dans 3 jattes ou pichets à bec. Les plonger dans de l'eau froide et laisser refroidir jusqu'à consistance sirupeuse.

2. Mettre les moules au congélateur.

3. Faire cuire les crevettes géantes encore gelées dans une marmite d'eau bouillante salée. Laisser revenir à ébullition en les remuant. Retirer du feu et laisser reposer 5 mn avant d'égoutter. Les décortiquer en veillant à ne pas abîmer la fine peau rose qui entoure les chairs. Les réserver dans une jatte, les arroser avec 1 louche de gelée liquide, puis les mettre au freezer.

4. Décongeler la chair de crabe, la mélanger à la salade russe, réserver au froid.

5. Verser le jus des citrons dans une jatte. Ouvrir les avocats et en prélever la chair avec une cuillère à racines. Jeter les boules au fur et à mesure dans le jus de citron. Mélanger délicatement, réserver au froid.

6. Égoutter les olives et les essuyer avec du papier absorbant.

7. Préparer les aspics. Lorsque la gelée est sirupeuse, sortir les moules du congélateur. Y verser 3 cm de gelée et les tourner pour chemiser les parois. Remettre 10 mn au congélateur. Recommencer. Remettre au congélateur.

Pour la décoration

2 laitues
1 kg de tomates-cerises
250 g de petites olives noires de Nice
1 tube de mayonnaise à embout décoratif

8. Couper les œufs durs en rondelles. Dans chaque moule, disposer une couronne de rondelles d'œuf (1 œuf par moule). Recouvrir de gelée, remettre les moules 15 mn au congélateur.

9. Entourer la couronne d'œuf de 4 crevettes géantes couchées en rosace. Poser 1 olive verte (ouverture vers l'extérieur) à chaque point de jointure des crevettes. Étaler, au centre, une couche de salade russe de même hauteur. Couvrir à nouveau de gelée et remettre 15 mn au congélateur.

10. Placer dans chaque cannelure des moules 1 boule d'avocat égouttée surmontée de 1 crevette debout (dos visible de l'extérieur). Remplir le centre de salade russe sans la chasser sur les bords. Couler de la gelée le long des crevettes, puis étaler la salade russe. Glisser entre chaque crevette 1 olive verte (ce qui les maintiendra bien droites). Noyer entièrement le tout de gelée. Couvrir les moules, les réfrigérer 1 nuit.

11. **Le jour même.** Tailler la laitue en chiffonnade (petites lanières). Ouvrir les tomates-cerises en fleur (les entailler en croix sans séparer les quartiers). Piquer 1 petite olive noire au cœur.

12. De 30 mn à 1 h avant de servir. Démouler les aspics : tremper le moule 1 seconde dans de l'eau chaude. Poser un plat rond (si possible à pied) sur le moule et retourner. Entourer chaque aspic d'une guirlande de laitue parsemée de fleurs de tomate. Décorer le dessus des aspics d'une rosace de mayonnaise. Réserver au froid.

13. Pour servir, poser les aspics aux fruits de mer sur la table avant d'y convier vos invités. Les couper en tranches et les servir à l'aide d'une pelle à tarte. Les accompagner éventuellement d'une saucière de sauce crudités ou cocktail.

Vous pouvez remplacer la chair de crabe par du surimi.
Ces aspics ravissants et délicieux requièrent un peu de patience. Mais le résultat en vaut la peine.
Attention, veillez à la bonne consistance de la gelée.

Côtelettes à la pojarski

POUR 18 PERSONNES
Préparation : 1 h 30 (la veille)
Cuisson : 30 mn (le jour même)

500 g d'escalopes de veau
1 kg de blancs de volaille
1 grand pain de mie (sans la croûte)
1 bol de lait
10 échalotes (250 g) finement hachées
250 g de beurre très mou
6 cuil. à soupe de persil haché
10 cl (1/2 verre) de porto blanc
3 cuil. à soupe de sel
1 cuil. à café de poivre blanc
1 cuil. à café rase de noix muscade râpée
sel, farine

1. Couper les viandes en petits cubes et les mixer fin. Détremper la mie de pain avec le lait, l'essorer et l'ajouter dans le mixeur, ainsi que le persil, les échalotes, le beurre mou, le porto, la noix muscade, sel et poivre blanc. Mixer en farce fine. Procéder éventuellement en plusieurs fois en divisant les ingrédients au départ. Verser le tout dans une grande jatte et malaxer encore un peu à la main.

2. Partager cette farce en 18 portions, rouler chacune en boule sur un plan de travail fariné, puis aplatir en donnant la forme de côtelette.

3. Dans une assiette creuse, mélanger les jaunes d'œufs avec l'huile prévus pour la panure, verser la chapelure dans une autre. Tremper les côtelettes tour à tour dans l'œuf, puis dans la chapelure. Les ranger sur une grande planche et les laisser sécher 15 mn.

4. Précuire les côtelettes. Faire chauffer 40 g de beurre et 2 cuillerées à soupe d'huile dans une poêle, sur feu moyen, sans le laisser colorer. Y faire

COMMUNION

Côtelettes à la pojarski

Pour la cuisson
environ 360 g de beurre + huile

Pour paner
5 jaunes d'œufs
3 cuil. à soupe d'huile
500 g de chapelure blonde

Pour la décoration
4 jaunes d'œufs durs
3 cuil. à soupe de persil haché
18 petites banderilles (2 paquets)

Pour servir
purée Mousline
purée de haricots verts surgelés

cuire 4 côtelettes à la fois 2 mn de chaque côté. Elles doivent être à peine blondes. Essuyer la poêle entre chaque cuisson et remettre beurre et huile. Ranger les côtelettes dans un ou deux grands plats ou sur la lèchefrite du four recouverte d'aluminium ménager. Les réserver ainsi plusieurs heures, voire jusqu'au lendemain, dans un endroit frais ou dans le bas du réfrigérateur. Dans ce dernier cas, les sortir 1 h avant la seconde cuisson.

5. Seconde cuisson. Préchauffer le four à 190 °C. Faire juste fondre 180 g de beurre et arroser chaque côtelette avec 1 cuillerée à café. Achever la cuisson 30 mn dans le four.

6. Pour servir. Écraser les jaunes d'œufs durs avec une fourchette. Y mélanger le persil haché.

7. Ranger les côtelettes sur les plats de service, saupoudrer du mélange précédent, piquer 1 banderille dans la queue de chacune d'elles.

8. Les accompagner de deux purées, l'une Mousline et l'autre de haricots verts.

*D*emander au charcutier ou au volailler de hacher les blancs de volaille et le veau.

Pièce montée "Que ma joie demeure"

POUR 20 PERSONNES
Préparation : environ 2 h
Décoration et montage : 20 mn

Pour le premier gâteau
*1 disque de génoise de 25 cm
de diamètre et de 1,5 cm d'épaisseur
12 gros petits-suisses (720 g)
26 biscuits à la cuiller (petit modèle)
200 g de sucre
1 sachet de sucre vanillé
25 cl de crème fraîche liquide bien froide
4 feuilles entières de gélatine (8 g)
150 g de fruits confits en petits dés
50 g de cerises confites coupées en deux
1 citron
15 cl (1 verre moyen) de Grand Marnier
(ou de Cointreau)
1 moule à manqué de 25 cm de diamètre*

Pour le deuxième gâteau
*1 disque de génoise de 22 cm
de diamètre et de 1,5 cm d'épaisseur
8 gros petits-suisses (480 g)
20 cl de crème fraîche liquide bien froide
250 g de framboises surgelées
4 feuilles entières (8 g) de gélatine
3 cuil. à soupe de jus de citron
100 g de sucre
environ 20 biscuits à la cuiller (petit modèle)
1 moule à manqué de 22 cm de diamètre*

Pour le troisième gâteau
*6 gros petits-suisses (360 g)
15 cl de crème fraîche liquide bien froide
1 boîte de 6 demi-poires au jus
3 feuilles entières (6 g) de gélatine
2 cuil. à soupe de caramel liquide
3 cuil. à soupe de sucre
3 cuil. à soupe d'amandes en poudre
les restes de génoise des 2 premiers gâteaux
1 pot à fleurs en plastique de 14 cm de diamètre*

Pour la décoration
*2 bombes de crème Chantilly
1 kg de jolies petites fraises bien saines
4 à 5 kiwis
1 bol de dragées*

1. **La veille.** Retirer la croûte de la génoise et la partager en 3 disques.

2. Préparer le premier gâteau. Fouetter la crème fraîche avec le sucre vanillé en chantilly ferme. Placer les petits-suisses dans une jatte assez grande. Ajouter le sucre et 1 pincée de zeste de citron râpé. Mélanger, puis incorporer les fruits confits et la chantilly.

3. Ramollir la gélatine à l'eau froide. L'essorer et la faire fondre sur feu doux avec 3 cuillerées à soupe de Grand Marnier et le jus du citron pressé en remuant. Laisser refroidir, puis amalgamer à la préparation précédente.

4. Tapisser le moule d'un film plastique débordant largement. Tailler les biscuits à la hauteur du moule. Verser le reste du Grand Marnier dans une assiette creuse et y ajouter la même quantité d'eau. Y tremper rapidement un à un les biscuits sur leur partie plate. Les dresser debout tout autour du moule, partie plate vers l'extérieur, en les pressant légèrement. Le moule étant évasé, les faire se chevaucher dans la partie basse pour obtenir une couronne de biscuits parfaitement droits.

5. Remplir le centre avec la préparation aux fruits confits bien tassée, jusqu'à ras bord. Poser dessus le disque de génoise, l'humecter du liquide au Grand Marnier restant. Refermer le film plastique sur le gâteau, recouvrir d'une assiette plate et d'un poids. Mettre 1 nuit au réfrigérateur.

6. Préparer le deuxième gâteau. Réserver une poignée de framboises surgelées au congélateur. Laisser un peu décongeler les autres avant de les mixer avec le sucre. Ajouter les petits-suisses et mixer le tout en crème rose. Fouetter la crème fraîche en chantilly ferme, puis l'incorporer.

7. Ramollir la gélatine à l'eau froide. L'essorer et la faire fondre avec 2 cuillerées à soupe d'eau et le jus de citron en remuant sur feu doux. Laisser refroidir avant de l'amalgamer à la crème aux framboises. Ajouter les framboises entières réservées (toutes surgelées).

8. Tapisser le moule d'un film plastique débordant. L'humidifier avec une éponge mouillée. Couper les biscuits à la hauteur du moule et les dresser autour, comme pour le premier gâteau, mais sans les serrer.

9. Remplir le centre de crème aux framboises bien tassée. Couvrir avec le disque de génoise, le tailler à la dimension du moule. Refermer le film plastique sur le gâteau, poser dessus une assiette munie d'un poids. Réfrigérer 1 nuit.

10. Préparer le troisième gâteau. Égoutter les poires au-dessus d'un bol. En mixer 4 avec le sucre et le caramel. Ajouter les petits-suisses, mixer en crème. Fouetter la crème fraîche en chantilly ferme. L'incorporer ainsi que les 2 demi-poires restantes coupées en petits cubes.

11. Ramollir la gélatine à l'eau froide. L'essorer et la faire fondre avec 3 cuillerées à soupe du jus des poires en remuant sur feu doux. Laisser refroidir avant de l'amalgamer à la crème aux poires.

12. Verser les amandes en poudre dans un bol, y ajouter les chutes de génoise et le troisième disque émiettés. Mélanger et mouiller petit à petit avec le jus des poires jusqu'à l'obtention d'une bouillie épaisse.

13. Tapisser le pot de fleurs d'un film plastique débordant. Étaler sur le fond une couche de 2 cm de pâte aux amandes. Recouvrir de crème aux

Pièce montée

poires, puis du reste de pâte aux amandes jusqu'au bord du moule. Si la garniture n'atteint pas le bord du moule ajouter des chutes de biscuits mouillés au jus de poires. Refermer le film plastique et réfrigérer 1 nuit.

14. **Le jour même.** Composer la pièce montée. Ouvrir le film plastique du premier gâteau. Poser un grand plat rond dessus. Retourner, démouler et retirer le film plastique. Rincer rapidement celui-ci sous l'eau froide et le poser encore mouillé sur le deuxième gâteau découvert. En soutenant le gâteau avec ce film, le placer au centre du premier. Démouler, retirer le film, puis tirer doucement sur celui qui le sépare du premier gâteau. Maintenir le deuxième gâteau d'une main. Procéder de même pour le troisième gâteau. Réfrigérer jusqu'au moment du dessert.

15. Préparer la décoration. Essuyer les fraises, les équeuter et les réserver étalées sur un plat recouvert de papier. Peler les kiwis, les couper en demi-rondelles. Les étaler sur du papier. Réserver au frais.

16. Au moment de servir, décorer la pièce montée de rosaces de crème Chantilly assises sur les trottoirs en rangs serrés, ainsi que le dessus du troisième gâteau. Y piquer des petites fraises et des dragées séparées des demi-rondelles de kiwi.

17. Pour servir, découper la pièce montée à l'aide d'un grand couteau et d'une pelle à tarte en donnant un morceau de chaque gâteau à chaque convive. Accompagner de coulis de fruits (fraise, framboise et poire).

Amour tendre

Des fiançailles placées sous le signe du raffinement, du charme et de la douceur !

Menu

Cœurs de saumon
Dodines de canard croustillées au miel
Pommes de terre forestières
Rosalie

Champagne, côtes-de-brouilly

IDÉES DÉCO

Table : choisir entre une nappe de dentelle blanche ou thé et une nappe unie brodée (blanche, rose pâle, abricot, gris tendre...) sans oublier de prévoir les serviettes en tissu assorties. Éventuellement, opter pour une nappe pastel unie et des napperons en papier dentelle blanc comme sets de table.

Vaisselle : beau service (blanc, à fleurs, à liseré), argenterie et verres en cristal ; dessous d'assiettes en métal argenté.

Éclairage : électrique, agrémenté de bougies : chandeliers en argent ou métal argenté et, sur la table, bougies blanches ou d'une couleur assortie à la nappe.

Centre de table : au moment de passer à table, apporter le Rosalie. Le remplacer ensuite par un assez gros bouquet rond, mélange de roses épanouies aux couleurs tendres (roses blanches, rose pâle, rose thé).

Astuce : plier les serviettes en papillon d'un soir (voir p. 29) et enfiler dans le cordon une étiquette marque-place en forme de cœur.

LISTE DES COURSES

Décoration

Nappe ▪ serviettes ▪ napperons ▪ marque-place cœur ▪ roses (bouquet et gâteau) ▪ ruban ▪ bougies ▪

Cuisine

Prévoir à l'avance : porto ▪ cognac ▪ kirsch ▪ paprika ▪ concentré de tomate ▪ noix muscade ▪ gelée au madère ▪ pointes d'asperges ▪ mayonnaise ▪ crème liquide UHT ▪ cèpes au jus ▪ quatre-épices ▪ miel ▪ sauce madère ▪ sauce Worcestershire ▪ biscuits de Reims ▪ amandes en poudre ▪ noisettes en poudre ▪ extrait de vanille ▪ extrait d'amande amère ▪ sucre ▪ sucre glace ▪ crème anglaise ▪ moule en cœur ▪ emporte-pièce cœur ▪

Prévoir 2 jours à l'avance : saumon frais ▪ citrons ▪ œufs ▪ kiwis ▪ persil ▪ canettes de Barbarie ▪ foies ▪ jambon de Parme ▪ pain de seigle ▪ pommes de terre surgelées ▪ oignons grelots ▪ ail ▪ échalotes ▪ beurre ▪ lait entier ▪ pâte d'amande verte ▪

COMPTE À REBOURS

Décoration

À L'AVANCE	amidonner nappe et serviettes ; essuyer verres et argenterie ; commander le bouquet rond.
LA VEILLE	dresser la table ; plier les serviettes.

Cuisine

LA VEILLE	les cœurs de saumon du point 1 au point 3 inclus ; les dodines de canard du point 1 au point 4 inclus ; le Rosalie du point 1 au point 4 inclus.
LE JOUR MÊME PLUSIEURS HEURES À L'AVANCE	les cœurs de saumon du point 5 au point 7 inclus ; le Rosalie du point 5 au point 7 inclus.
1 H 30 À L'AVANCE	les dodines de canard, les faire cuire à partir du point 5 jusqu'au point 8.
1 H À L'AVANCE	les pommes de terre forestières du point 1 au point 3 inclus, les réserver sur feu très doux.
30 MN À L'AVANCE	les cœurs de saumon points 8 et 9.
AU MOMENT DE SERVIR	les dodines de canard point 8 ; les pommes de terre forestières.
AU DESSERT	le Rosalie, poser le petit bouquet de roses et servir point 8.

Solution traiteur : commander les cœurs de saumon chez le traiteur. Remplacer le Rosalie par un gâteau de pâtissier.

Cœurs de saumon

Cœurs de saumon

POUR 12 PERSONNES
Préparation : 1 h 30
Réfrigération : 6 à 12 h (la veille)
Décoration : 25 mn (le jour même)

800 g de saumon frais sans peau ni arêtes
2 cuil. à soupe de jus de citron
2 cuil. à café de paprika
1 cuil. à soupe de concentré de tomate
1/2 cuil. à café de noix muscade râpée
2 blancs d'œufs
40 cl de crème fraîche liquide UHT très froide
sel, poivre, beurre
2 moules à cake de 25 cm x 10 cm en porcelaine
1 emporte-pièce en forme de cœur de 7 cm de large

Pour la garniture
2 sachets de gelée au madère (1 litre de gelée)
12 pointes d'asperges en bocal
1 tube de mayonnaise à embout décoratif
1 tube de concentré de tomate
12 kiwis fermes mais mûrs

1. **La veille.** Mixer le saumon avec le jus de citron, le paprika, le concentré de tomate et la noix muscade. Ajouter les blancs d'œufs un à un.

2. Verser dans une grande jatte posée sur un lit de glaçons. Fouetter en incorporant, cuillerée par cuillerée, la crème fraîche. Le tout doit gonfler comme une mayonnaise ferme (très important). Ajouter 2 cuillerées à soupe de sel et 1 de poivre blanc.

3. Préchauffer le four à 170 °C. Beurrer les moules et y répartir la mousse. Les couvrir d'aluminium ménager, les poser dans un bain-marie et faire cuire 1 h dans le four. Laisser refroidir avant de démouler. Réfrigérer.

4. **Le jour même.** Préparer 1 litre de gelée au madère selon la méthode indiquée sur les sachets.

5. Découper 12 tranches de 2,5 cm d'épaisseur dans les mousses de saumon sans employer les entames. Tailler chacune à l'emporte-pièce. Les poser sans les serrer sur 1 plaque recouverte d'aluminium ménager.

6. Lorsque la gelée est à consistance sirupeuse, la couler sur les cœurs. Mettre 15 mn au réfrigérateur.

7. Sécher les pointes d'asperges. En poser 1 en biais sur chaque cœur. Noyer de gelée et mettre au réfrigérateur 2 h au minimum.

8. 30 mn avant de servir, peler et couper les kiwis en rondelles fines. Décorer la pointe des asperges d'une goutte de concentré de tomate et la queue d'un petit zigzag de mayonnaise. Entourer chaque cœur de mayonnaise, puis de kiwi.

Dodines de canard croustillées au miel

POUR 12 PERSONNES
Préparation : 1 h
Repos : 30 mn
Cuisson : 1 h 15

2 canettes de Barbarie de 2 kg désossées par le volailler
les foies des canettes coupés en petits morceaux
250 g de jambon de Parme coupé en petits dés
2 bocaux de cèpes au jus (600 g de cèpes égouttés)
6 grandes tranches de pain de seigle (300 g)
6 cuil. à soupe de persil haché
10 échalotes (250 g) hachées
2 petites gousses d'ail hachées
2 œufs
10 cl (1/2 verre) de porto
6 cuil. à soupe de cognac
2 pincées de quatre-épices
4 cuil. à soupe de miel
200 g de sauce madère en boîte
2 cuil. à soupe de sauce Worcestershire
sel, poivre, beurre, huile d'olive

1. Étaler les canettes, côté peau, sur la table. Les arroser de cognac. Saler, poivrer et laisser en attente.

2. Préparer la farce. Égoutter les cèpes dans une passoire au-dessus d'un bol. Émietter la mie du pain dans une grande jatte, la mouiller avec 1 verre de jus des cèpes et le porto. Y mélanger les foies, les cèpes en petits morceaux, le persil, les œufs, sel, poivre et quatre-épices.

3. Faire chauffer 40 g de beurre sur feu moyen. Y faire blondir les échalotes et l'ail 5 mn en remuant. Ajouter le jambon de Parme et remuer 1 mn. Verser dans la farce et mélanger. Mettre au réfrigérateur de 20 à 30 mn.

4. Partager la farce en deux, l'étaler sur les canettes. Rabattre la peau côté cou et côté croupion vers le milieu et rouler les dodines en forme de rôti. Les ficeler en 6 endroits en laissant une petite longueur de fil à chaque nœud pour les retirer plus facilement.

5. Cuisson des dodines. Préchauffer le four à 200 °C. Poser les dodines dans un grand plat à rôtir. Les enduire d'huile d'olive, saler, poivrer et faire cuire 1 h.

6. Mélanger le miel avec la sauce Worcestershire, en recouvrir les dodines. Augmenter la température du four au maximum et remettre celles-ci dans le four 15 mn à croustiller en surveillant.

7. Éteindre, poser les dodines sur un plat, les réserver au chaud, four éteint et porte ouverte.

8. Dégraisser le jus de cuisson. Ajouter le reste du jus des cèpes, racler les sucs du plat. Verser la sauce dans une casserole. Y ajouter la sauce madère, faire chauffer et verser en saucière.

9. Pour servir, présenter les dodines sur 2 plats et les découper en tranches.

Pommes de terre forestières

POUR 12 PERSONNES
Préparation et cuisson : 30 mn

2 kg de pommes de terre sautées surgelées
2 bocaux de cèpes au jus
500 g de petits oignons grelots surgelés
6 gousses d'ail non épluchées
6 cuil. à soupe de persil haché
250 g de beurre
6 cuil. à soupe d'huile
sel, poivre, sucre

1. Égoutter les cèpes et les couper en morceaux. Dans une poêle, faire chauffer 40 g de beurre et 1 cuillerée à soupe d'huile et y faire dorer et sécher les cèpes 20 mn.

2. Mettre les oignons dans une sauteuse large avec 1 verre d'eau et 40 g de beurre. Faire cuire 10 mn à couvert. Découvrir et laisser résorber le liquide. Saupoudrer 1 cuillerée à café de sucre. Saler, poivrer et faire dorer en secouant. Ajouter les cèpes. Réserver sur feu doux.

3. Faire chauffer 150 g de beurre avec 4 cuillerées à soupe d'huile, sur feu vif. Y jeter les pommes de terre et remuer 5 mn pour les saisir. Ajouter l'ail, réduire à feu moyen, faire cuire 10 mn en remuant de temps en temps. Ajouter le mélange cèpes-oignons, couvrir et laisser cuire encore 15 mn sur feu doux. Saler, poivrer, ajouter le persil haché, réserver sur feu très doux, à découvert.

4. Pour servir, présenter dans des légumiers.

FIANÇAILLES

Rosalie

Rosalie

POUR 12 PERSONNES
Préparation : 25 mn
Réfrigération : 12 h

350 g de biscuits de Reims roses
150 g d'amandes en poudre
100 g de noisettes en poudre
200 g de sucre
200 g de beurre frais de bonne qualité
30 cl de lait frais entier
4 jaunes d'œufs
3 cuil. à soupe de kirsch
1 cuil. à café d'extrait de vanille
4 à 5 gouttes d'extrait d'amande amère
1 grand moule en forme de cœur

Pour la décoration
250 g de pâte d'amande verte très souple
4 cuil. à soupe de sucre glace
2 belles roses roses épanouies et
2 boutons de rose

Pour servir
Crème anglaise instantanée

1. **La veille.** Réduire les biscuits de Reims en poudre au moulin à légumes ou au mixeur. En prélever 1 petite tasse pour la décoration du gâteau.

2. Verser le lait dans une casserole, ajouter les extraits de vanille et d'amande amère, le sucre et les jaunes d'œufs. Mélanger au fouet à main. Porter sur feu moyen et tourner au fouet jusqu'à consistance nappante sans atteindre l'ébullition. Verser dans une grande jatte.

3. Incorporer le beurre par petits morceaux et le kirsch. Ajouter petit à petit les amandes, les noisettes et les biscuits en poudre.

4. Passer le moule sous l'eau froide et, sans l'essuyer, l'emplir avec la préparation. Mettre 1 nuit au réfrigérateur.

5. **Le jour même.** Tremper rapidement le moule dans de l'eau chaude, puis démouler sur un plat de service.

6. Poudrer le plan de travail de sucre glace et y étaler la pâte d'amande en un long ruban. Tailler celui-ci bien droit, de la hauteur du gâteau et de la longueur du tour + 1 cm.

7. En entourer le Rosalie en pressant pour le faire adhérer. Camoufler l'attache du ruban dans le creux du cœur. Répandre la poudre de biscuit réservée sur le dessus.

8. Décorer avec les roses en petit bouquet. Remettre au froid jusqu'au moment de servir. Accompagner d'une crème anglaise.

RECEVOIR EN TOUTES OCCASIONS

Mariage

Cocktail prairie verte
Cocktail capucine
Citrouille piquée de légumes avec sa farandole
de mousses : guacamole de Caracas, mousse de sardine,
régal d'Antoine, tapenade, caviar d'aubergines, tarama
Mosaïque de surimi aux avocats et mayonnaise rose
Terrine de saumon-petits pois et sauce verte
Cake de lotte et mayonnaise cocktail
Terrine jardinière et sauce au poivron
Salade sage
Salade folle
Pâté en croûte
Jambon à l'ananas avec sa sauce Cumberland
Le plateau de fromages fermiers
Mousse abricot-rhubarbe
Compote de fruits rouges
Cheesecake de Fred
Gâteau de la mariée
Réductions du pâtissier
Sorbets

Un mariage est un événement important
dans une famille. Si vous n'avez ni le goût
ni l'argent de vous en remettre entièrement
à un traiteur pour l'organisation de cette
réception, voici une façon de préparer
vous-même un délicieux buffet, pour peu que
vous puissiez congeler en quantités importantes.
Rien ne vous empêche de ne confectionner
vous-même qu'une partie des recettes proposées
et de commander le reste chez un traiteur,
le plat chaud par exemple.
En tout état de cause, n'oubliez pas
la traditionnelle pièce montée
dont nous vous faisons grâce, mais sans laquelle
un mariage ne saurait être totalement réussi.

Buffet "Vive la mariée !"

IDÉES DÉCO

Table : plusieurs tables sont nécessaires, qu'elles soient louées ou empruntées. De préférence, en prévoir une très grande et très longue pour les buffets, une autre un peu moins grande pour le cocktail d'accueil, et disperser dans le jardin de petites tables rondes, déjà dressées, pour les convives. Penser à louer aussi les nappes blanches adaptées. Veiller à placer les deux buffets dans des endroits ombragés ou à les protéger par de très grands parasols blancs, sans les placer trop loin de la maison cependant, afin de faciliter le service. Les recouvrir de nappes blanches tombant jusqu'au sol et disposer tout autour de grandes guirlandes de lierre parsemées de gros nœuds de tulle.

Vaisselle : vaisselle blanche, verres et couverts de location. Penser à louer plus de verres qu'il n'y a de convives.

Éclairage : naturel. Prévoir cependant des flambeaux de jardin au cas où la réception s'éterniserait jusqu'à la tombée de la nuit.

Centres de table : pour le cocktail d'accueil : faire trôner au centre de la table la citrouille piquée de légumes posée sur un gros coussin de tulle, ce qui lui donnera de l'allure et servira à la caler ;

pour le buffet : confectionner deux grandes pyramides à croquer (avec des fraises) et les placer à chaque bout ;

pour les tables : placer au centre de chacune des tables un petit panier fleuri (voir idées déco du baptême, p. 182) en remplaçant la dentelle de papier par une collerette de tulle et les petits nœuds de ruban par de petits nœuds de tulle.

Astuce : afficher le menu à l'entrée, sur la porte ou sur la grille, comme au restaurant !

LISTE DES COURSES

Décoration

Matériel pour les pyramides à croquer (voir p. 35) ▪ matériel pour les guirlandes (lierre, fil de fer, tulle blanc) ▪ tulle blanc ▪ matériel pour les petits paniers (petits paniers laqués ou non, mousse fraîche, feuilles de plastique transparent, tulle et petits pots de fleurs fraîches) ▪

Cuisine

Alcools : crémant brut (4 bouteilles) ▪ anisette ▪ rhum blanc ▪ Cointreau ▪ porto rouge et blanc ▪ madère ▪ gin ▪ vin blanc sec (1 bouteille) ▪ cognac ▪ whisky américain ▪

Ingrédients usuels : sucre ▪ farine ▪ 500 g de sucre roux ▪ 1,5 kg de sucre gélifiant ▪ 4 sachets de sucre vanillé ▪ 4 feuilles de gélatine ▪ 1 tablette de bouillon de bœuf dégraissé ▪ 3 sachets de gelée au madère ▪ sirop de menthe verte ▪ huile d'olive très fruitée ▪ vinaigre blanc ▪ vinaigre de cidre ▪ vinaigre de xérès ▪ 1 sachet de champignons noirs séchés ▪ 400 g de gelée de groseille ▪ 50 g d'amandes en poudre ▪ 250 g de raisins secs blonds ▪ 250 g de cerneaux de noix ▪ 200 g de petits-beurre ▪ gâteaux secs ▪ 1 paquet de pistaches ▪

LISTE DES COURSES

Conserves : 1/2 boîte de pêches au sirop ▪ 1 bocal de griottes dénoyautées au sirop ▪ 1/2 boîte d'ananas en morceaux et 2 grosses boîtes en tranches ▪ 1 boîte de marmelade d'abricot ▪ 1 boîte moyenne de thon au naturel ▪ 2 boîtes de filets d'anchois ▪ 2 boîtes de sardines à l'huile ▪ 1 boîte de petits pois extra-fins ▪ 1/2 boîte de cœurs de palmier ▪ 1 boîte de maïs en grains ▪ 1 petite boîte de concentré de tomate ▪ 1 bocal de petits oignons au vinaigre ▪ 1 bocal d'olives noires dénoyautées ▪ 1 bocal d'olives vertes farcies aux anchois ▪ 1 bocal d'olives vertes dénoyautées ▪ 1 bocal moyen de câpres ▪ 1 flacon de nuoc-mam ▪ 1 flacon de ketchup ▪ 1 flacon de tabasco ▪ 1 bocal de mayonnaise cocktail ▪ 1,5 kg de mayonnaise ▪ 1 bocal d'œufs de caille ▪ 1 petit pot de beurre de homard ▪

Épices : 2 flacons de paprika ▪ 2 flacons de cannelle en poudre ▪ 1 flacon de poivre rose ▪ 1 flacon de quatre-épices ▪ 2 flacons de clous de girofle ▪ gin-gembre en poudre ▪ cayenne ▪ sel ▪ poivre ▪ 1 pot de moutarde ▪ 1 flacon de pâte de piment ▪ cumin en poudre ▪ graines de cardamome ▪ curry ▪

MARIAGE

Surgelés : 500 g de surimi ▪ 150 g de crevettes décortiquées ▪ 2,5 kg de fruits rouges ▪ 1 kg de rhubarbe ▪ 1 kg de chou-fleur en petits bouquets ▪ sorbets ▪ pâte feuilletée à étaler ▪

Produits frais : beurre ▪ 40 cl de crème fraîche liquide UHT ▪ 1 kg de crème fraîche épaisse ▪ 26 gros petits-suisses ▪ 1 kg de fromage blanc crémeux ▪ 1 tranche de bûche de chèvre cendrée ▪ 10 petits fromages de chèvre frais ▪ tomme de Savoie ▪ bleu d'Auvergne ▪ coulommiers ▪ 36 œufs ▪ 300 g de très grosses olives vertes et noires ▪

Légumes : 1 grosse citrouille ▪ 500 g champignons de Paris ▪ 1 kg de carottes ▪ 1 pied de céleri-branche ▪ 2 bottes de radis ▪ 2 concombres ▪ 5 tomates ▪ 1 poivron vert ▪ 4 poivrons rouges ▪ 250 g de brocolis ▪ 2 courgettes ▪ 1 très grosse aubergine ▪ 2-3 belles salades ▪ ail nouveau ▪ 1 oignon blanc ▪ oignons ▪ échalotes ▪ oignons doux ▪

Herbes : persil ▪ coriandre ▪ ciboulette ▪ cerfeuil ▪ oseille ▪ thym frais ▪

Fruits : 2 citrons verts ▪ 10 citrons jaunes ▪ 2 kiwis ▪ 2 melons ▪ 5 avocats ▪ 500 g de tomates-cerises ▪ tomates ▪ 2 pommes ▪ 500 g fraises ▪ 5 oranges ▪

Pains : 1 pain de mie ▪ 2 mini-pains de mie ronds ▪ 60 petits pains frais ▪ 2 pains de campagne tranchés sous-vide ▪ réductions du pâtissier ▪ gâteau de la mariée ▪

Viandes et poissons : 500 g de filets de saumon frais ▪ 250 g de salade au crabe (traiteur) ▪ 750 g de filets ou joues de lotte ▪ 18 grosses crevettes roses ▪ 2 barquettes de tarama ▪ 200 g de chair de canard fumée ▪ 600 g de chair à saucisse ▪ 400 g de blancs de volaille ▪ 300 g d'escalopes de veau ▪ 200 g de lard gras ▪ 4 tranches de jambon braisé ▪ 1 jambon à l'os braisé, cuit par le charcutier et débarrassé de sa couenne ▪ brochettes longues ▪ mini-brochettes en bois ▪ bouquet de capucines ▪

COMPTE À REBOURS

Décoration

À L'AVANCE	préparer les bases des pyramides à croquer (voir p. 35) ; confectionner les guirlandes de lierre ; préparer les gros nœuds en tulle à piquer dessus ; confectionner la base des petits paniers, centres de table.
LA VEILLE	terminer les pyramides et les petits paniers ; disposer les tables ; afficher le menu.
LE JOUR MÊME	dresser les tables.

Cuisine

1 OU 2 SEMAINES À L'AVANCE	la terrine de saumon-petits pois du point 1 au point 4 et congeler ; le cake de lotte du point 1 au point 4 et congeler ; la terrine jardinière du point 1 au point 7 et congeler.
4 JOURS À L'AVANCE	le pâté en croûte du point 1 au point 4 et réfrigérer 1 nuit.
3 JOURS À L'AVANCE	la cuisson du pâté en croûte point 5 et réfrigérer ; la tapenade, la mousse de sardine, le caviar d'aubergine.
2 JOURS À L'AVANCE	la mosaïque de surimi aux avocats du point 1 au point 7 et réfrigérer ; le pâté en croûte : couler la gelée point 6 ; la sauce Cumberland, la mousse abricot-rhubarbe du point 1 au point 5.
LA VEILLE	la farandole de mousses : guacamole, régal d'Antoine ; préparer les sauces pour les terrines : verte (terrine saumon-petits pois), rose (mosaïque de surimi), au poivron (terrine jardinière), vinaigrette (salade folle et salade sage) ; faire durcir les œufs pour les salades et la décoration des plats ; le jambon à l'ananas du point 1 au point 5 et réserver au frais ; préparer le plateau de fromages fermiers ; la compote de fruits rouges du point 1 au point 4, le cheese-cake de Fred du point 1 au point 4 ; préparer les légumes pour la citrouille et les réserver enfermés dans des boîtes, au réfrigérateur ; le cocktail prairie verte points 1 et 2, le cocktail capucine points 1 et 2 ; sortir les terrines du congélateur ; éplucher les salades.
LE JOUR MÊME	composer la salade folle et la salade sage ; poser la citrouille sur le buffet et la piquer de légumes ; disposer tous les plats sur le buffet à l'exception des desserts.

*S***olution traiteur :** *commander le jambon à l'ananas tout prêt chez le traiteur ou le remplacer par un plat chaud (cochon de lait grillé, par exemple).*

*P***lats pouvant être congelés :** *la terrine de saumon-petits pois ; le cake de lotte après le point 4 ; la terrine jardinière ; la pâte à croustade.*

Cocktail prairie verte

POUR 15 À 20 PERSONNES
Préparation : 15 mn
Réfrigération : 2 h ou plus

2 bouteilles de crémant brut (ou un petit champagne)
15 cl d'anisette Rocher (liqueur d'anis)
20 cl de rhum blanc
1 boîte de pêches au sirop (500 g)
10 cl de sirop de menthe verte
2 citrons verts taillés en fines rondelles avec la peau
2 kiwis taillés en rondelles

1. Dans une boîte en plastique munie d'un couvercle, mélanger l'anisette, le rhum, le jus des pêches, le sirop de menthe.

2. Ajouter les pêches coupées en petit dés et les rondelles de citrons verts et de kiwis. Fermer la boîte, réfrigérer au minimum 2 h ainsi que le crémant ou le champagne.

3. Juste avant de servir, verser le contenu de la boîte dans une grande coupe à punch. Ajouter le crémant ou le champagne. Servir à la louche.

Cocktail capucine

POUR 15 À 20 PERSONNES
Préparation : 15 mn
Réfrigération : 2 h ou plus

2 bouteilles de crémant brut
15 cl de Cointreau
15 cl de porto
10 cl de gin
1 bocal de griottes dénoyautées au sirop (370 g)
1 gros melon ou 2 petits
3 cuil. à soupe de sucre roux
1 petit bouquet de capucines

1. Dans une boîte en plastique munie d'un couvercle, mélanger le Cointreau, le porto, le gin, les cerises et leur sirop et le sucre roux.

2. Ouvrir le melon, retirer les graines, couper la chair en petits dés, l'ajouter dans la boîte. Fermer et mettre la boîte au minimum 2 h au réfrigérateur ainsi que le crémant.

3. Juste avant de servir, verser le contenu de la boîte dans une grande coupe à punch. Ajouter le crémant et faire flotter en surface des fleurs de capucine. Servir à la louche.

Citrouille piquée de légumes

POUR 40 À 50 PERSONNES
Préparation : 1 h 30

1 grosse et belle citrouille
1 kg de bouquets de chou-fleur surgelés
500 g de petits champignons de Paris
500 g de tomates-cerises
500 g de carottes moyennes
1 pied de céleri-branche
1 à 2 bottes de radis
1 concombre
300 g de grosses olives vertes et noires
1 bocal de petits oignons au vinaigre
environ 80 brochettes longues (30 cm) et fines en bois
40 cl de vinaigre blanc

1. Préparer une grande bassine d'eau bien froide. Y ajouter le vinaigre et les bouquets de chou-fleur surgelés.

2. Éplucher les radis en laissant un petit bout de queue. Inciser chaque radis en quatre sans séparer les quartiers. Les jeter au fur et à mesure dans la bassine.

3. Peler les carottes, les couper en grosses rondelles, les jeter dans la bassine.

4. Laver le concombre, le couper en quatre dans la longueur, puis chaque quart en tronçons et les mettre dans une jatte. Essuyer les champignons, retirer les queues. Égoutter les petits oignons au vinaigre.

5. Poser la citrouille sur le buffet. Égoutter tous les légumes et les piquer sur les brochettes. Former un immense bouquet de légumes sur la citrouille.

6. Accompagner d'une farandole de petites mousses.

Cocktail prairie verte et cocktail capucine

Farandole de petites mousses

POUR 50 PERSONNES

12 raviers en porcelaine blanche
2 barquettes de tarama acheté tout prêt
guacamole de Caracas
tapenade
mousse de sardine
régal d'Antoine

1. Répartir chacune des préparations dans deux raviers.

2. Les ranger sur le buffet devant la citrouille piquée de légumes, joliment alignés, en alternant les couleurs.

3. Accompagner de petites corbeilles de mini-tranches rondes de pain de mie pour apéritif (1 paquet de 32 tranches). Chacun trempera son légume embroché dans une petite mousse et prendra ou non une petite tranche de pain.

Guacamole de Caracas

POUR 10 À 15 PERSONNES
Préparation : 10 mn
Réfrigération : 2 h à 1 nuit

2 gros avocats mûrs
1 cuil. à soupe d'oignons hachés en purée
1 cuil. à café de pâte de piment
3 jaunes d'œufs durs
1 tomate moyenne
1 cuil. à soupe de coriandre hachée
1 cuil. à café rase de sel, poivre

1. Couper les avocats en deux, extraire les noyaux. Prélever la chair avec une cuillère. La verser dans le mixeur.

2. Peler la tomate, l'épépiner et la hacher grossièrement.

3. Ajouter dans le mixeur tous les ingrédients, mixer en crème.

4. Verser dans une boîte hermétique. Réfrigérer de 2 h à 1 nuit.

*S*i vous ne trouvez pas de coriandre fraîche, prenez de la coriandre en poudre.

Mousse de sardine

POUR 10 À 15 PERSONNES
Préparation : 10 mn
Réfrigération : 1 h à 1 nuit

2 boîtes de sardines à l'huile d'olive
4 cuil. à soupe de persil haché
6 cuil. à soupe de mayonnaise toute prête
3 gros petits-suisses (180 g)
1 cuil. à café de moutarde
le jus de 1 citron
1 gros oignon blanc avec 1 tige verte
2 cuil. à soupe de câpres
sel, poivre

1. Éplucher l'oignon blanc, le couper en morceaux avec presque la totalité de sa tige. Le verser dans le mixeur.

2. Ajouter les sardines (avec l'huile), le persil, la mayonnaise, la moutarde, le jus de citron et les petits-suisses. Mixer en crème. Goûter, ajouter du poivre et éventuellement du sel.

3. Verser dans une boîte hermétique. Y mélanger les câpres. Réfrigérer de 1 h à 1 nuit.

Régal d'Antoine

POUR 10 À 15 PERSONNES
Préparation : 15 mn
Réfrigération : 1 h à 1 nuit

1 poivron vert
2 poivrons rouges
100 g de raisins secs blonds
100 g de cerneaux de noix
4 gros petits-suisses (240 g)
6 grosses cuil. à soupe de mayonnaise
1 cuil. à café de tabasco
1 cuil. à café de paprika
sel, poivre

1. Ouvrir les poivrons en deux, jeter les graines et les pédoncules. Couper la chair en petits morceaux. Verser dans le mixeur. Ajouter les raisins secs et les cerneaux de noix (grossièrement hachés). Mixer rapidement sans en faire une purée.

2. Verser dans une boîte hermétique, mélanger le reste des ingrédients. Réfrigérer au minimum 1 h.

Tapenade

POUR 10 À 15 PERSONNES
Préparation : 10 mn

1 boîte de thon au naturel
2 petites boîtes de filets d'anchois à l'huile
200 g d'olives dénoyautées
4 cuil. à soupe de câpres
4 gousses d'ail nouveau hachées
le jus de 1 citron
3 cuil. à soupe d'huile d'olive
3 cuil. à soupe d'amandes en poudre

1. Égoutter le thon. L'émietter dans le mixeur. Ajouter le reste des ingrédients, mixer en crème. Verser l'huile d'olive tout en continuant de mixer.

2. Verser dans une boîte hermétique et réfrigérer de 1 h à plusieurs jours.

Citrouille piquée de légumes et farandole de mousses

Caviar d'aubergines

POUR 10 PERSONNES
Préparation : 10 mn
Cuisson : 10 mn
Réfrigération : 1 h ou plus

1 très grosse aubergine
4 cuil. à soupe de crème fraîche épaisse
le jus de 1 citron
3 cuil. à soupe d'huile d'olive très fruitée
3 gousses d'ail nouveau hachées
1 échalote (25 g) hachée
quelques gouttes de tabasco
sel, poivre

1. Inciser quatre fois l'aubergine sur sa longueur, la mettre sous le gril jusqu'à ce que la peau soit bien grillée et la chair en compote. Laisser bien refroidir.

2. Prélever la chair avec une cuillère et la verser dans le mixeur. Ajouter l'ail, l'échalote, la crème fraîche, le tabasco, 1 cuillerée à café rase de sel et du poivre. Mixer en purée fine tout en ajoutant l'huile d'olive en un mince filet. Terminer par le jus de citron.

3. Verser dans une boîte hermétique. Réfrigérer de 1 h à 1 nuit.

Mosaïque de surimi et terrine de saumon-petits pois

Mosaïque de surimi aux avocats

POUR 10 PERSONNES
Préparation : 30 mn + 10 mn de repos entre chaque couche
Réfrigération : 1 nuit au minimum

2 sachets de gelée au poisson ou au madère
500 g de surimi en bâtonnets
3 avocats moyens
2 pommes Golden
250 g de salade au crabe (achetée chez le traiteur)
2 citrons
sel, poivre

Pour la mayonnaise rose
1 bol de mayonnaise toute prête
1 cuil. à soupe de ketchup
1 cuil. à soupe de jus de citron
1 cuil. à soupe de porto

1. Préparer la gelée selon la méthode indiquée sur les sachets. Laisser refroidir jusqu'à consistance sirupeuse (environ 1 h 30).

2. Garnir un grand moule à cake (26 cm x 12 cm) d'un film plastique. Couler sur le fond 1,5 cm de gelée encore liquide. Mettre au congélateur, le temps de préparer les ingrédients.

3. Presser les citrons, répartir le jus dans 2 bols. Ouvrir les avocats en deux et en prélever la chair avec une cuillère à racine. Jeter les boules dans le premier bol de jus de citron. Remuer délicatement. Peler les pommes, prélever la chair. Verser les boules dans le second bol. Remuer.

4. Monter la mosaïque. Disposer dans le moule 2 rangées (en long) de bâtonnets de surimi. Les noyer de gelée, mettre 10 mn au congélateur.

5. Continuer par 3 rangées de boules d'avocat soigneusement égouttées et essuyées. Noyer de gelée, mettre 10 mn au congélateur.

6. Étaler la salade au crabe. Recouvrir de 1 cm de gelée. Mettre 10 mn au congélateur. Poursuivre avec 3 rangées de surimi en alternance avec 2 rangées de petites boules de pomme égouttées et essuyées.

7. Terminer par une couche de gelée jusqu'au haut du moule. Couvrir en refermant le film plastique et réfrigérer 1 nuit au minimum.

8. Pour servir, démouler la mosaïque de surimi. La couper en tranches. Les ranger sur un plat à cake garni d'une dentelle de papier. Mélanger tous les ingrédients de la mayonnaise et la présenter en saucière.

MARIAGE

Terrine de saumon-petits pois

POUR 15 PERSONNES
Préparation : 30 mn
Cuisson : 1 h
Réfrigération : 1 nuit

500 g de filets de saumon sans peau ni arêtes
1 bouquet d'oseille fraîche ou 6 cuil. à soupe d'oseille surgelée
1 bouquet composé (persil, ciboulette et cerfeuil)
1 grande boîte de petits pois extra-fins égouttés
4 cuil. à soupe de crème fraîche épaisse
6 œufs
sel, poivre, beurre

Pour la sauce verte

3 gros petits-suisses (180 g)
4 cuil. à soupe de crème fraîche
1 cuil. à café d'échalote finement hachée
3 cuil. à soupe du bouquet composé (une fois haché)

1. Couper le saumon en cubes et le mixer avec 3 œufs, la crème fraîche, 1 cuillerée à café de sel, 1/2 cuillerée à café de poivre. Verser dans une jatte, mettre 30 mn au réfrigérateur.

2. Hacher le bouquet composé, en réserver 3 cuillerées à soupe pour la sauce. Verser le reste dans le mixeur. Ajouter les petits pois égouttés, l'oseille équeutée si elle est fraîche, 3 œufs, sel et poivre. Mixer en purée fine.

3. Préchauffer le four à 200 °C. Beurrer un moule à cake en Pyrex ou en Téfal de 12 cm x 26 cm. Y verser la moitié de la purée aux petits pois, recouvrir de purée de saumon, et terminer par l'autre moitié de purée aux petits pois. Couvrir d'aluminium ménager. Plonger le moule dans un bain-marie et faire cuire 1 h 15 en abaissant la température du four à 180 °C au bout de 20 mn. La terrine est cuite lorsque son centre est ferme sous la pression du doigt.

4. Laisser refroidir à température ambiante avant de réfrigérer. Pour démouler, tremper le moule dans de l'eau chaude.

5. Pour servir, couper la terrine de saumon-petits pois en tranches. Les ranger sur un plat à cake. Décorer de feuilles de salade. Accompagner de la sauce verte.

6. Sauce verte. Mélanger tous les ingrédients. Saler, poivrer, présenter en saucière.

Cake de lotte

POUR 8 À 10 PERSONNES
Préparation : 30 mn
Cuisson : 45 mn

750 g de filets de lotte (ou de joues)
1 petite boîte de concentré de tomate
1 petit pot de beurre de homard
9 œufs
3 cuil. à soupe de crème fraîche
1/2 cuil. à café de curry
1/2 cuil. à café de cumin en poudre
2 cuil. à soupe de madère (ou de porto)
20 cl (1 verre) de vin blanc sec
1 cuil. à café de sucre
sel, poivre

Pour servir

mayonnaise cocktail toute prête

1. Couper les filets ou les joues de lotte en cubes de 3 cm x 3 cm environ. Les mettre dans une casserole. Ajouter le vin blanc, le sucre, le cumin, le madère ou le porto, sel et poivre. Porter à ébullition sur feu doux. Retirer du feu dès ébullition. Égoutter dans un tamis au-dessus d'un bol pour recueillir le fumet. Remettre ce fumet à réduire, sur feu doux, à 1/2 verre.

2. Casser 6 œufs dans le bol du mixeur. Ajouter le jaune des 3 autres, le concentré de tomate, le beurre de homard, le curry, la réduction de fumet, sel et poivre. Mixer en mélange homogène, puis ajouter la crème fraîche et mixer encore quelques tours pour bien l'incorporer.

3. Verser dans une jatte et y mélanger les morceaux de lotte. Beurrer un moule à cake antiadhésif de 23 cm x 12 cm et le remplir de la préparation. Le poser dans un bain-marie et faire cuire de 45 mn à 1 h dans le four préchauffé à 200 °C.

4. Le cake de lotte est cuit lorsque son centre résiste sous la pression du doigt. Laisser refroidir au sortir du four, puis mettre au réfrigérateur.

5. Pour servir, démouler en trempant d'abord le moule dans de l'eau chaude. Couper le cake de lotte en tranches sur un plat de service et décorer de feuilles de salade. Accompagner d'une mayonnaise cocktail.

Terrine jardinière

POUR 10 PERSONNES
Préparation : 50 mn à 1 h
Réfrigération : 30 mn
Cuisson : 1 h

400 g de blancs de volaille
10 cl (1/2 verre) de porto blanc
6 tranches de pain de mie sans la croûte
250 g de brocolis
2 carottes moyennes taillées en 4 bâtonnets
2 petites courgettes avec la peau taillée en deux dans la longueur
1 gros poivron bien rouge
150 g de crevettes décortiquées (surgelées)
1 bocal d'olives vertes farcies aux anchois
4 cuil. à soupe de ciboulette ciselée
2 blancs d'œufs
20 cl de crème fraîche très froide
1/2 cuil. à café de poivre rose écrasé
sel, poivre, beurre, vinaigre

Pour la sauce au poivron
1 bol de mayonnaise
1 poivron rouge grillé
2 gousses d'ail finement écrasées
2 échalotes (50 g) finement hachées

1. Couper les blancs de volaille en petits morceaux et les réduire en purée au mixeur. Mouiller le pain avec le porto, l'ajouter. Mixer quelques tours, puis ajouter un à un les 2 blancs d'œufs en mixant longuement entre chaque pour obtenir une mousse. Assaisonner avec 1 cuillerée à soupe de sel et 1/2 cuillerée à café de poivre. Ajouter le poivre rose et verser lentement la crème fraîche, tout en continuant de mixer. Verser dans une jatte, réfrigérer 30 mn.

2. Préparer les garnitures. Dans une casserole, faire bouillir 2 litres d'eau avec 1 cuillerée à soupe de vinaigre et 2 cuillerées à soupe de sel. Y faire cuire 10 mn les carottes. Les retirer, les jeter dans de l'eau froide. Les égoutter soigneusement. Procéder de même pour les brocolis (5 mn), puis pour les courgettes (4 mn).

3. Mettre le poivron rouge (ainsi que celui pour la mayonnaise) sous le gril du four, posés sur une feuille d'aluminium ménager. Les retourner de temps en temps jusqu'à ce que la peau se boursoufle. Retirer, fermer la feuille d'aluminium sur les poivrons, laisser refroidir 10 mn. Les éplucher, jeter les graines et le pédoncule, couper la chair de 1 poivron en lanières longues. Séparer les brocolis en petits bouquets. Faire décongeler les crevettes.

4. Composer la terrine jardinière. Prélever un tiers de mousse de volaille dans un bol et y mélanger la ciboulette. On obtient une mousse verte et une mousse blanche. Partager cette dernière en trois.

5. Beurrer largement un grand moule à cake (26 cm x 12 cm) en porcelaine à feu ou en Pyrex. Étager dans l'ordre, couche par couche : mousse blanche, lanières de poivron et brocolis, mousse verte, courgettes et carottes, mousse blanche, crevettes et olives farcies. Terminer par une couche de mousse blanche.

6. Faire chauffer le four à 180 °C et faire cuire 1 h au bain-marie. Couvrir d'aluminium ménager à mi-cuisson.

7. Laisser refroidir au sortir du four. Mettre 1 nuit au réfrigérateur.

8. Pour servir, démouler la terrine en trempant le moule dans de l'eau chaude. La servir coupée en tranches sur un plat. Éventuellement décorer le plat avec des rondelles d'œuf dur, des feuilles de salade et des tomates-cerises. Accompagner de sauce au poivron.

9. Sauce au poivron. Mixer le poivron rouge grillé réservé avec l'ail et l'échalote. Ajouter la mayonnaise. Mélanger.

Salade sage

Salade sage

POUR 15 PERSONNES
Préparation : 30 mn

1 très grosse salade (batavia ou romaine)
1 pied de céleri-branche
500 g de petits champignons de Paris
1 boîte d'ananas en morceaux (500 g)
1 botte de radis rouges
3 à 4 tomates moyennes bien fermes
2 pommes
5 œufs durs
1 sachet (200 g) de dés de chair de canard fumée
le jus de 2 citrons
5 cuil. à soupe de ciboulette ciselée
2 gros oignons doux (150 g environ)

Pour la vinaigrette

4 cuil. à café d'échalotes hachées
15 cl (1 verre moyen) de vinaigre de cidre
20 cl (1 grand verre) d'huile
1 tranche (2 cm) de bûche de chèvre cendré frais
2 cuil. à café de sel
1 cuil. à café de poivre

1. Rafraîchir et adoucir les oignons : les peler, les tailler en rondelles fines, défaire les anneaux, les jeter dans une grande jatte d'eau glacée. Les laisser dans l'eau le temps de la préparation. Couper les champignons en lamelles, les arroser de la moitié du jus de citron. Les remuer et réserver.

2. Peler et couper les pommes en quartiers, puis en lamelles, dans une jatte avec le reste de jus de citron. Les remuer et réserver. Éplucher, laver la salade. La couper en morceaux dans un grand saladier transparent.

3. Éplucher le pied de céleri, couper les tiges tendres avec leurs feuilles en lamelles sur la salade. Recouvrir de morceaux d'ananas égouttés et de dés de chair de canard, puis des champignons égouttés.

4. Éplucher les radis, les tailler en rondelles sur les champignons. Ajouter les tomates coupées en quartiers, puis en tranches, et les pommes avec leur jus.

5. Égoutter les anneaux d'oignon, en faire un lit sur la salade. Y nicher des quartiers d'œufs durs. Saupoudrer de ciboulette. Couvrir d'un film plastique et mettre au réfrigérateur.

6. Préparer la vinaigrette. Verser les échalotes hachées dans un bol. Les saupoudrer avec le sel et le poivre. Remuer en ajoutant le vinaigre. Y mélanger le fromage de chèvre. Continuer de remuer en versant l'huile. Réserver.

7. Pour servir, présenter la salade sage sur le buffet avec la vinaigrette. Mélanger juste au moment de servir.

Salade folle

POUR 10 PERSONNES
Préparation : 30 mn

1 beau melon ou 500 g de petites boules de melon surgelées
1 concombre
1 salade (feuille de chêne ou batavia)
15 grosses fraises fermes
1 petit sachet de champignons noirs séchés
18 grosses crevettes roses décortiquées
2 gros oignons doux
1 petite botte de coriandre ciselée
1/2 boîte de cœurs de palmier
1 petite boîte de maïs en grains
1 bocal d'œufs de caille
le jus de 1 citron
sel, vinaigre

Pour la sauce

le jus de 2 citrons
4 cuil. à soupe d'huile d'olive
3 cuil. à soupe de nuoc-mam
1 cuil. à soupe de ketchup
quelques gouttes de tabasco
1 cuil. à café de sucre
3 cuil. à café d'échalotes hachées
1/2 cuil. à café d'ail haché
sel, poivre

1. Faire gonfler les champignons dans un bol d'eau tiède additionnée de 1 cuillerée à soupe de vinaigre.

2. Éplucher, laver et couper la salade en morceaux.

3. Couper les oignons pour les défaire en anneaux. Les jeter dans une grande jatte d'eau glacée.

4. Peler le concombre et en prélever la chair à l'aide d'une cuillère à racines, jeter les boules dans une jatte et les saupoudrer de sel.

5. Ouvrir le melon en deux, retirer les pépins, prélever la chair. Mettre dans un bol et arroser de 2 cuillerées à soupe de jus de citron.

6. Égoutter les cœurs de palmier, les couper en rondelles, les arroser de jus de citron.

7. Égoutter le maïs en grains.

8. Composer la salade. Disposer dans une grande jatte transparente salade, rondelles d'oignons, concombre, melon, cœurs de palmier, maïs, champignons noirs égouttés, œufs de caille coupés en deux, crevettes. Terminer par les fraises taillées en lamelles. Saupoudrer de coriandre ciselée. Couvrir d'un film plastique. Réserver au réfrigérateur.

9. Préparer la sauce. Mélanger tous les ingrédients dans une jatte.

10. Pour servir, verser la sauce sur la salade folle et mélanger.

Pâte à croustade

Préparation : 5 mn
Repos : 30 mn

6 gros petits-suisses (360 g)
360 g de farine
180 g de beurre très mou
1 œuf
1 cuil. à café de sel

1. Mettre les petits-suisses, le beurre, l'œuf et le sel dans le mixeur. Mixer quelques secondes. Ajouter la farine en continuant de mixer en pâte lisse.

2. Laisser reposer 30 mn avant l'emploi.

Salade folle

Pâté en croûte

POUR 20 PERSONNES
Préparation : 30 mn
Macération : 1 h
Réfrigération : 1 h
Cuisson : 1 h 15
Réfrigération : 1 nuit, voire 2 jours

1 pâte à croustade "minute" ou
1 kg de pâte feuilletée à étaler
600 g de chair à saucisse
300 g d'escalopes de veau très fines coupées en bandes
200 g de lard gras coupé en bandes
4 tranches de jambon braisé
10 cl (1/2 verre) de cognac
(ou d'armagnac)
100 g d'olives vertes dénoyautées
50 g de pistaches décortiquées
1/2 cuil. à café de quatre-épices
1 sachet de gelée au madère
1 jaune d'œuf

1. Faire macérer 1 h les escalopes avec le cognac, sel, poivre, quatre-épices. Verser le cognac de macération dans la chair à saucisse et mélanger.

2. Étaler 2/3 de pâte sur 1 cm d'épaisseur en un long rectangle bien droit de 18 cm x 40 cm. Humecter une tôle à pâtisserie et y poser la pâte. La fariner. Déposer au centre, en laissant autour un bord de 3 cm, la moitié de la chair à saucisse, des pistaches, 1 couche de lard gras, 1 d'escalopes, 1 d'olives, 2 tranches de jambon. Recommencer.

3. Remonter les bords de pâte en les serrant le long de la garniture et en les ramenant sur le jambon.

4. Étaler la pâte restante sur 0,5 cm d'épaisseur en un rectangle de 16 cm x 38 cm (le tailler bien droit). Y tracer des croisillons sans percer la pâte. Découper au centre deux trous de 2 cm de diamètre. Poser ce couvercle sur le pâté et le souder. Glisser deux cheminées de Bristol roulé dans les trous. Découper les chutes de pâte en forme de feuilles, les humidifier et les poser autour des cheminées. Badigeonner de jaune d'œuf délayé dans un peu d'eau. Mettre 2 h au moins au réfrigérateur.

5. Préchauffer le four à 240 °C. Entourer le pâté d'une bande d'aluminium pliée en quatre et fermée par des trombones. Enfourner. Cuire 1 h en abaissant la température à 200 °C au bout de 10 mn. Retirer l'aluminium. Faire cuire encore 15 mn. Laisser refroidir avant de réfrigérer.

6. **Le lendemain.** Préparer la gelée. Lorsqu'elle est sirupeuse, la couler en trois fois par les cheminées. Remettre à chaque fois 30 mn au réfrigérateur.

Jambon à l'ananas et pâté en croûte

Jambon à l'ananas

POUR 25 À 30 PERSONNES
Préparation : 30 mn
Repos : 20 mn
Cuisson : 15 à 20 mn

1 jambon à l'os braisé entier de 6,5 kg à 7 kg (cuit par le charcutier)
2 boîtes d'ananas en tranches (2 kg)
20 cl de whisky américain (bourbon)
300 g de sucre roux
1 grosse cuil. à soupe de moutarde
1/2 bol de clous de girofle
mini-brochettes en bois

1. Déshabiller le jambon de sa couenne avec un couteau à lame fine et aiguisée, sans entamer la couche de gras. Inciser la viande en taillant profondément (2,5 à 3 cm) à travers le gras. Pratiquer les incisions à 1 cm les unes des autres longitudinalement puis transversalement.

2. Placer le jambon sur une grille posée sur la lèchefrite du four. L'enduire avec la moitié du whisky en insistant bien dans les entailles. Laisser sécher 20 mn. Mettre les brochettes à tremper dans de l'eau.

3. Dans une jatte, mélanger le sucre roux avec le reste du whisky et la moutarde, en enrober le jambon en faisant pénétrer dans les entailles. Piquer 1 clou de girofle au centre de chaque losange déterminé par les incisions.

4. Égoutter les tranches d'ananas au-dessus d'un bol (réserver le jus pour la sauce Cumberland), les couper en quatre. Piquer les morceaux avec des brochettes sur le jambon à l'intersection des losanges.

5. Préchauffer le four à 245 °C. Y faire dorer le jambon de 15 à 20 mn jusqu'à ce que le sucre forme un glaçage caramel. Retirer du four, laisser refroidir. Réserver au frais.

6. Pour servir, retirer les brochettes d'ananas, les poser sur une assiette, couper le jambon en tranches et garnir chacune avec 1 brochette. Accompagner de sauce Cumberland.

Sauce Cumberland

POUR 20 À 25 PERSONNES
Préparation et cuisson : 40 mn
Repos : au minimum 1 nuit

4 oranges juteuses (si possible sanguines)
2 citrons
3 cuil. à soupe de vinaigre de xérès
25 cl de porto
450 g de gelée de groseille
3 cuil. à soupe d'échalotes mixées
1 pointe de couteau de gingembre en poudre
2 graines de cardamome
1 pincée de cayenne
1 tablette de bouillon de bœuf dégraissé
1 cuil. à café rase de sel
poivre du moulin

1. Prélever des filaments de zeste pour obtenir 4 cuillerées à soupe d'orange et 2 de citron. Presser les fruits et verser le jus dans une casserole. Ajouter le vinaigre, le porto, les échalotes, le gingembre, la cardamome écrasée, le cayenne, la tablette de bouillon de bœuf émiettée, sel et poivre et éventuellement 20 cl de jus d'ananas. Faire cuire sur feu moyen.

2. Plonger les zestes dans une petite casserole d'eau bouillante. Laisser bouillir à découvert 3 mn, égoutter et rincer rapidement sous l'eau froide. Ajouter les zestes dans la sauce ainsi que la gelée de groseille. Laisser mijoter 20 mn à découvert.

3. Retirer la cardamome, verser la sauce dans une jatte. Réfrigérer.

Le plateau de fromages fermiers

Préparation : 10 mn

10 petits fromages de chèvre frais
1 cuil. à soupe de cannelle en poudre
1 cuil. à soupe de paprika
2 cuil. à soupe de thym frais émietté
4 cuil. à soupe de cerneaux de noix grossièrement hachés
4 cuil. à soupe de raisins secs grossièrement hachés
1 coulommiers
500 g de tomme de Savoie
500 g de bleu d'Auvergne
petit pot de beurre frais

1. Enduire entièrement les fromages de chèvre en les roulant : 1 dans la cannelle, 1 dans le paprika, 1 dans le thym, 2 dans les noix, 2 dans les raisins secs.

2. Ranger tous les fromages sur une grande planche recouverte de feuillage, sans oublier le petit pot de beurre.

Compote de fruits rouges, mousse abricot-rhubarbe, cheesecake de Fred

Mousse abricot-rhubarbe

POUR 15 À 20 PERSONNES
Préparation : 20 mn
Repos : 2 h
Réfrigération : 1 nuit

Pour la mousse de rhubarbe
1 kg de rhubarbe fraîche ou surgelée
300 g de sucre roux
6 jaunes d'œufs
le jus de 1 orange
4 cuil. à soupe de Cointreau
40 cl de crème fraîche liquide très froide

Pour la mousse d'abricot
1 kg de marmelade d'abricot (en boîte ou en bocal)
le jus de 1 citron
4 feuilles (8 g) de gélatine

Pour servir
petits gâteaux secs

1. Préparer la mousse de rhubarbe. Couper la rhubarbe en tronçons si elle est fraîche et la faire cuire en compote avec le jus d'orange et le sucre roux (10 mn).

2. La mixer en crème, en ajoutant un à un les jaunes d'œufs. Elle doit épaissir immédiatement si elle est bouillante. Ajouter le Cointreau, laisser refroidir dans une grande jatte.

3. Lorsqu'elle est totalement froide, fouetter la crème fraîche en chantilly ferme et l'incorporer dans la crème de rhubarbe. Verser la mousse vert pâle ainsi obtenue dans une très grande jatte transparente. Laisser durcir 2 h au réfrigérateur (elle doit prendre la consistance d'une mousse au chocolat).

4. Préparer la mousse d'abricot. Faire ramollir la gélatine à l'eau froide. L'égoutter et la faire fondre avec le jus de citron, sur feu doux, en remuant. Réserver.

5. Faire tiédir la marmelade d'abricot. La passer au mixeur en y ajoutant la gélatine fondue. La laisser refroidir et commencer à prendre consistance épaisse avant de la couler sur la mousse de rhubarbe. Réfrigérer une nuit.

6. Poser la mousse abricot-rhubarbe sur le buffet, la servir à la cuillère avec des gâteaux secs.

Compote de fruits rouges

POUR 15 À 20 PERSONNES
Préparation : 10 mn
Repos : 30 mn environ
Cuisson : le temps indiqué sur les paquets de sucre gélifiant

500 g de fraises
2,5 kg de fruits rouges surgelés
(framboises, groseilles, cerises)
500 g de bonne gelée de groseille
1 citron
1,5 kg de sucre gélifiant

Pour accompagner

1 kg de fromage blanc crémeux
4 sachets de sucre vanillé

1. Équeuter et couper les fraises en morceaux dans une grande casserole. Ajouter les fruits rouges surgelés, une lamelle de zeste et le jus du citron.

2. Verser le sucre gélifiant. Laisser reposer le temps que les fruits dégèlent en rendant du jus.

3. Remuer, puis faire cuire en respectant le temps indiqué (environ 7 mn).

4. Hors du feu, ajouter la gelée de groseille. Mélanger, laisser refroidir, réfrigérer.

5. Servir avec une jatte de fromage blanc crémeux saupoudré de sucre vanillé.

Cheesecake de Fred

POUR 8 PERSONNES
Préparation : 25 mn
Cuisson : 50 mn

200 g de petits-beurre
125 g de beurre fondu
70 g de sucre roux
1 cuil. à café de cannelle

Pour la garniture

7 gros petits-suisses (700 g)
200 g de sucre
2 cuil. à soupe de jus de citron
1 cuil. à café rase de sel
4 œufs

1. Réduire les petits-beurre en poudre au mixeur. Les mélanger, dans une jatte, avec le beurre fondu, le sucre roux et la cannelle. Réserver 1 petite tasse de ce mélange. Verser le reste dans un moule à manqué antiadhésif ou un moule à tarte à bords hauts. Tasser cette pâte granuleuse avec les doigts pour bien tapisser le fond. Mettre au réfrigérateur le temps de la préparation de la garniture.

2. Préparer la garniture. Préchauffer le four à 180 °C. Mettre les petits-suisses dans une jatte et y mélanger un par un les œufs au batteur électrique. Ajouter le sucre en pluie. Verser le jus de citron. Fouetter encore 1 mn.

3. Étaler cette crème sur la pâte. Faire cuire 50 mn dans le four.

4. Servir froid dans le moule. Saupoudrer des grumeaux de pâte réservés. Accompagner d'un coulis de fruit ou de compote de fruits rouges.

5. Pour un buffet, découper éventuellement le cheesecake à l'avance et poser les parts sur des assiettes à dessert.

Pour ce buffet de mariage, préparer 2 ou 3 cheesecakes, car les desserts frais sont toujours appréciés.

Table des recettes

	Recettes	Menu	Nombre de convives	Temps de préparation	Page
Cocktails	Café glacé	Au gui l'An neuf	20 à 25	25 mn	167
	Cocktail capucine	"Vive la mariée"	15 à 20	15 mn	204
	Cocktail de givre	Noël de givre	8 à 10	15 mn	150
	Cocktail feuilles mortes	Veillée d'automne	6	5 mn	124
	Cocktail Mai Tai	Au gui l'An neuf	10	20 mn	158
	Cocktail or	Noël-Noël	8	10 mn	137
	Cocktail prairie verte	"Vive la mariée"	15 à 20	15 mn	204
	Cocktail rose-rouge	Joyeux Noël	8 à 10	10 mn	143
	Cocktail Samarcande	Séduction	2	15 mn	59
	Coconut	Summertime	8	5 mn	172
	Cup champagne pick-me-up	Au gui l'An neuf	15 à 20	15 mn	158
	Kir royal	Le goût de la France	6	5 mn	107
	Petit blanc brûlot	Tendresse	2	10 mn	67
	Sangria	Summertime	12	10 mn	171
	Vin de pêche	Dans un jardin	4	10 mn	81
Canapés	Bananes bardées	Au gui l'An neuf	20	10 mn	162
	Barquettes andalouses	Baptême	12	20 mn	184
	Barquettes océanes	Baptême	12	15 mn	184
	Blinis aux petits boudins blancs	Noël de givre	8 à 10	20 mn	150
	Canapés au beurre d'anchois	Au gui l'An neuf	10	15 mn	160
	Canapés au foie gras	Au gui l'An neuf	25	5 mn	161
	Canapés aux œufs de lump noirs	Au gui l'An neuf	10	15 mn	160
	Canapés aux œufs de lump rouges	Au gui l'An neuf	10	10 mn	160
	Canapés au tarama	Au gui l'An neuf	2	10 mn	161
	Canapés à la banane	Veillée d'automne	6	10 mn	123
	Canapés Chabana	Séduction	2	10 mn	60
	Délicieuses	Joyeux Noël	8	5 mn	144
	Mini-bouchées au boudin blanc	Au gui l'An neuf	20	20 mn	163
	Mini-bouchées au boudin noir	Au gui l'An neuf	20	10 mn	162
	Mini-bouchées aux crevettes	Au gui l'An neuf	20	10 mn	164
	Mini-bouchées bolognaises	Au gui l'An neuf	20	10 mn	164
	Mini-bouchées du berger	Au gui l'An neuf	20	5 mn	162
	Mini-toasts au foie gras	Dimanche	8	10 mn	134
	Œufs de caille cocotte	Baptême	12	20 mn	185
	Pruneaux et figues bardés	Au gui l'An neuf	40	20 mn	162
	Tartelettes piémontaises	Baptême	12	15 mn	184
Entrées et hors-d'œuvre	Aspics aux fruits de mer	"Que ma joie demeure"	18	2 h	191
	Assiettes de l'Alaska	Noël de givre	8 à 10	30 mn	150
	Assiette gourmande	Le goût de la France	6	20 mn	107
	Caviar d'aubergines	"Vive la mariée"	10	10 mn	207
	Chapatis	Summertime	12 à 24	5 mn	173

Table des recettes

Recettes	Menu	Nombre de convives	Temps de préparation	Page
Chèvre chaud sur salade	Campagnard	6	15 mn	119
Chou piqué	Au gui l'An neuf	25 à 30	1 h	159
Citrouille piquée de légumes	"Vive la mariée"	40 à 50	1 h 30	204
Cœurs de saumon	Amour tendre	12	1 h 30	197
Coupes de Messaline	Séduction	2	15 mn	60
Croque-légumes	Dans un jardin	4	15 mn	81
Duos d'ouverture	Joyeux Noël	8	30 mn	144
Effeuillée de Saint-Jacques au cerfeuil	Parenthèse	6	25 mn	103
Feuilleté de saumon fumé à la noisette	Signature	4	25 mn	97
Friandise de canard	Entracte	2	15 mn	63
Galettes de maïs	Summertime	20	10 mn	174
Gâteau d'œufs au bacon	Indolence	2	5 mn	76
Guacamole de Caracas	"Vive la mariée"	10 à 15	10 mn	205
Héklas aux deux saumons	Dimanche	8	20 mn	133
Koulibiac à la viande et au chou	Baptême	12 à 15	1 h	187
Koulibiac de saumon	Baptême	15	1 h	186
Melons fous	Plaisir d'été	2	15 mn	71
Mosaïque de surimi aux avocats	"Vive la mariée"	10	30 mn	208
Mousse de sardine	"Vive la mariée"	10 à 15	10 mn	206
Œufs au bacon	Brunch	6	8 mn	128
Petits pâtés de viande	Brunch	6	15 mn	127
Potage glacé au concombre	Dans un jardin	4	10 mn	82
Quiche aux oignons blancs de Camille	Parfums d'enfance	6	22 mn	111
Quiche aux oignons flambée	Tendresse	2	10 mn	68
Rayta à la banane	Summertime	6	5 mn	172
Rayta à la menthe	Summertime	6	5 mn	172
Régal d'Antoine	"Vive la mariée"	10 à 15	15 mn	206
Roulés de jambon	Noël-Noël	8	10 mn	38
Roulés de saumon	Noël-Noël	8	10 mn	(137)
Salade de Géronimo	Venez dîner ce soir	4	15 mn	93
Salade de pamplemousse aux crevettes	Indolence	2	10 mn	75
Salade paysanne	Entre amis	4	30 mn	85
Satsikis	Summertime	6	15 mn	74
Saumon fumé	Au gui l'An neuf	25	10 mn	164
Tapenade	"Vive la mariée"	10 à 15	10 mn	206
Taramosalata	Summertime	6	10 mn	174
Terrine de Saint-Jacques et sauce verdurette	Page blanche	4 à 6	1 h	89
Tomates aux crevettes	Brunch	6	10 mn	128

Table des recettes

	Recettes	Menu	Nombre de convives	Temps de préparation	Page
Viandes	Velouté de tomate	Sans façon	6	15 mn	116
	Bœuf bourguignon	Le goût de la France	6	1 h 20	108
	Brochettes de porc mexicaines	Summertime	6	20 mn	176
	Côtelettes à la pojarski	"Que ma joie demeure"	18	1 h 30	192
	Côte de bœuf à la fleur de sel	Entre amis	4	5 mn	86
	Côtes de porc sur lit de pommes	Sans façon	6	20 mn	117
	Émincé de porc au curry	Venez dîner ce soir	4	10 mn	94
	Émincé de veau à l'engadine	Baptême	25 à 30	45 mn	188
	Escalopes viennoises	Parenthèse	6	15 mn	104
	Gigot à la cuillère	Veillée d'automne	6	25 mn	124
	Jambon à l'ananas et sauce Cumberland	"Vive la mariée"	25	1 h 10	214
	Jarret de veau Honnête homme	Tendresse	2	20 mn	68
	Mititei	Summertime	12	15 mn	175
	Pâté en croûte	"Vive la mariée"	20	30 mn	213
	Quasi de veau aux morilles	Dimanche	8	35 mn	134
	Strogonov aux cèpes	Entracte	2	20 mn	64
Volailles	Brochettes de cailles	Summertime	6	10 mn	176
	Brochettes de foies de volaille	Summertime	6	15 mn	176
	Dodines de canard croustillées au miel	Amour tendre	12	1 h	198
	Magrets de canard au côtes-de-brouilly et champignons de forêt	Signature	4	1 h	98
	Oie aux pommes de Noël	Noël-Noël	8 à 10	30 mn	139
	Papillotes de foie gras	Séduction	2	35 mn	61
	Pintades Clémentine	Noël de givre	10	45 mn	151
	Poularde à la Ninon	Page blanche	4	1 h	90
	Sublimes de canard au foie gras frais et sauce cassis-mangue	Joyeux Noël	8	1 h	146
Poissons et fruits de mer	Buisson de homards	Noël-Noël	8	2 h	138
	Cake de lotte	"Vive la mariée"	8 à 10	30 mn	209
	Chachlik de thon	Dans un jardin	4	15 mn	82
	Safranée de Saint-Jacques	Plaisir d'été	2	20 mn	72
	Soles au vermouth de Valentine	Parfums d'enfance	6	20 mn	112
	Terrine de saumon-petits pois	"Vive la mariée"	15	30 mn	209
Légumes et garnitures	Fricassée de cèpes en couronne de riz	Campagnard	6	25 mn	120
	Haricots verts à l'étouffée	Dans un jardin	4	15 mn	82
	Petits pois à la française	Parenthèse	6	15 mn	104
	Pommes de terre aux oignons	Entre amis	4	20 mn	86

Table des recettes

	Recettes	Menu	Nombre de convives	Temps de préparation	Page
	Pommes de terre forestières	Amour tendre	12	30 mn	198
	Purée de pommes de terre maison	Noël-Noël	8 à 10	20 mn	140
	Riz pilaf	Venez dîner ce soir	4	7 mn	94
	Ronde des trois purées	Noël de givre	10	15 mn	152
	Salade folle	"Vive la mariée"	10	30 mn	212
	Salade sage	"Vive la mariée"	15	30 mn	211
	Taboulé antillais	Summertime	12	25 mn	177
	Terrine jardinière	"Vive la mariée"	10	50 mn	210
Desserts	Ananas givrés et salade ananas-fraises	Baptême	25 à 30	1 h	188
	Bombe glacée	Joyeux Noël	8 à 10	30 mn	147
	Brochettes ananas-kiwi	Venez dîner ce soir	4	5 mn	94
	Bûche au moka	Noël-Noël	8 à 10	1 h 40	140
	Bûche marron-chocolat	Noël de givre	8 à 10	1 h	152
	Buena vista	Entracte	2	5 mn	64
	Cake à l'orange	Brunch	6	20 mn	128
	Cheesecake	Summertime	12	15 mn	178
	Cheesecake de Fred	"Vive la mariée"	8	25 mn	217
	Compote aux quatre fruits	Campagnard	6	10 mn	120
	Compote de fruits rouges	"Vive la mariée"	15 à 20	10 mn	217
	Corolles de fraises	Plaisir d'été	2	25 mn	72
	Crème brûlée	Tendresse	2	10 mn	69
	Crumble pommes-amandes	Indolence	2	10 mn	76
	Déclinaison de framboises	Signature	4	25 mn	99
	Fondant opéra	Le goût de la France	6	1 h	109
	Fraises en gelée d'Anjou	Dans un jardin	4	40 mn	83
	Gâteau au chocolat et aux noix	Veillée d'automne	6 à 8	20 mn	125
	Gâteau de l'An neuf	Au gui l'An neuf	20 à 25	20 mn	166
	Love de chocolat	Séduction	2	20 mn	61
	Mêlée de pêches	Page blanche	4	15 mn	91
	Mousse abricot-rhubarbe	"Vive la mariée"	15 à 20	20 mn	216
	Mousseline de poires	Sans façon	6	5 mn	117
	Nougat glacé	Dimanche	8	20 mn	135
	Pastèque passion	Summertime	12	25 mn	178
	Pièce montée	"Que ma joie demeure"	20	2 h	194
	Quatre-quarts au citron	Sans façon	6 à 8	20 mn	117
	Rosalie	Amour tendre	12	25 mn	199
	Salade d'oranges au miel d'acacia	Parenthèse	6	10 mn	104
	Salade de figues fraîches	Brunch	6	5 mn	129
	Salade de fruits	Au gui l'An neuf	25	35 mn	165
	Suprême à l'ananas de Jeanne	Parfums d'enfance	6	30 mn	112
	Tarte aux pommes rustique	Entre amis	4	20 mn	86